JN496011

진리의 탐구 3

정신의 자연적 성향·정념에 대하여

나남
nanam

한국연구재단 학술명저번역총서
서양편 471

진리의 탐구 3

정신의 자연적 성향·정념에 대하여

2026년 2월 10일 초판 발행
2026년 2월 10일 초판 1쇄

지은이 니콜라 말브랑슈
옮긴이 이충훈
발행자 趙相浩
발행처 (주) 나남
주소 10881 경기도 파주시 회동길 193
전화 (031) 955-4601 (代)
FAX (031) 955-4555
등록 제 1-71호 (1979.5.12.)
홈페이지 http://www.nanam.net
전자우편 post@nanam.net

ISBN 978-89-300-4222-2
ISBN 978-89-300-8215-0(세트)

책값은 뒤표지에 있습니다.

이 책은 2021년 대한민국 교육부와 한국연구재단이 우리 시대 기초학문의 부흥을 위해 펼치는 학술명저번역사업의 지원을 받은 책입니다(2021S1A5A7079632).

한국연구재단
학술명저번역총서
서양편 471

진리의 탐구 3

정신의 자연적 성향·정념에 대하여

니콜라 말브랑슈 지음
이충훈 옮김

나남
nanam

De la recherche de la vérité

by

Nicolas Malebranche

일러두기

1. 이 책은 니콜라 말브랑슈(Nicolas Malebranche, 1638~1715)의 첫 번째 책《진리의 탐구》와 이 책에 대한 저자의 주해가 담긴《진리의 탐구의 주해》를 모두 번역한 것이며, 번역의 저본으로는 플레이아드 판(Nicolas Malebranche, Œuvres, t. I, éd. Geneviève Rodis-Lewis, Paris, Gallimard, Bibliothèque de la Pléiade, 1979)을 사용했다.
2. 원문에는 성 아우구스티누스와 성경 등의 문장들이 라틴어로 그대로 삽입되었다. 가독성을 위해 반드시 필요한 경우를 제외하고 원문의 라틴어 인용을 가급적 줄이거나 생략했다.

차례

6권

방법에 대하여

진리의 탐구 5
주해

차례

4권

정신의 자연적 성향

1장

대상을 지각할 때 지성이 의지에 의존하지 않는다면 이 권의 주제인 자연적 성향 및 다음 권의 주제인 정념을 다룰 필요도 없을 것이다. 그렇지만 의지가 지성의 방향을 마련하고, 그 방향을 결정하고, 다른 대상들이 아니라 어떤 대상들로 그 방향을 굳히므로 우리가 빠지기 쉬운 오류들의 원인을 깊이 연구하려면 반드시 정신의 성향을 제대로 이해해야 한다.

I. 정신은 신체가 운동을 갖듯 성향을 가지는 것이 틀림없다

신이 이 세상을 창조하면서 무한히 넓게 펼쳐진 물질을 만들고서는, 그 물질에 아무런 운동도 전하지 않았다면 모든 물체들은 서로 아무런 차이도 없었을 것이다. 그랬다면 이 가시可視세계 전체가 지금도 여전히 그저 물질이나 연장 덩어리뿐으로, 그것으로 조물주의 위대함과 역량을 알릴 수도 있겠으나, 세상을 아름답게 만들어 주고 모든 사람들에게 세상을 주재하는 자의 무한한 지혜를 찬양하게끔 하는 끊이지 않고 이어지는 형상들이며 물체의 저 다양성은 존재하지 않았을 것이다.

그런데 내가 보기에 정신의 성향은 정신세계에 속한 것 같고, 운동은 물질세계에 속한 것 같다. 정신에 성향이 없었거나 정신이 그 무엇도 결코 의지하지 않았다면 정신에 관한 문제들의 영역에는 그런 다양성이란 없었을지 모른다. 그 다양성이야말로 물질적 사물들 가운에서 보이는 다양성처럼 한없는 신의 지혜의 깊이뿐 아니라 신의 긍휼, 정의, 선 및 일반적으로 신의 모든 속성들 역시 마찬가지도 찬양하게 해준다.

그러므로 물체들의 운동의 차이가 신체에 산출하는 결과와 아주 유사한 결과가 성향들의 차이로 인해 정신에 만들어진다. 또한 정신의 성향과 신체의 운동이 어울려 창조된 존재들의 아름다움을 형성하는 것이다. 그런 식으로 모든 정신은 어떤 성향을 갖는 것임에 틀림없으며, 이는 신체가 다양하게 운동하는 것과 마찬가지이다. 어쨌든 정신이 어떤 성향을 갖게 되는지 찾아보도록 하자.

우리 본성이 부패하지 않았더라면 우리가 앞으로 해야 할 일처럼 창조된 정신들이 갖는 자연적 성향이란 무엇인지 이성을 통해 찾아볼 필요도 없을 테고, 이를 위해서는 그저 우리 스스로에게 묻기만 하면 되고, 우리 안에서 일어나는 일들에 갖게 되는 내적 감정을 통해 자연적으로 이 모든 성향을 가졌음이 틀림없다고 인정하면 될 것이다. 그런데 다음에 더 자세히 보겠지만 우리는 신앙으로써, 원죄가 자연의 질서를 무너뜨렸고 이성으로써 우리 성향 자체가 타락했음을 알기 때문에 아주 다른 방식으로 검토하지 않을 수 없다.

우리가 느끼는 감각을 신뢰할 수 없으므로 사물들을 보다 고상한 방식으로 설명하지 않을 수 없지만, 이는 제게 느껴지는 것만을 높이 평가할 뿐인 사람들에게는 그리 견고하게 보이지 않을 것이다.

II. 신은 자신과는 다른 행동의 원리를 갖지 않고 자신을 위해서만 정신에 운동을 부여한다

신이 역사役事를 행하는 주목적은 오직 자기 자신뿐이므로 그가 창조한 존재들을 보존한다는 목적은 그보다 덜 중요하다는 것은 이론의 여지 없는 진리이다. 신은 오류를 범하거나 모든 종류의 이득을 포함하지 않는 존재들을 최종 목적으로 삼을 수 없으므로 그의 주목적은 오로지 그 자신뿐일 수밖에 없다. 그렇기는 하지만 신은 창조된 존재들의 보존을 덜 중요한 목적으로 둘 수는 있다. 모든 피조물은 부분적으로 신의 선善을 분유分有하므로 필연적으로 선하고, 성경의 "보시기에 좋았더라valde bona"1는 표현에 따르면 심지어 대단히 선한 존재이니 말이다. 그래서 신은 피조물을 사랑하며 그의 사랑으로 피조물을 보존하신다. 신이 사랑하지 않는 어떤 존재도 살아남을 수 없는 것이다.

〈잠언〉에서는 "부지런한 자의 손은 사람을 다스리게 되어도, 게으른 자는 부림을 받느니라. 근심이 사람의 마음에 있으면 그것으로 번

---

1 [옮긴이] 〈창세기〉 1장 31절.

뇌하게 되나, 선한 말은 그것을 즐겁게 하느니라"[2]고 했다. 사실 모든 것은 오직 신의 의지에 따라 살아남는 까닭에 무한히 완전하고 전능한 존재가 기꺼워하지 않는 것이 그대로 남아 있으리라고 생각하기란 불가능하다. 그러므로 신은 영광을 주목적으로 바란다. 피조물의 보존도 바라지만 그것은 자신의 영광을 위한 것이다.

정신의 자연적 성향들은 확실히 그 정신을 창조하고 보존한 자의 의지의 끊임없는 새김impressions과 같으므로 내가 보기에 이 성향들은 이를 만들고 보존하는 자의 성향들과 완벽히 일치해야 한다. 그러므로 이 성향들의 주목적이 신의 영광뿐이며, 그 성향들이나 다른 것의 보존은 부차적 목적밖에 아니라는 것은 항상 그들을 존재하게 한 이와의 관계를 통해 그러하다는 것이다.

결국 내가 보기에 신의 의지意志는 그가 창조한 의지들일 수밖에 없으므로 더 큰 선보다 더 작은 선을 사랑한다는 점에 의심의 여지가 없다. 다시 말하면 신의 의지는 더 사랑스러운 것보다 덜 사랑스러운 것을 더욱 사랑하신다. 신이 피조물을 창조하는 것은 그 피조물이 오로지 그에게 온 생각을 기울이고, 피조물이 그 어떤 것보다 신을 사랑하도록 명령할 수 있기 때문이다. 신이 피조물을 자유로운 존재로, 자기를 벗어나, 자기에게 등을 돌릴 수 있는 역량을 줄 수도 있었을 테지만 말이다.

---

2 잠언 12장 24~25절.

III. 정신은 일반적으로 이득으로 갖는 운동에 의해서만 개별 이득에 끌리게 된다

자기 자신의 사랑이란 말 그대로 신 안에서의 사랑뿐이며, 신은 바로 이런 사랑을 통해서가 아니면 그 무엇도 사랑할 수 없다. 자신의 관계를 통해서가 아니면 신은 그 무엇도 사랑할 수 없기 때문이다. 그래서 신은 보편선의 사랑이라는 한 가지 사랑만 새기고, 그 사랑을 통해서가 아니면 우리는 그 무엇도 사랑할 수 없는데, 우리는 선이 아니거나 선처럼 보이지 않는 그 무엇도 사랑할 수 없으므로 우리의 온갖 개별적 사랑의 원칙은 보편선의 사랑이다. 사실 이 사랑은 우리의 의지일 뿐이니 말이다.

내가 이미 다른 곳에서 말했듯이 의지는 인간 정신을 보편선을 향하게끔 하는 조물주의 연속적 새김과 다른 것이 아니므로, 확실히 우리가 사랑하는 역량이 우리에게서 왔거나, 우리에게 달린 것이라고 생각해서는 안 된다. 우리에게 달린 것이라고는 사랑해서는 안 되는 것을 잘못 사랑하는 역량, 다시 말하면 그것을 열심히 사랑하는 역량뿐이다. 우리는 자유로운 존재이기에 결정할 수 있고, 신이 우리를 끊임없이 보존하는 한 우리에게 계속 새기고 있는 저 선한 사랑을 개별적 선, 그러니까 거짓 선으로 한정할 수 있다.

그러나 보편선에 대한 우리의 의지 또는 우리의 사랑은 신에게서 온 것일 뿐 아니라, 각각 정도의 차이는 있다고 해도 모든 사람이 공통으로 지닌 개별적 선에 대한 성향이자, 신이 우리에게 가하는 자극이다. 여기서 나는 정신이라면 모두 갖는 조물주의 모든 새김을 구별 없이 자연적 성향으로 부르는 것이다.

IV. 이 책 4권을 분류하게 되는 주요한 자연적 성향들의 기원

나는 방금 신은 피조물을 사랑하고, 신은 피조물을 사랑으로 짓고 계속 보존해왔다고 했다. 그래서 신은 끊임없이 우리 안에 자신의 것과 같은 사랑을 새기는데, 그것은 그의 의지가 우리의 의지를 짓고 조정하기 때문에 신은 우리의 선택과 무관하고, 우리 존재 및 우리와 함께 살아가는 존재들을 틀림없이 보존할 수 있게끔 해주는 모든 성향을 선사한 것이다.

원죄로 인해 모든 것이 변질되었지만 그렇다고 신이 만물을 파괴한 것은 아니다. 우리의 자연적 성향이 의지의 자유로운 선택을 통해 항상 신을 목적으로 갖는 것은 아니지만 자연의 설정institution de la nature에서 그 성향은 항상 신을 목적으로 갖는다. 신은 이 자연적 성향을 짓고 이를 우리 속에 보존하지만 결국 그 성향을 짓고 보호하는 것은 오직 신 자신을 위한 것이니 말이다.

죄인들은 누구라도 정신의 오류와 미망으로 인해 신으로부터 멀어지지만 그렇더라도 신에게서 받은 자극을 통해 신을 향하게 된다. 그들이 사랑하도록 한 존재가 신이니, 결코 잘못 사랑할 수 없으므로 올바로 사랑한다. 그런데 그들조차 신에게서 사랑할 수 있는 힘을 선사받았고, 원죄 이후 신의 사랑으로부터 마음이 돌아섰으므로 신은 그들이 그런 못된 것을 사랑하지 못하게끔 했다. 그런데 그들은 못된 것들, 그저 못된 것들을 사랑하는 것이다. 사람들은 피조물이 경우에 따라 자기 안에서 느끼는 즐거움의 원인이라고 생각하므로 맹렬히 그 대상에 이끌리게 되고 그때 보이지 않는 신을 완전히 잊게 된다.

그러므로 우리는 지금도 역시 똑같은 자연적 성향, 즉 원죄 이전에 조물주가 아담의 마음에 새겼던 똑같은 자극을 갖고 있으며, 심지어는 하늘에 거하는 복자들의 성향 역시 갖는다. 신이 피조물을 짓고 보존하는 것은 오직 피조물에게 자신의 사랑과 동일한 사랑을 부여한 까닭이다. 신은 자신을 사랑하고 우리를 사랑하고 그가 지은 모든 피조물을 사랑한다. 그러므로 신을 사랑하지 않고 자신을 사랑하지 않고 모든 피조물을 사랑하지 않도록 끌리는 사람들을 신은 짓지 않았다.

그런데 신과, 신을 위해 지어진 만물을 사랑하게끔 해주는 우리의 모든 성향들은 오직 조물주의 자극에서 온 것일 뿐이므로, 우리가 온 힘을 다해 신을 사랑하고, 우리 의지의 자유로운 선택을 통해 신을 위해 지어진 만물을 사랑하지 않고서는 그 성향들은 제대로 작동될 수 없다. 신이 자신을 위해 우리에게 선사한 사랑을 갖고, 신과는 무관하고 신과 다른 존재며 신과는 무관한 존재를 사랑하면서 그 사랑을 남용하는 것은 부당한 일이니 말이다. 그래서 지금 우리는 우리의 자연적 성향이 무엇인지뿐 아니라, 그 성향은 어떤 것이 되어야 하는지 알고 있다. 그래야 우리의 자연적 성향들은 조물주의 설정 그대로 올바로 작동하게 된다.

그러므로 우리는 다음 세 가지의 성향을 갖는다.

첫째, 우리는 보편선을 향하는 성향을 가졌다. 그것이 우리의 모든 자연적 성향이며, 정념이며, 심지어는 우리 영혼의 자유로운 사랑의 원리이기도 하다. 우리는 보편선에 이끌리는 이러한 성향이 있으므로 그 성향을 가득 채울 수 없을 개별선에 대한 동의를 중지할 수 있는 힘을 갖게 되기 때문이다.

둘째, 우리는 우리 존재의 보존을 위한 성향을 갖는다.

셋째, 우리 모두는 다른 모든 피조물에 끌리는 성향이 있다. 이 성향은 우리 자신에게나 우리가 사랑하는 이들에게 유용하다. 물론 우리에게는 이런 성향에 종속하는 개별적 성향들도 굉장히 많다. 하지만 내가 이렇게 세 가지로 구분하는 것은 내 스스로 어떤 질서를 마련하고자 함이다.[3] 이 책 4권에서 내가 하려는 주장은 보편선에 끌리는 성향, 우리 자신에 대한 사랑, 이웃에 대한 사랑이라는 세 항목의 성향들로 인해 범하게 되는 오류를 지적하는 것이다.

---

3 예수께서 이르시되 네 마음을 다하고 목숨을 다하고 뜻을 다하여 너의 주 하나님을 사랑하라 하셨으니, 이것이 크고 첫째 되는 계명이요, 둘째도 그와 같으니 네 이웃을 네 자신 같이 사랑하라 하셨으니, 이 두 계명이 온 율법과 선지자의 강령이니라.(〈마태복음〉, 22장 37~40절)

2장

I. 보편선에 대한 성향은 우리의 의지의 불안의 원리이다

보편선에 대해 의지의 능력이 엄청난 것은 의지는 원래부터 모든 선을, 제 안에 있는 선善을 추구하도록 되어 있기 때문이다. 그 능력이 얼마나 대단한가 하면 정신이 의지에 제시하는 모든 것들로도 의지가 고스란히 채워지는 일은 없다. 그렇지만 선을 추구하도록 신이 새긴 저 연속적 운동은 결코 멈추는 법이 없어서, 끊임없는 이 운동으로 인해 정신은 필연적으로 부단히 동요를 받게 된다. 욕망의 대상을 찾는 의지는 정신으로 하여금 모든 종류의 대상을 그려보게끔 한다. 그래서 정신은 그 대상들을 머릿속에 그려 보지만 영혼이 그 대상들을 맛보는 것은 아니고, 영혼이 맛보더라도 그것으로 만족하지 않는 것이다. 영혼이 그 대상들을 맛보지 않는 이유는 종종 정신의 눈에 즐거움이 따르지 않는 까닭이다. 영혼은 즐거움을 통해 자신의 선을 맛보고, 영혼이 만족하지 않는 것은 영혼에 운동을 새기는 자 말고는 그 운동을 멈출 수 있는 존재는 전혀 없기 때문이다. 정신이 선으로 떠올리는 모든 것은 유한하고, 유한한 모든 것은 우리의 사랑의 방향을 잠시 돌릴 수 있겠으나 그 사랑을 고정할 수는 없다. 정신이 아주 새롭거나 아주 기이한 대상들을 고려하거나, 무한한 어떤 것의 특징을 갖는 대상들을 고려할 때 의지는 얼마 동안 그 대상들을 주의 깊게 검토해 봐야 한다. 의지가 그 대상들에서 자신이 찾고 있는 것을 발견하고자 하고, 무한하거나 거대해 보이는 것에 그가 찾는 선의 성격이 있기 때문이다.

그렇지만 시간이 흐름에 따라 의지는 다른 것들만큼이나 그 대상들을 혐오하게 되고, 그래서 항상 불안한 상태에 놓인다. 그것은 의지는 결코 찾을 수 없고, 항상 찾고자 바라는 것을 찾아 나서는 경향이 있고, 익숙한 보통 사물들에서는 진정한 선을 찾지 못했으므로 그 선은 전혀 알려지지 않은 사물들에서 찾을 수 있다고 생각하는 까닭이다. 이 장에서는 의지의 불안이 우리가 처한 무지 및 무한히 많은 수의 주제들에 대해 범하게 되는 오류들의 중요한 원인들 중 하나임을 보일 것이다. 그리고 이어지는 다음 두 장에서 거대하고 기이한 무엇인가를 갖는 모든 것에 대한 우리의 성향으로 우리 내부에 무엇을 만들게 되는지 설명하겠다.

II. 이 성향은 우리의 열의와 우리의 무지의 원리이기도 하다

앞서 언급한 문제들을 볼 때 다음과 같은 점은 대단히 확실하다.

첫째, 의지는 지성으로 하여금 우리와 관련된 대상들에게만 몰두하게 하고, 그것과 다른 것들은 완전히 무시한다. 의지는 항상 열렬히 지복至福을 갈망하므로, 본성에서 비롯한 자극으로써 지성을 우리에게 유용해 보이고 즐거움의 원인이 되는 사물들 쪽으로 향하게 만든다.

둘째, 지성은 어떤 즐거움을 마련하는 사물들에도 오랫동안 몰두할 수 없는데 그것은 의지의 힘 때문이다. 방금 언급한 대로 창조된 모든 사물들은 일정 시간 동안만 우리에게 즐거움이 될 수 있지만 이후에는 바로 혐오감을 일으켜 정신은 그것으로부터 주의를 돌리고 자신의 만족을 채울 것을 다른 곳에서 찾게 된다.

셋째, 의지는 정신을 자극하여 이 대상 저 대상을 찾게끔 한다. 우리가 제 3권에서 이미 언급했듯이[1] 정신의 존재는 자기 안에 모든 존재를 포함하는 것을 모호하고 멀리 떨어진 것처럼 재현할 뿐이기 때문이다. 의지는 말하자면 진정한 선善의 자극을 받고 자신을 고무하는 그 선의 움직임을 받아들이기 위해 자신을 그 선에 더 가깝게 두고자 하므로 지성을 자극하여 그 선을 머릿속 어느 곳인가에 그려보게끔 한다. 그러나 그때 그것은 일반적이고 보편적인 존재가 아니고, 더 이상 정신이 지각하는 무한히 완전한 존재가 아니고, 의지의 움직임을 멈추게 할 수 없고, 오랫동안 의지를 기쁘게 할 수도 없는 제한되고 불완전

1 [옮긴이] 3권 2부 8장.

한 존재이므로 의지는 그만 그것을 버리고 어떤 다른 대상을 뒤쫓게 된다.

그러나 정신이 주의와 열의를 기울이는 일은 다소 감추어진 진리를 발견하기 위해 절대적으로 필요하므로, 보통 사람들은 그들과 어떤 관계를 맺는 대상들에 대해서조차 형편없는 무지의 상태에 있고, 그들과 뚜렷한 관계를 전혀 갖지 않거나 추상적 진리 전체와 관련해서는 말도 할 수 없을 만큼 맹목의 상태에 있음이 분명하다. 그렇지만 여러 사례를 들어 이 문제를 구체화시켜 보아야 한다.

III. 첫 번째 사례: 대부분의 사람들이 거의 알지 못하는 도덕

모든 학문 중에 우리와 상당히 깊은 관계를 갖는 학문이 도덕이다. 도덕은 우리가 신에게, 군주에게, 부모에게, 친구에게, 또 보편적으로 우리를 둘러싼 모든 것에 대해 수행해야 하는 의무를 가르친다. 도덕은 심지어 영원한 행복을 위해 따라야 할 길도 가르쳐 준다. 모든 사람은 따라야 할 본질적 의무, 더 정확히 말하자면 따르지 않아서는 절대 안 되는 의무가 있다. 그러나 사람이 나타난 것은 6천 년 전이고,[2] 이 학문은 여전히 불완전한 상태로 남아 있다.

---

2 [옮긴이] 17세기 유럽에서 가장 보편적으로 받아들여지던 성서 연대기에 따르면, 천지 창조부터 예수 그리스도의 탄생까지의 기간이 약 4천 년이었다.(Gaffarel, *Curiosités inouïes*, chap. II, §7를 참조.)

도덕의 분야 중 우리가 신에게 받은 것과 관련된 분야는 영원과 관련되어 있으니 분명 가장 중요한 분야인데도 가장 박식한 이들도 이를 거의 모르며, 지금에도 여전히 그 분야를 전혀 모르는 재사들도 있다. 그러나 이는 도덕의 가장 쉬운 분야이다.

첫째, 신이 존재한다는 것을 인정하는 일은 어렵지 않다. 신이 지은 모든 것이 신의 존재를 입증한다. 사람들과 짐승들의 행동 모두가 신의 존재를 입증한다. 우리가 생각한 것, 우리가 본 것, 우리가 느낀 것 모두가 신의 존재를 입증하는 것이다. 한마디로 말해서 무엇 하나 신의 존재를 증명하지 않는 것이 없다. 만물의 창조주를 진지하게 탐구하는 데 전념하는 주의 깊은 사람들이라면 누구라도 신의 존재를 입증할 수 있다.

둘째, 행복하려면 신의 명령을 따라야 한다는 것이 분명하다. 신은 전능하고 정의로우므로 신의 뜻을 따르지 않으면 처벌받을 수 있고 신의 뜻을 따르면 보상받을 수 있다. 그런데 신은 우리에게 무엇을 바라는가? 신은 우리가 그를 사랑하기를 바란다. 우리 정신이 신에게 매달리고 우리 마음이 신을 향해 돌아서기를 바란다. 신은 왜 사람들을 창조했는가? 확실히 신은 자신을 위해서가 아니라면 아무것도 할 수 없다. 그러므로 신이 우리를 창조한 것은 오직 그를 위해서였을 뿐이므로, 우리는 신이 끊임없이 우리 안에 보존하는 사랑의 자극을 무슨 일이 있어도 신이 아닌 다른 쪽으로 돌리지 말아야 한다. 그래야 우리는 신을 계속 사랑하게 된다.

이 진리는 조금만 노력한다면 누구라도 쉽게 발견할 수 있는 것이다. 미덕을 갖추고 행복하게 살려면 반드시 만물에 대해, 만물 속에서 신을 사랑해야 한다는 도덕의 저 유일한 원리는 기독교 도덕의 기초이다. 그 기초에서 우리가 필요로 하는 모든 결과들을 끌어내고, 우리 행동의 보편적 규칙을 확립할 목적으로 지독하게 노력할 필요는 없다. 그런데도 그 결과들을 끌어내는 이들은 극히 적고 하루가 멀다 하고 앞서 말한 도덕의 원리만큼이나 명백한 원리의 즉각적이고 필연적인 귀결인 도덕의 문제들을 놓고 논쟁하는 것이다.

기하학자들은 그들이 연구하는 학문에서 항상 무슨 새로운 발견들을 하고 있다. 그들이 기하학의 완전성을 기하지 않는다면 그들의 원리에서 이미 가장 유용하고 필연적인 결과를 끌어냈기 때문이다.

그러나 대부분의 사람들은 도덕의 이 첫 번째 원리에서 아무 결론도 끌어낼 수 없을 것이다. 그들이 그 원칙을 완벽한 그대로 원하지 않으니, 그저 그 원칙을 생각만 할 때 모든 관념들이 사라지고 흩어지고 만다. 그들이 그 원리를 누리지 않거나, 누리고 나서 지나치게 일찍 혐오감을 느끼게 되므로 이를 원하지 않는 것이다.

이 원리는 추상적이고, 형이상학적이고, 순전히 지성적이므로, 느껴지지 않고 상상도 해 볼 수 없다. 그러므로 이 원리는 신체의 눈으로 보거나, 눈을 통해서만 보는 정신에게는 견고해 보이지 않는 것이다. 의지의 불안은 신체의 눈으로 보기에는, 혹은 눈을 통해서만 보는 정신에게는 견고해 보이지 않는다. 이 원리로 의지의 불안을 멈출 수 있고, 정신의 시선을 고정하여 그 원리를 주의 깊게 고려할 수 있을 것이다. 그러나 이 원리를 무미건조하고 추상적으로만 생각할 때 찾을 수 있는 것은 아무것도 없다. 그러므로 신체의 눈이 제대로 보기란, 제대로 이해하기란, 끌어내야 할 것을 직접 끌어내기란 얼마나 대단한 희망인가.

기하학에서 유사한 삼각형의 면은 닮음비의 관계에 있다는 명제를 불완전하게 이해했다면 확실히 그들은 위대한 기하학자는 아닐 것이다. 그러나 기하학의 이 근본 명제를 모호하고 불완전하게 바라본다는 점 말고도 그들이 유사한 삼각형의 면이 닮음비의 관계에 있지 않다고 주장하는 데서 무슨 이득을 취했다면, 또 부정확한 기하학이 부정확한 도덕만큼이나 그들의 타락한 성향에 적합한 것이라면, 그들은 도덕 분야에서만큼이나 기하학에서도 부조리한 거짓 추리를 행할 수 있을 것이다. 그들이 범하는 오류는 그들에게는 쾌적한 것일 테고, 반면 그들에게 진리는 늘 난처하고, 성가시고, 괴로운 것일 테니 말이다.

그러므로 우상 숭배로 가득했던 지난 여러 세기를 살았던 사람들이며, 아직 복음서의 빛으로 양식을 갖추지 못한 채 현재를 살아가는 사람들이 얼마나 맹목적이었는지에 대해 놀라서는 안 된다. 영원한 지혜가 결국 뚜렷이 나타나, 감각의 소리만을 듣는 사람들을 가르치게 되었음이 분명하다. 4천 년 전에 진리는 그들의 정신을 향해 말했으나[3] 정신 속으로 들어가지는 못했으니 그들은 진리의 목소리를 듣지 못한 것이다. 모든 사람을 비추는 빛은 사람들의 무지 속에서 희미하게 빛났을 뿐 그 무지를 날려버리지 못했고,[4] 사람들은 심지어 그 빛을 쳐다

---

3 [옮긴이] 인간은 원죄 이후도 보편적 이성의 빛을 보존하고 있는데 이것이 예수 그리스도에 육화된 신의 말씀(Verbe(Logos))이다. 이로써 주의를 기울일 수 없어서 그 말씀을 듣지 못하는 사람들, 자신의 내적 목소리를 듣지 못하는 사람들도 이를 뚜렷이 듣게 된다.

4 [옮긴이] "참 빛 곧 세상에 와서 각 사람에게 비추는 빛이 있었나니."(〈요한복음〉,

볼 수도 없었다. 지성의 빛은 베일에 싸여 드러나야 했다. 신의 말씀이 육肉이 되어야 했고 지혜는 육신을 가진 사람들에게 감춰져 접근할 수 없었으니, 그들을 육의 방식으로carnaliter 가르쳐야 했다. 이는 성 베르나르의 말이다.5

대부분의 사람들과 특히 창조주의 긍휼과 섭리를 가장 받아 마땅한 가난한 자들, 먹고살려면 노동하지 않을 수 없는 자들은 대단히 거칠고 우둔하다. 그들은 귀가 있어 듣고 눈이 있어 볼 뿐이다. 그들은 정신의 노력을 경주하여 제 자신 속으로 들어가, 감각과 정념이 침묵할 때 자기 안에서 진리에 귀 기울일 수 없다. 그들은 진리를 즐길 수 없으니 진리에 마음을 쏟을 수 없고, 그들에게 자극을 주지 않는 것에 마음을 써 볼 생각을 못하니 종종 그리 해보고자 할 생각을 못하는 것이다. 그들의 의지는 불안하고 불안정하여 정신의 시선을 끊임없이 모든 감각 대상으로 돌리게 한다. 그 대상들은 다양하므로 사람들을 즐겁게 하고 기분 전환이 되는 것이다.

감각적 선은 다양성과 다수성을 갖고 있으니 그것으로 인해 허영은 덜 인정되고, 그것에서 모두들 바라는 진정한 선을 마주치겠거니 하며 언제나 희망에 젖는 것이다.

인간이요, 길이요,6 우리 신앙의 시조始祖로서 예수 그리스도가 복음

1장 9절), "빛이 어둠에 비치되 어둠이 깨닫지 못하더라."(〈요한복음〉, 1장 5절), "말씀이 육신이 되어 우리 가운데 거하시매."(〈요한복음〉, 1장 14절).

5 Sermon 39. De natalit Domini.〔《주님의 탄생에 대하여》(*Sur la nativité du Seigneur*), 강론 3, §3. 말브랑슈의 각주에는 오류가 있다. — 옮긴이〕

6 [옮긴이] "예수께서 이르시되 내가 곧 길이요, 진리요, 생명이니."(〈요한복음〉,

서에서 우리에게 전한 교훈들은 영원한 지혜요, 내적 진리요, 지성의 빛으로서 예수 그리스도가 우리 이성 가장 깊은 곳에 불어 넣은 것 이상으로 우리 정신의 나약함의 정도와 훨씬 더 비례한다고는 하나, 그러니까 예수 그리스도가 은총을 베풀어 그의 교훈을 듣기 좋게 만들고, 자기 스스로 모범이 되어 구체적으로 만들고, 기적을 일으켜 납득할 수 있게끔 한다고 하나, 사람들은 대단히 어리석고, 그들이 제대로 알아야 하는 가장 중대한 문제들조차 성찰할 능력이 없어서 거의 항상 이를 반드시 해야 할 일로 생각하지 않는다.

복음서의 아름다움을 이해하는 사람은 극히 적고, 예수 그리스도의 교훈의 견고함과 필요성을 이해하는 사람도 극히 적다. 그리스도의 교훈을 깊이 생각하는 사람도 극히 적고 그것을 양식으로 삼아 자신을 강화하는 사람들도 극히 적다. 의지는 선을 누리고자 노력하면서 계속 동요하므로 이 선이 결여된 것으로 보이는 진리에 집중할 수 없기 마련이다. 아래가 내가 말한 것의 다른 증거이다.

IV. 두 번째 사례: 몇몇 인물들이 인정하지 않았던 영혼의 불멸성

불경한 자들은 분명 자기들 생각처럼 영혼이 가멸적인 것인지, 신앙과 이성의 가르침대로 불멸하는 것인지 아는 데 지나친 노력을 경주하고 있음에 틀림없다. 그들에게는 그 문제가 가장 중요한 일이니 말이다.

14장 6절.)

이는 그들이 영원히 살 수 있느냐의 문제며, 정신의 휴식 자체가 그 문제에 달렸다. 그러므로 이로부터 불경한 자들은 이 점을 모르거나, 다소라도 진지하게 주의를 기울일 수 없는지 의심하고 있고, 그들의 의지가 불안하고 타락했으니 자기들이 진실하기를 바라는 생각과는 상반되는 근거들에 정신을 집중하지 못하게 된다는 것이다.

결국 이것이 영혼과 신체, 사유하는 것과 연장을 가진 것의 차이만큼 인정하기 어려운 것인가? 어떤 사유가 전혀 원圓도 사각형도 아니고, 다양한 형상과 다양한 운동을 가능하게 하는 것은 사유나 추론이 아니라 오직 연장일 뿐이고, 그래서 사유하는 것과 연장을 가진 것이 완전히 대립하는 두 존재라는 점을 알기 위해 정신은 엄청난 주의를 기울여야 할까? 하지만 영혼이 불멸이며 신체가 사라진대도 소멸하지 않는다는 점을 증명하는 데는 이것으로 충분하다.

실체가 소멸하면 그 실체의 '양태modes' 혹은 존재 방식도 더불어 소멸한다. 밀랍 조각이 사라졌다면 그 형상 또한 사라지리라는 것이 사실이다. 예를 들어 밀랍의 둥긂은 사실 단지 그런 방식의 밀랍 자체에 불과하니 말이다. 그래서 밀랍의 둥긂이란 밀랍 없이 존재할 수 없다. 그렇지만 신이 세상의 모든 밀랍을 소멸시켰더라도 그 결과 어떤 다른 실체며, 어떤 다른 실체의 '양태'가 사라진다는 결론을 내릴 수 있는 것은 아니다. 예를 들어 모든 돌은 그것이 띤 '양태들'을 갖고 남을 것이다. 돌은 밀랍의 존재 방식이 아니라 그것이 실체나 존재이기 때문이다.

마찬가지로 신이 어떤 물체의 절반을 소멸시켰다고 해도 그 결과 그 물체의 다른 절반 역시 소멸되리라는 결론을 내릴 수는 없다. 이 절반은 다른 절반과 결합되어 있기는 해도, 그 다른 절반과 하나를 이루지는 않는다. 그래서 절반이 소멸된다면 이성의 빛에 따라 그렇게 소멸된 절반은 다른 절반과 더 이상 관계를 갖지 않는다. 그렇대도 그 다른 절반이 더 이상 존재하지 않는다는 결과가 나오는 것은 아니다. 그것의 존재가 상이하므로 다른 절반이 소멸되었다고 무無가 되어 버릴 수는 없는 것이다. 그래서 비록 죽게 되면 우리 신체가 소멸된다고 가정할 수 있더라도 사유는 연장의 변형이 아니므로 우리 영혼은 소멸되지 않는다는 것이 분명하다.

그러나 신체 역시 죽고 나면 소멸된다고 생각하는 것은 옳지 않다. 신체의 모든 구성 부분들은 증기로 흩어지고 먼지로 분해된다. 그 부분들은 더 이상 보이지 않고 더 이상 알아볼 수도 없다. 이 점이 사실이기는 하지만 그렇다고 그 부분들이 더 이상 존재하지 않는다는 결론을 내릴 수 없는 것이, 정신은 계속해서 그것을 지각하기 때문이다. 겨자씨를 둘, 넷, 스무 개의 부분으로 자른다면 우리 눈이 보기에 겨자씨가 더 이상 보이지 않으니 소멸하는 것이다. 그렇지만 겨자씨는 그 자체로 소멸되는 것이 아니고 정신도 그것이 소멸한 것으로 보이지 않는 것이다. 겨자씨를 천 개의 부분, 십만 개의 부분으로 자른대도 정신의 눈에는 그것이 보이기 때문이다.

통상적 자연의 힘으로는 그 무엇도 소멸시킬 수 없다는 점은 감각보다 이성을 이용하는 사람이라면 누구나 갖는 공통된 개념이다. 자연적으로 무로부터 존재가 창조될 수 없는 것과 마찬가지로, 한 실체, 혹은 한 존재가 무가 되는 일도 일어날 수 없다. 존재에서 무, 혹은 무에서 존재로의 이행은 어느 것이나 똑같이 불가능하다. 그래서 물체에 일어나는 변화를 부패라고 부르고자 한다면 물체는 부패한다고 할 수 있지만 그렇다고 물체가 소멸하는 것은 아니다.7

둥근 것은 사각형이 될 수 있고 살肉인 것이 흙이 될 수 있고, 증기가 될 수 있고, 여러분이 원하는 그 무엇도 될 수 있다. 연장이라면 어떤 식으로든 구성configuration될 수 있으니 말이다. 그렇지만 둥근 것과 살肉인 것의 실체는 사라지지 않는다. 자연에는 물체들이 연속적으로 형상이 바뀌도록 하는 어떤 법칙이 확립되어 그 수많은 형상들의 연속적 다양성이 세상의 아름다움을 이루고 그것이 우리가 세상을 지은 조물

---

7 [옮긴이] 데카르트는 〈두 번째 반박에 대한 답변〉에서 "신의 절대적 능력과 관련하여, 혹시 신이 인간의 영혼이 자신과 결합되어 있는 신체가 파괴되는 바로 그 순간에 존재를 멈추게 하지 않았을까 하고 묻는다면, 이에 대한 답은 오로지 신의 몫이네. 그런데 신은 우리에게 그렇게 되지 않을 것이라고 제시했기 때문에, 그것에 대해 의심할 여지란 전혀 없다네"(t. IX, p. 120)라고 썼다. 무로부터 실체를 창조한 신은 그렇게 창조한 실체들을 무로 만들어 버리면서 그 창조를 그만 중단해 버릴지 모른다. 말브랑슈는 신의 역능보다는 지혜를 중시한다. 자신의 창조가 선한 것이므로 창조를 결심했던 신에게 무는 목적이 될 수 없는 것이다. 말브랑슈는 이런 창조의 목적을 《자연과 은총론》(Traité de la nature et de la grâce)에서 발전시키게 된다. 데카르트는 "대지와 하늘이 사라질지라도, 즉 대지와 하늘이 모습을 바꿀지라도, 우리는 신앙으로써 세계, 즉 대지와 하늘로 구성된 물질은 결코 소멸되지 않을 것이네"〔데카르트가 샤뉘(Chanut)에게 보내는 편지(1647년 6월 6일), t. V, p. 53〕라고 쓰고 있다. 이는 사도 바울의 "피조물이 허무한 데 굴복하는 것은 자기 뜻이 아니요 오직 굴복하게 하시는 이로 말미암음이라, 그 바라는 것은 피조물도 썩어짐의 종 노릇 한 데서 해방되어 하나님의 자녀들의 영광의 자유에 이르는 것이니라, 피조물이 다 이제까지 함께 탄식하며 함께 고통을 겪고 있는 것을 우리가 아느니라"(〈로마서〉, 8장 22절)와 〈요한계시록〉의 "또 내가 새 하늘과 새 땅을 보니 처음 하늘과 처음 땅이 없어졌고 바다도 다시 있지 않더라"(21장 1절)에 대응한다.

주를 감탄하게 되는 이유이다. 그러나 자연에는 어떤 존재의 소멸에 대한 법칙은 없다. 무에는 그 어떤 아름다움도, 선함도 없으며, 조물주는 자신의 창조물을 사랑하는 것이다. 그러므로 물체는 변화할 수 있지만 소멸할 수는 없다.

그런데 감각들의 관계에 집중하면서 물체들의 분해가 신체의 진정한 소멸임을 주장하는 이들이 있다. 물체들이 분해되는 부분들이 우리 눈에 지각되지 않고, 물체들은 연장을 갖기에 이렇게 지각되지 않는 부분들로 나뉠 수 있음을 기억하기 때문이다. 정신은 연장을 갖지 않지 않으므로 가분적可分的이지 않다. 정신이 가분적이지 않다면 그런 의미로 정신은 부패할 수 없으리라는 점에 동의해야 할 것이다.

그런데 연장을 갖는 가분적 정신을 어떻게 상상할 수 있을까? 사각형에 직선을 하나 그어서 두 개의 삼각형, 두 개의 평행사변형, 두 개의 사다리꼴로 분할할 수 있다. 그런데 어떤 선을 그으면 즐거움, 고통, 욕망이 분할될 수 있다고 생각할 수 있는가? 그리고 이런 분할로 어떤 형상이 만들어지는가? 확실히 내 생각으로는 상상력이 그 점에 대해 만족할 정도로 거짓 관념으로 가득할 것 같지는 않다.

그러므로 정신은 연장을 갖지 않고, 가분적이지 않고, 신체와 똑같은 변화를 겪을 수 없다. 그러나 본성상 불변하는 것은 아니라는 데 동의해야 한다. 신체가 무한히 많은 수의 서로 다른 형상과 외형을 띨 수 있다면 정신 역시 무한히 많은 수의 서로 다른 지각이며, 변형을 겪게 된다. 죽고 난 후, 육의 실체가 소멸해버리는 것이 아니라 흙, 증기 및 무한히 많은 다른 물체들로 분해되는 것과 마찬가지로, 영혼은 무無가 되어버리는 대신 이 생生을 살아가는 동안 전혀 다른 사유며 생각을 갖게 된다.

지금 우리는 살아가고 있고, 우리의 신체는 뼈와 살로 구성되어 있으며, 살아가기 위해서 영혼은 자신과 결합된 신체와 관련된 관념들과 생각들을 가져야 한다. 그런데 영혼이 신체와 분리될 때 지금 가진 것과는 완전히 다른 종류의 관념들과 변형들을 자유롭게 얻을 것이다. 우리 신체가 자기 쪽에서 본다면 존재하기 위해서 살아 있는 사람의 신체를 가져야 하는 것과는 아주 다른 형상과 구성을 수용할 수 있는 것과 마찬가지이다.

내가 방금 언급한 문제들은 내 생각으로는 영혼의 불멸성이 이해하기 정말 어렵지 않다는 점을 충분히 보여 주는 것 같다. 그러므로 많은 사람들이 영혼의 불멸성을 입증하는 근거들에, 이 문제를 납득하기 위해 약간의 주의를 기꺼이 기울이지 않는 경우를 제외한다면 이를 의심하게 되는 것일까? 그들의 불안하고 불안정한 의지가 끊임없이 지성을 동요하게 만드는 것이 아니라면 어떻게 그들이 그 점을 바라지 않게 될 수 있을까? 그래서 사유와 연장과 같은 관념들처럼 그보다 더 생생할 수 없는 관념들을 뚜렷하게 지각할 여유가 없는 것이다. 이는 어떤 정념의 자극을 받아 끊임없이 눈을 이곳저곳 돌리지 않는 데가 없는 사람이 너무도 자주 자기 눈 바로 앞에 있고, 가장 자기 눈을 향해 있는 대상을 구분하지 못하는 것과 마찬가지이다.

결국 영혼의 불멸성의 문제는 자기 상상력에 귀 기울이지 않고 연장과 사유가 어떤 관계도 갖지 않는다는 점을 인정하기 위해 연장이라는 명확하고 분명한 관념을 정신을 집중하여 고려할 때 가장 해결하기 쉬운 문제들 중 하나이다.

우리 의지가 불안정하고 가벼우므로 우리 지성이 우리에게 중차대한 지식의 대상으로 자기 앞에 바로 보이는 사물들의 핵심을 꿰뚫어 볼 수 없는 것이라면 우리와 전혀 관계가 없이 멀리 떨어진 사물들은 훨씬 덜 깊게 생각하게 된다고 판단하기란 쉬운 일이다. 그래서 우리가 반드시 알아야 하는 대부분의 사물들에 형편없이 무지하다면, 전적으로 불필요하고 무의미해 보이는 일들에 충분히 밝지 못한 것이다.

내가 이 점을 증명하려고 중요한 진리를 갖고 있지도 않으면서 성가시기만 한 사례들에 신경을 쓸 필요는 전혀 없다. 우리가 틀림없이 모르고 있는 것이 있다면 그것은 전혀 소용되지 않은 것이다. 완전히 불필요하고 쓸데없는 일들에 진지하게 전념하는 사람들이 상대적으로는 아주 적지만 전체적으로 본다면 그들의 수는 지나치게 많다. 하지만 그런 일들에 전혀 신경 쓰지 않고 아예 무시해 버리는 사람들도 물론 그들은 그렇게 판단하지 않기는 하지만, 지나치게 많다. 어떤 문제들을 모른다는 것은 협소한 정신을 가진 사람이 갖는 결함이 아니라, 그 사물을 판단할 때의 결함일 뿐이다. 무지는 필연적 악이므로 우리는 오류를 피할 수 있고 또 피해야 한다. 그래서 내가 사람들을 비난하는 이유는 많은 사물들에 무지해서가 아니라 무지로 인해 그것들을 경솔하게 판단하기 때문이다.

V. 추상적이거나 우리와 거의 아무런 관계도 갖지 않는 사물들에 관한 우리의 극단적 무지

사물들과 우리의 관계가 밀접하고 그 사물들이 뚜렷이 지각되고, 상상력으로 쉽게 이해될 때 정신은 그 사물들에 집중하여 어떤 지식을 가질 수 있다고 말할 수 있다. 어떤 사물들이 우리와 관계 맺고 있음을 알 때 우리는 그 사물들을 어떤 성향을 갖고 생각하는 것이다. 그 사물들이 우리 마음에 듦을 느낄 때 우리는 그것에 기꺼이 정신을 집중하게 된다. 그래서 우리 의지가 불안과 동요에 사로잡혀도 우리의 집중력이 끊임없이 방해받고 피곤해지지 않았다면 우리는 많은 사물들 속에 놓이는 것 이상으로 박학했음이 틀림없다.

그런데 사물들이 추상적이고 감각으로 지각이 불가능할 때 우리가 그것에 대한 확실한 지식을 갖기란 대단히 어렵다. 그것은 추상적 진리가 그 자체로 대단히 복잡해서가 아니라, 정신이 주의를 기울여서 보기 시작해서, 보통은 물체들을 감각적으로 보고서는 곧 그만두기 때문이다. 보고 느끼는 것이 아니고는 거의 생각을 하지 않고 그것도 그것을 보고 느끼는 동안만 생각하는 것이다.

정신이 어떤 생각의 뒷받침을 받지 않고도 명석판명한 관념들에 쉽게 열중할 수 있고, 그래서 불안해하는 의지가 다른 곳으로 한눈을 파는 일 없이 끊임없이 집중할 수 있다면 우리가 설명할 수 없다고 생각하는 무한히 많은 수의 자연적 문제들을 만나도 대단한 난점들에 부딪히는 일이 없을 것이고, 그 문제들에 대해서 우리는 무지와 오류를 금세 벗어날 수 있을 것이다.

예를 들어 창조와 소멸이 자연의 보통 힘을 월등히 앞선다는 점은 자기 정신을 쓸 줄 아는 사람이라면 누구에게나 이론의 여지 없는 진리이다. 그러므로 정신과 이성에 대한 저 순수 개념을 주의 깊게 살폈다면, 실체 형상, 특질, 실질적 능력 등과 같은 무한히 많은 수의 새로운 존재들의 창조와 소멸을 그렇게 쉽게 받아들이지 않았을 것이고, 연장, 형상, 운동의 관념을 뚜렷이 구분하면서 그 관념들에서 자연적 결과들을 일으키는 원인을 찾아볼 것이다. 이는 상상만큼 항상 어려운 일은 아닌 것이, 자연의 모든 사물은 서로 연관되어 있고 서르 증명되기 때문이다.

화약의 발파發破와 대포의 발포發砲로 불이 만들어 내는 결과들은 정말 놀랍지만, 그 원인은 밝혀지지 않았다. 그렇지만 사람들이 감각 자극 및 거짓이거나 기만적인 어떤 경험에 몰두하는 대신 순수 정신이라는 단 하나의 개념, 즉 물체의 타격을 받을 때 그 물체 스스르 가진 것 이상의 속도로 타격을 입힐 수는 없으므로, 자극이라고는 거의 받지 않는 물체가 격렬한 운동을 산출하기란 불가능하다는 점을 계속 파고든다면, 단지 이 사실만으로 눈에 보이지 않는 미세한 물질이 존재해서, 그 물질이 대단히 큰 자극을 받는다면, 보통 그 물질은 모든 물체들 및 유사한 여러 다른 물체들로 퍼져 간다는 결론을 내리기란 쉬운 일일 것이다. 그런 물체들을 통해 우리는 불의 본성을 알 수 있게 되고 여전히 단단히 감춰진 다른 진리를 발견할 수 있을 것이다.

화약이 발파되고 대포를 발포할 때 엄청난 운동이 생기는데, 그 주변의 가시적인 모든 물체들이 그렇게 큰 운동을 만들어 낼 만큼 충분히 큰 자극을 받지 않는다는 점은 적어도 대포가 쏘는 포탄이 가하는 그만큼의 자극을 받는다는 비非가시적이고 지각할 수 없는 다른 물체들이 존재한다는 확실한 증거이다. 그렇기는 하지만 그 물체들은 대단히 미세하고 섬세해서 불이 댕기기 전에도 대포의 모든 구멍들은 전혀 건드리지 않고 그 구멍들을 통해 자유롭게 빠져나갈 수 있다. 이 섬세한 물체들이 화약의 성분인 초산염醋酸鹽의 거칠고 단단한 부분들로 둘러싸여 있다가 이런 방식으로 대단히 강력하고 격렬한 운동을 전달한 것이라는 데카르트[8]의 상세하고 사실임 직한 설명을 들을 수 있다.[9]

불이 댕길 때, 다시 말하면 저 미세하고 대단히 동요하는 그 부분들이 초산염의 거친 부분들을 둘러싸고, 대단히 강렬하고 힘찬 운동을 전달하는 바로 그때, 완전한 폭발이 일어나게 된다. 대포의 구멍들을 통해 우리가 말한 미세한 부분들이 홀로 남았다가 사방으로 자유롭게 빠져나가지만 그 구멍의 크기는 초산염의 굵은 부분들 및 화약 성분의 어떤 부분들이 그 주변을 둘러싸는 미세한 부분들의 동요를 받게 될 때 그 구멍을 빠져나갈 정도로 크지는 않다.

---

8 철학의 원리. 불의 생성에 대해서는 주해 16 참조.

9 [옮긴이] "유황은 부식성 즙의 작은 부분들로 이루어져 있는데 이것들은 얇고 촘촘한 유성의 가지들로 감싸여 있어서 그 가지들 사이에는 단지 제 1원소만이 들어갈 수 있는 길들이 아주 많이 있기 때문이다. (…) 초산염은 길쭉하고 뻣뻣한 작은 부분들로 이루어져 있는데, 이 작은 부분들은 한쪽 끝이 다른 끝보다 더 두껍다는 점에서 일반 소금과 구별된다. (…) 유황에 있는 부식성 즙의 작은 부분들이 제 1원소에 의해 움직여지면 그 작은 부분들은 유성 물질의 작은 가지들 사이에 있는 틈들로부터 제 2원소의 알갱이들을 아주 쉽게 쫓아내며 이와 동시에 자신들보다 더 두꺼운 초산염의 작은 부분들을 요동치게 한다. (…) 원운동을 하기 위해서 초산염의 작은 부분들 각각은 큰 공간을 필요로 한다. 이 때문에 화약의 불꽃은 아주 널리 퍼진다."(데카르트, 《철학의 원리》, 4부, 109~113절)

다리橋 밑으로 강물이 흐를 때 강물을 이루는 부분들이 아주 작으므로 다리를 흔들지 않는 것과 마찬가지로, 방금 언급한 대단히 미세하고 섬세한 물질은 눈에 띄는 변화 없이 모든 물체들의 구멍을 통해 끊임없이 빠져나간다. 그런데 강물이 흐르면서 이 강물의 운동으로 엄청난 빙산氷山 더미나 더욱 단단한 어떤 다른 물체들을 끌고 흘러갈 때 이것이 다리를 밀어내면서 무너뜨릴 수 있는 것과 마찬가지이다. 그래서 미세한 물질은 화약이 발파되고 대포를 발포할 때 나타나는 놀라운 결과를 초래할 수 있다. 그 물질 속을 부유하는 화약의 구성 부분들에 강과 급류 이상으로 무한히 강렬하고 급격한 운동이 전달될 때 화약의 바로 그 구성 부분들이 너무도 굵은 나머지, 그것을 가둔 물체의 구멍들에서 자유롭게 빠져나갈 수 없다. 그래서 그것을 강렬하게 끊어 버려 자유롭게 빠져나갈 수 있도록 하는 것이다.

그러나 사람들은 미세하고 섬세한 부분들을 대단히 쉽게 머릿속에 그려볼 수 없는 데다, 그 부분들은 보이지 않기에 공상이라고 간주하기 마련이다. 베이컨은 "보자마자 더는 응시하지 않는다"10라고 말했다. 대부분의 철학자들조차 자기가 모르는 문제들에 침묵을 지키지 않으려고 어떤 새로운 독립체entité를 창안하는 편을 더 좋아한다. 그런 철학자들의 거짓되고 이해할 수 없는 가정들에 맞서 불火은 대단히 강렬한 운동을 산출하므로 대단히 동요된 부분들로 이루어져 있어야 하고, 어떤 사물은 그것이 갖지 않은 것을 전달할 수 없음이 틀림없다는 의견을 통해 반박된다면 — 이때 후자는 확실히 분명하고 견고한 반박이

10 [옮긴이] 베이컨, 《신기관》(*Novum organum*), liv. I, aphor. 50.

라고 할 것이다 — 사실 할 말이라고는 아무것도 없는데 그래도 무언가를 말하는 것처럼 보이려고 하니, 그 철학자들은 일방적이고 모호한 원인들처럼 어떤 경박하고 허구적인 구분을 들이대면서 틀림없이 전부 혼동하고 말 것임에 틀림없다.

결국 주의 깊은 정신의 소유자들이라면 자기들이 이해하는 의미로 자연에는 진정으로 모호한 원인이 존재할 수 없고 오직 인간의 무지만이 그런 원인을 창안했다는 통념을 갖는다.

그러므로 사람들은 자연을 알고자 한다면 명석판명한 개념들을 더욱 집중적으로 고려해야 하고, 사물의 본질을 파고들어 가고자 한다면 그들의 불안정하고 가벼운 의지를 다소 억제하고 중단시켜야 한다. 의지가 가볍고 불안정하고 변덕스러울 때마다 정신은 언제나 나약하고 피상적이고 산만하게 된다.

주의를 기울여 알고자 하는 문제들의 핵심으로 들어가려면 피곤해져서, 자기를 통제하게 된다는 점이 사실이다. 그런데 노력 없이 수확 없다. 온갖 근거를 대면서 진리를 탐구하고 옹호해야 하는 재사들이며 철학자들은 자기가 무슨 말을 하는지도 모르면서 말하고 주의 깊은 정신을 가진 이들의 머릿속에 아무런 뚜렷한 관념도 떠올릴 수 없게 만드는 용어들에 그저 만족한다는 것은 수치스러운 일이다.

3장

I. 호기심은 자연적이고 필수적이다

사람들은 자기 힘을 초월하는 선善에 이끌리는 성향을 갖지만 그 선을 가질 수 없는 한, 새롭고 특이한 성격을 띠는 모든 것에 저도 모르게 끌리는 성향을 가질 것이다. 사람들은 구하고자 한 것을 찾게 되리라는 희망을 품고 아직 검토하지 않은 사물들을 끊임없이 뒤쫓을 것이다. 또한 사람들의 정신은 자신의 봉사를 받도록 지은 자의 관점을 통해서만 온전히 만족할 수 있으므로 자기들이 그 존재의 영광이 될 때까지 항상 불안할 것이고 동요 속에서 살아갈 것이다.

사람들의 정신이 이렇게 배치된 것은 분명 그들의 상태와 대단히 부합한다. 우리가 보통 골몰하는 거짓말과 거짓 이득에 만족하면서 거짓 휴식에 머무는 것보다는 소유하지 못한 진리와 행복을 불안하게 구하는 것이 훨씬 낫다. 사람들이 진리와 행복에 무관심해서는 안 되는 것이, 새로움과 기이함이 사람들을 틀림없이 자극하기 마련인 까닭이다.

사람들이 갖도록 허용된 한 가지 호기심, 더 정확히 말하자면 그 호기심을 사람들이 갖도록 권장된 호기심이 있다. 그래서 평범하고 일상적인 일들에는 진정한 선이 없고, 오래전부터 철학자들이 주장하는 의견들은 대단히 불확실하므로 우리가 새로운 발견에 호기심을 갖고 일상적 이득을 즐기면서 계속 불안해한다면 이는 당연한 일이다.

어떤 기하학자가 유클리드의 명제와 모순되는 새로운 명제들을 제시한다면, 홉스가 쓴《기하학자들의 허영에 반대하여》에서 이미 시도되었던 것처럼 그 기하학자가 기하학은 오류로 가득하다는 점을 증명했다고 주장한다면 나는 이런 유의 새로움에서 즐거움을 찾는 일은 그릇된 일이라는 점을 인정한다. 진리를 발견했다면 그곳에 단호히 머물러야 한다. 우리가 호기심을 갖는 유일한 이유는 그것이 우리를 진리를 발견할 수 있도록 이끌어 주기 때문이다.

기하학자들이 기하학의 새로운 의견들을 알고자 바라는 것은 통상적 오류는 아니다. 그들은 유클리드의 명제들과 모순되는 명제들만을 담은 책에 혐오감을 느낄 텐데, 이론의 여지 없는 증명들로써 유클리드의 명제들이 진리임이 대단히 확실하므로 그들의 호기심을 완전히 멈춰 버리기 때문이다. 이것이야말로 사람들이 자연적으로 알고자 욕망하는 사물들의 진리를 명확히 보지 못하고, 그들이 자연적으로 소유하기를 바라는 무한한 선을 소유하지 않았다는 틀림없는 증거이다.

II. 과도한 호기심을 갖지 않게끔 하는 세 가지 규칙들

그러므로 사람들이 새로움에 자극되고 그 새로움을 사랑한다는 것은 당연한 일이다. 그러나 배제해야 할 예외들이 있고, 우리가 방금 언급한 것으로부터 새로움에 대한 성향을 갖게 되는 유일한 이유는 진리와 우리의 진정한 선善을 탐구하는 데 있다는 점을 쉽게 도출하는 몇몇 규칙들을 지켜야 한다.

세 가지 규칙이 있는데 그중 첫 번째 규칙은 이성을 따르지 않는 신앙의 문제들에서 새로움을 사랑해서는 안 된다는 것이다.

두 번째 규칙은 새로움은 우리로 하여금 그 문제들이 옳거나 진실이라고 믿게끔 해주는 근거가 아니라는 것, 즉 그 의견들이 새로운 것이므로 진실이며, 선이 새롭고 특이해서, 우리가 아직 소유한 적이 없으므로 그런 선이 우리를 만족시킬 수 있다고 판단해서는 안 된다는 것이다.

세 번째 규칙은 몇몇 진리들이 단단히 감추어져 있어서 정신적으로는 그 진리들을 발견할 수 없으며, 이득이 대단히 협소하고 사소하여 우리를 만족시킬 수 없음을 확신할 때 그것에서 발견되는 새로움에 자극되어서도 안 되고, 거짓 희망에 속아 넘어가서도 안 된다는 것이다. 그런데 이 세 가지 규칙들을 더욱 자세히 설명하고 그 규칙들을 준수하지 않을 경우 수많은 오류에 빠지게 된다는 점을 밝혀야 한다.

III. 호기심의 첫 번째 규칙의 설명

정말 다른 기질을 가진 두 부류의 사람을 제법 자주 만나게 된다. 한 사람은 항상 맹목적으로 믿고자 하고, 다른 사람은 항상 확실하게 보고자 한다. 전자는 자기 정신을 거의 한 번도 사용해 본 적이 없어서 자기가 들은 모든 이야기를 분별없이 믿고, 후자는 자기 능력을 무한히 넘어서는 주제들이라고 할지라도 자기 정신을 사용하여 권위란 권위는 모두 무심히 무시한다. 전자는 보통 아이들과 여성처럼 우둔한 이들이거나 나약한 정신을 가진 이들이고, 후자는 이단들이나 철학자들처럼 리베르탱의 오만한 정신을 갖는 이들이다.

이 두 극단 사이에서 어느 쪽에도 기울지 않고, 공연히 정신을 혼란스럽게 만들면서까지 신앙의 문제들에서 명증성을 구하지 않거나, 심지어 간혹 자연의 문제들에 관련된 확실하지 않은 거짓 의견들을 입에 발린 공손함과 굽신거리는 비굴한 정신으로 믿어버리는 사람들은 정말 드물다. 그들이 신앙심이 두텁고 교회의 권위에 무조건 복종하는 사람들일 때 그들의 신앙은 이렇게 말할 수 있다면 순전히 철학적 의견에까지 폭이 넓어진다.

그들은 종종 그 의견들을 종교의 진리와 동일한 존경심을 갖고 바라본다. 그들은 거짓 열정에 사로잡혀 자기들의 생각과 다른 사람들을 지나치게 쉽게 단죄한다. 그들은 새로운 발견을 한 사람들을 부당하게 의심하게 된다. 실체 형상들이 존재하며, 동물들도 고통과 즐거움을 느낀다는 점이며, 뚜렷한 이유 없이 진실로 간주하는 다른 철학적 의견들이 부정되기만 해도 그들이 리베르탱의 정신을 가졌다고 충분히 간주해 버리는데, 이는 그 의견들과 신앙의 진리가 필연적으로 이어져 있다고 그저 생각하는 까닭이다.

그런데 지나치게 대담한 사람들은 오만하여 교회의 권위를 무시하는 경향이 있다. 그들에게 교회의 권위를 따르도록 하는 일은 정말 어렵다. 그들은 생경하고 과감한 의견들을 좋아한다. 그들은 자유사상가인 체한다. 이러한 관점에서 그들은 긍지라도 갖는 양 함부로 신의 문제들에 대해 말한다. 널리 받아들여진 생각들에 대해 겸손하게 말하는 사람들을 보면 순진하게도 너무 잘 믿어 버리는 사람이라고 경멸한다. 결국 그들은 모든 것을 고스란히 의심하게 되고 사람들의 권위에 너무 쉽게 복종하는 사람들과 철저히 대립한다.

이 두 극단이 아무런 가치가 없으며, 신앙의 신비를 명백하게 밝혀야 한다고 주장하는 사람들만큼이나 자연에 관한 질문들을 명백하게 밝히기를 원치 않는 사람들이 비난받아 마땅하다는 것이 명택하다. 하지만 너무 잘 믿어 버리면서 철학 문제에서 그만 잘못 생각하게 되고 마는 사람들은 분명 무모하게 의심하면서 이단 같은 것에 빠져 버리는 사람들보다 더 용서받을 만하다. 결국 교회의 권위를 겸허히 따르지 않고 이단에 빠지는 것보다는 철학의 오류들을 검토할 수 없어서 무한히 많은 오류에 빠지는 것이 차라리 덜 위험하다.

정신은 명백성을 찾으면 쉬고 그렇지 않으면 동요한다. 그것은 명백성이 진리의 특징이기 때문이다. 그래서 리베르탱들과 이단들이 범하는 오류는 진리가 교회의 판결에 있음을 의심하는 데서 온다. 그들이 교회의 판결이 명백하지 않다고 보며, 신앙의 진리는 명백히 이해될 수 있기를 바라는 까닭이다. 그런데 새로움에 대한 그들의 사랑이 잘못된[1] 것은 그들이 진리란 교회의 믿음에 있으니 더 이상 아무것도 탐구하지 않는 데 있다. 신앙의 진리가 자기들 능력 밖에 있다는 것 외에도, 그들의 잘못된 생각에 따라 교회가 오류에 빠질 수 있다고 가정해 버리면 그 진리들을 발견할 수도 없을 것이다.

그러나 교회의 권위를 따르지 않으면서 잘못 생각하는 사람들이 여럿이라면 사람들의 권위를 따르면서 잘못 생각하는 사람들의 수도 그들 못지않다. 교회의 권위를 따라야 하는 것은 교회는 잘못 생각할 수 없기 때문이지만, 사람들의 권위를 맹목적으로 따라서는 안 되는 것은 사람들은 항상 잘못 생각하기 때문이다.

교회가 우리에게 가르쳐 주는 것은 이성의 능력을 한참 넘어서는 것이고, 사람들이 우리에게 가르쳐 주는 것은 우리의 이성을 따라야 한다는 것이다. 그래서 교회의 권위를 따르지 않고 신앙의 문제에서 진리를 찾고자 하는 일이 죄악이며, 끔찍한 오만이라면 이성에 기대야 하는 주제에서 맹목적으로 사람들의 권위를 믿는 일은 경멸할 만한 정신의 천박함이며 가벼움이다.

그러나 세상에서 박식하다고들 불리는 사람들이 그런 명성을 얻은 것은 그저 그들이 아리스토텔레스, 플라톤, 에피쿠로스 및 몇몇 다른 철학자들이 제시한 의견들을 외워서 알고 있고, 맹목적으로 그 철학자들의 생각을 따르고 고집스럽게 옹호하기 때문일 뿐이다. 대학에서 교의教義의 급級이며 외적으로 두드러진 특징을 얻으려면 몇몇 철학자들의 생각을 아는 것으로 충분하다. '스승의 말을 따를 것을in verba magistri'

1 《형이상학에 대한 대화》 13번째와 14번째 대화를 참조.

맹세한다면 논문 좀 쓰는 것으로 곧 박사가 된다. 교단치고 자기만의 교의를 갖지 않는 곳은 거의 없으며, 개인이 그 교의를 포기하는 것은 금지되어 있다.

어떤 이들에게 진리인 것이 종종 다른 사람들에게는 거짓이다. 그들은 때로 이성과 경험에 반反하여 자기 교단의 교의를 옹호하는 것을 영광으로 삼는다. 그들은 진리와 그들의 교의에 따르는 저자들의 모순을 제거하기 위해서는 어느 쪽의 왜곡도 불사해야 한다고 생각한다. 이렇게 되면 무수히 많은 경박하기 짝이 없는 구분들이 생긴다. 그런 구분들을 하는 만큼 멀찍이 우회하게 되고 그렇게 되면 영락없이 오류에 이르게 된다.

지금 시대에도 어떤 진리가 발견된다면 아리스토텔레스가 이미 그 진리를 알았을 것임에 틀림없다. 그렇지 않고 아리스토텔레스가 그 진리에 반대 의견이라면, 그 발견은 거짓일 것이다. 어떤 사람들은 이 철학자를 이런 방식으로 말하게 하고 다른 이들은 또 다른 방식으로 말하게 한다. 누구든지 학자로 자처하고자 하는 사람이라면 아리스토텔레스를 자신의 방식으로 말하게 하는 것이다. 그의 말을 언급하지 않는 것은 불손한 일이고 모든 새로운 발견들이란 결국 그의 책의 어느 구석에 수수께끼같이 숨어 있었던 것이다.

한마디로 말해서 아리스토텔레스는 거의 항상 모순적 말을 한다. 아리스토텔레스의 책에 없는 말이라고 해도 적어도 그 철학자를 가르치는 사람들의 입에 오르내리는 것이다. 철학자들이 아리스토텔레스의 교의를 확언하고 주장하더라도 아리스토텔레스의 생각에 대해 의견의 일치를 보는 두 사람을 만나기란 어려운 일이다. 사실 아리스토텔레스의 책은 대단히 모호하고, 막연하며 넓은 의미로 쓰는 용어들이 넘쳐나므로 그 철학자와 완전히 반대되는 사람들의 생각이라도 그럴싸하게 그 철학자의 것으로 인정될 수 있다.

아리스토텔레스 책의 어떤 부분에서 원하는 모든 것을 그가 말하도록 할 수 있다. 그 대목에서 큰 소란이 생기더라도 그는 거의 아무 말도 하지 않기 때문이다. 이는 아이들이 시계가 가는 소리를 자기들 좋은 대로 내는 것과 마찬가지이다. 시계는 큰 소리를 내지만 아무 말도 하지 않으니 말이다.

횡설수설하지 못하도록 사람을 특이한 의견에 집중시키고 그 생각을 벗어나지 못하도록 하는 것이 대단히 합리적으로 보이는 것은 사실이다. 그런데 뭐라고? 거짓과 오류의 방법을 써야 한단 말인가? 오류로 사람들의 정신을 하나로 묶을 수 있다는 걸 믿어야 하는가? 아리스토텔레스의 책을 읽는 것으로 만족하고 그의 책을 읽으며 오랜 세월을 지낸 후에 진정한 학문을 얻었다고 확신하는 사람들을 찾기란 얼마나 희귀한 일인지 검토해 보아야 한다.

우리가 분명히 인정해야 하는 것은 정신이 동요할 때 이를 멈춰 세울 수 있는 것은 오직 진리와 명백성뿐이며, 논쟁, 반발, 오류, 이단조차 연구 방식이 잘못되었을 때 유지되고 강화될 수 있다는 점이다. 진리는 분리가 불가능하며 다양성을 수용할 수 없다. 오직 진리만이 사람들의 정신을 하나로 만들 수 있으며 거짓과 오류는 사람들의 정신을 가르고 선동할 뿐이다.

나는 철학자들의 '왕'이라고 불리는 자는 오류를 범하지 않으며 진정하고 견고한 철학이란 오직 그의 책에서만 찾을 수 있음을 성실히 믿는 사람들도 있음을 의심하지 않는다. 그런데 아리스토텔레스가 책을 쓴 지 2천 년이 지났는데 그가 오류에 빠진 적이 한 번이라도 있었는지 아직 누구도 발견하지 않았다고 생각하는 사람들이 있다. 그런 이들은 아리스토텔레스를 맹목적으로 따르고 그의 말을 마치 오류를 범할 수 없는 것처럼 인용한다. 그런데 그런 사람들에게 일일이 답변하고 싶지는 않다. 그들은 너무도 형편없는 무지에 빠져 있음이 틀림없으니, 굳이 반박하느니 무시해 버리면 그만이다. 아리스토텔레스나 그의 철학을 따랐던 사람들 중 누군가가 아리스토텔레스에게 특별한 자연학 원리들로부터 어떤 진리를 추론할 수 있는지, 어쩌면 그들 스스로 그렇게 추론한 것은 아닌지 물으면 그들은 그렇다고 밝히고, 어떤 추론이었는지 설명하고, 그 추론을 입증해야 한다. 그러면 그들은 아리스토텔레스만을 찬양하겠다는 약속을 받아낼 것이다.

아리스토텔레스의 원리들이 언젠가 진리를 입증하는 데 사용될 것이라면 누구도 이 철학자가 제시한 원리들이 불필요하다는 말은 더 이상 하지 않을 것이다. 그렇지만 그렇게 바랄 필요가 없다. 이미 오래전부터 아리스토텔레스는 도전을 받아왔으며 특히 데카르트는 다른 책들 가운데《형이상학적 성찰》에서 자칭 그 진리가 오류임을 증명하겠다고 약속까지 하면서 도전장을 던졌다.[2] 이는 감히 누구도 해볼 생각을 못할 문제라는 것이 틀림없어 보인다. 데카르트의 가장 강력한 적들이며 아리스토텔레스 철학의 가장 열성적인 옹호자들도 아직 감히

---

2 [옮긴이] 사실은《성찰》에서가 아니라,《철학의 원리》의 프랑스어 번역판 머리말에 실린 내용이다. 말브랑슈는 이 오류를 수정하지 않았다.

시도조차 해본 적이 없는 일이다.

그러므로 결국 아리스토텔레스가 됐든, 플라톤이 됐든, 또 그 어떤 다른 철학자가 됐든 그런 식으로 그들의 권위를 신줏단지 모시듯 따르는 일은 맹목이고, 천박한 정신이고, 미욱한 일이라고 말할 수 있어야 한다. 즉 그들의 생각을 기억해 두고자 하는 것 이외의 의도가 없을 때 그들의 책을 읽는 것은 시간 낭비이며, 그런 식으로 배우는 사람들에게는 시간 낭비를 시키는 일이라고 말할 수 있어야 한다. 성 아우구스티누스의 말[3]을 따라 "제 아들을 스승의 생각을 배우도록 학교에 보낸다니 어리석기 짝이 없을 정도로 기이한 일이다"라고 말할 수 있어야 한다.

철학자들은 권위로 우리를 가르칠 수 없고, 그들이 그렇게 주장한다면 그것은 부당한 일이고, 따라서 무슨 일이 있어도 그들의 입장을 지켜 내겠노라고 당당히 맹세한다면 그것은 광기狂氣이고 불경不敬이라 할 것이다. 마지막으로 거짓이거나 불필요하다는 것이 너무나 잘 알려진 의견들을 지키고자, 진리가 될 수 있을 새로운 철학 의견을 타산에 따라 반박하는 일은 진리의 자유를 부당하게 빼앗는 일이다.[4]

---

3 Quis tam stulte curisus est qui filium suum mittat in scholam ut quid magister congitet discat (Aug. *De magistro*) (성 아우구스티누스, 《교사론》, 14장 §45. 이 부분은 말브랑슈가 직접 번역한 것이다. — 옮긴이)

4 [옮긴이] "하나님의 진노가 불의로 진리를 막는 사람들의 모든 경건하지 않음과 불의에 대하여 하늘로부터 나타나나니."(〈로마서〉, 1장 18절)

4장

I. 호기심의 두 번째 규칙의 설명

반드시 준수되어야 하는 두 번째 규칙은 사물의 진리를 믿는 데 새롭다는 것을 근거로 삼아서는 안 된다는 것이다. 우리는 벌써 여러 번에 걸쳐 사람은 오류 속에, 그들이 누리고 있는 거짓 이득에 머물러서는 안 된다고 말했다. 사람들이 갖지 못한 명백한 진리와 진정한 선을 구하는 것이 올바른데도 그들은 새롭고 기이하게 보이는 것들에 끌리게 된다고 한 것이다. 그러나 그렇다고 사람들이 새롭고 기이하게 보이는 것에 몰두해서는 안 되고, 가벼이 생각하여 새로운 의견들은 새롭기 때문에 진실하고, 어떤 이득은 아직 한 번도 누려 본 적이 없으므로 진실한 것이라고 믿어서는 안 된다. 새로운 사물들은 그것이 새롭다는 사실 때문에 세심히 검토되는 것임이 틀림없다. 그 새로운 사물들을 모른다고 무시해서도 안 되고, 그 안에 사람들이 바라는 것과 희망하는 것이 들어 있으리라고 무모하게 믿어서도 안 된다.

그러나 다음과 같은 일이 다반사로 일어난다. 사람들은 고대의 의견 및 중론衆論을 검토했지만 거기서 진리의 빛을 알아보지 못했다. 일상적 이득을 맛본 뒤에도 선을 소유했을 때 따라붙어야 하는 견고한 즐거움을 찾지 못한 것이다. 일상적 이득과 의견들로도 사람들의 욕망과 열의는 진정되지 않았다. 그러므로 사람들이 무언가 새롭고 기이한 이야기를 듣는다면 새롭다는 생각으로 인해 사람들은 그것이 자기들이 찾고 있던 바로 그것이기를 바라기부터 하게 된다.

또 사람들은 보통 자화자찬하고 사물들이 그들이 존재하기를 바라는 바로 그대로라고 믿고 싶어 하므로 그들의 욕망이 커짐에 따라 희망도 굳어져, 결국 자기도 모르는 사이에 허구의 확신으로 변하게 된다. 그다음에 사람들은 새롭다는 생각과 진리라는 생각을 하나로 붙여 버리므로 하나를 생각하기 위해서는 다른 것이 꼭 따라붙게 된다.

사람들은 항상 더욱 새로운 것이 더욱 일상적이고 평범한 것보다 더욱 진실되고 훌륭하다고 보는 것이다. 이런 점에서 이들은 이단을 지극히 혐오하여 새롭다는 생각과 허위라는 생각을 하나로 붙여 버리는 몇몇 다른 사람들과는 사뭇 다르다. 후자의 경우 모든 새로운 의견은 허위이고 그 안에 무언가 위험한 것이 들어 있다고 생각하는 것이다.

그러므로 사람들의 정신과 마음이 새로움의 특징을 띠는 모든 것에 보통 갖게 되는 이런 경향이 그들이 범하는 오류들의 가장 일반적 원인들 중 하나라고 말할 수 있는 것이, 그런 경향을 가진 사람들은 십중팔구 진리에 이르지 못하기 때문이다. 설령 진리에 이르게 된다고 해도 그것은 그저 우연이거나 행운 때문이다. 결국 그런 경향으로 인해 사람들은 항상 진정한 선에 등을 돌리고 세상에 가득 찬 저 수많은 여흥이며 거짓 선을 벗어나지 못하게 된다. 이것이야말로 우리가 빠질 수 있는 가장 위험한 오류이다.

II. 호기심의 세 번째 규칙의 설명

새로움을 과도하게 추구하는 욕망을 막는 세 번째 규칙은 우리가 어떤 진리들은 단단히 감춰져 있어서 정신을 통해서 발견할 수 없고, 이득이란 대단히 사소하고 시시해서 그것으로는 우리가 행복해질 수 없다고 확신한다 했대도, 그때 마주치게 되는 새로움에 자극되어서는 안 된다는 것이다.

모든 사람은 신앙, 이성, 경험을 통해서 창조된 모든 이득을 동원해도 무한히 큰 의지를 채울 수는 없음을 알 수 있다. 우리는 신앙을 통해 세상 만물은 그저 허영일 뿐,[1] 명예나 부富로도 우리는 행복할 수 없음을 안다. 우리는 이성을 통해 우리의 힘으로는 욕망을 제한할 수 없으며, 우리는 자연적 성향에 따라 모든 이득을 사랑하고자 하그로 우리가 행복해질 수 있기 위한 단 한 가지 방법은 모든 선을, 제 안에 포함하는 존재를 소유하는 것뿐임을 확인하게 된다. 우리 자신의 경험으로 우리가 누리는 이득을 소유하는 것으로 행복해지는 것이 아님을 깨닫게 된다. 우리는 훨씬 더 많은 선을 바라게 되니 말이다.

---

1 [옮긴이] "전도자가 이르되 헛되고 헛되며 헛되고 헛되니 모든 것이 헛되도다." (〈전도서〉, 1장 2절)

결국 세상에서 가장 강력한 군주와 왕들이나 누리는 엄청난 이득으로도 그들의 욕망이 채워질 수 없음을 알게 된다. 그들은 다른 이들보다 더 불안해하고 불만족스러워 한다. 말하자면 그들은 운명의 수레바퀴의 정점에 서서, 그 수레바퀴 중심의 아래쪽이나, 중심에서 더욱 가까운 곳에 있는 이들보다 무한히 더 흥분하고 더 동요함에 틀림없다. 결국 그들은 높은 곳에서 떨어지게 되므로 큰 상처를 입게 된다. 그들에게 따라붙어 그들 존재에 붙어 떨어지지 않는 저 권세가 계속 커지고 넓어지지 않고, 결국 그들은 더 많은 상처를 입고 운명의 타격을 받을 처지에 놓일 수 있게 되는 것이다.

그러므로 신앙, 이성, 경험을 통해 우리는 아직 맛본 적 없는 지상의 이득과 즐거움을 설령 우리가 소유할지라도 행복해지는 것이 아님을 인정하게 된다. 이 세 번째 규칙에 따라 어리석게도 행복의 희망이라는 헛된 환상에 휩쓸리지 않도록 조심하지 않으면 안 된다. 그 환상은 우리의 정념과 욕망에 비례하여 조금씩 커지다가 결국 거짓 확신으로 바뀌게 된다. 어떤 이득을 극도로 열망하게 되면 그것을 점점 더 엄청난 것으로 상상하게 되고, 그것을 소유하면 행복해지리라고 부지불식간에 확신하게 된다.

그러므로 이 헛된 욕망에 저항해야 한다. 그 욕망을 만족시키려고 노력해봤자 헛일인 까닭도 있지만, 무엇보다도 정념에 넘어가서 그 정념을 채우는 데 자기 시간을 다 써버린다면 우리는 신도 잃고, 신과 함께 모든 것을 잃게 되어 버리니 말이다. 그저 계속해서 이런 거짓 선, 저런 거짓 선을 뒤쫓을 뿐이고, 그래서 항상 거짓 희망을 품고 살아간다. 수만 가지 상이한 방식으로 자신을 낭비하고 흥분에 사로잡히는 것이다. 우리가 찾는 이득을 여러 사람이 바라지만 그렇다고 여러 사람이 같이 소유할 수 없으므로 어디서나 반목하다 결국 죽게 되어 더 이상 아무것도 갖지 못하게 된다.

사도 바울의 가르침대로[2] "부자가 되려는 자들은 돈을 사랑함이 일만 악의 뿌리가 되나니 시험과 올무와 여러 가지 어리석고 해로운 욕심에 떨어지게 마련이다."[3]

우리가 구하는 행복을 지상에서 찾을 수 없음을 확신하므로 우리에게 새로운 지상의 이득을 찾아서는 안 된다면, 수많은 어려운 문제들을 주제로 한 새로운 의견들을 조금이라도 알고자 해서는 안 된다. 더욱이 인간 정신으로는 진리를 발견할 수 없으리라는 점을 우리가 알기 때문이다. 우리가 도덕과 특히 자연학에서 다루는 대부분의 문제들의 본성이 이러하다. 바로 이런 이유로 매일같이 대단히 난해하고 거룩한 주제들에 대해 써대는 책들을 불신해야 한다. 일반적으로 말해서 그 책들이 다루는 문제들이 해결될 수 있더라도 발견된 진리는 여전히 극히 적고, 그 책들이 다루는 진리들에 이르기 전에 알아야 할 다른 숱한 진리들이 존재하므로 이를 전부 읽다 보면 틀림없이 많은 시간을 잃고 만다.

그러나 사람들은 그런 식으로 행동하지 않는다. 오히려 그 반대로 한다. 자기들이 들은 이야기가 가능한지 따져보지도 않으므로, 그들의 헛된 호기심을 자극하고 정신을 사로잡으려면 자연적 열熱, 근본 체액

2 Tim., vi.

3 [옮긴이] 〈디모데전서〉, 6장 9~10절.

humide radical',4 '생명의' 정기의 회복 및 그들이 이해하지 못하는 다른 것들을 회복시킨다는 것처럼 기상천외한 일들을 약속하기만 하면 된다. 그들의 눈을 부시게 하여 앞을 보지 못하게 하고, 신뢰를 얻으려면 역설을 제시하고, 난해한 말들, 파급력이 큰 용어들, 알려지지 않은 저자들의 권위를 이용하든가, 대단히 감각적이고 보기 드문 실험을 해 보이는 것으로 충분하다. 그 실험과 주장하는 바가 전혀 관계가 없어도 상관없다. 사람들의 얼을 빼놓는 것으로 충분히 설득할 수 있다.

의사나 외과의사, 혹은 무자격 의사5가 자기 말을 듣는 사람들에게 그리스와 라틴어 구절을 인용하고 새롭고 기이한 용어들을 사용할 때 그들은 대단한 사람들이 되어 살리고 죽일 권리를 얻게 된다. 그들의 말을 신탁이라도 되듯이 믿는다. 그런 사람들은 필부필부匹夫匹婦들보다 자기들이 다들 훨씬 우월한 존재라고, 그들이 사물의 핵심을 간파한다고 상상한다. 아무 의미도 없고 아무것도 입증하지 못하는 대여섯 마디 말이 어떻게 근거가 되느냐고 따질 만큼 경솔한 사람은 그런 이들은 상식이 없으며 제일 원칙들을 부정하는 것이라고 생각한다. 사실

---

4 [옮긴이] 《아카데미 프랑세즈 사전》은 근본체액을 "생명의 원리를 만드는 체액"을 말한다고 정의한다. 근본 체액(primigenium)과 내적인 열(chaleur innée 혹은 chaleur naturelle)은 히포크라테스와 갈레노스 의학에서 생명의 기능의 기초를 이룬다. 특히 갈레노스는 심장에서 나오는 "생명 정기"(les esprits vitaux) 이론을 발전시켰는데, 이 정기와 두뇌에 자리 잡은 "동물정기"를 구분했다.

5 [옮긴이] 17세기 외과의사는 사혈(瀉血) 등을 시행하는 임상의사였고, 이로써 의사와 구분되었던 것과 마찬가지로, 민간에 퍼진 경험을 이용했던 이른바 무자격 의사, 혹은 외발 의과의(barbier-chirurgien)는 고대의 의학 학파의 입장을 대개 몰랐고, 그 처방을 따르지 않았다.

그런 이들의 제일 원칙이란 어떤 저자가 말한 라틴어로 된 대여섯 단어들이거나, 좀 더 능숙한 사람이라면 그리스어 구절일 뿐이다.

박식한 의사들이 명성을 얻고 자기 처방을 따르게 할 목적으로 간혹 환자들이 이해하지 못하는 언어로 말하는 일이 필요하기도 하다. 라틴어만 아는 의사라도 시골마을에서 존경을 받을 수 있다. 농민들에게는 라틴어나 그리스어나 아랍어나 다를 바 없다. 그러나 의사가 그리스어를 읽을 줄 모르면서 히포크라테스의 경구를 가르치려고 한다면 흔히들 라틴어를 알고 있는 도시 사람들이 자신을 박학한 의사로 인정하리라는 기대는 접어두어야 한다. 그래서 심지어 그보다 더 박식할 수 없는 의사들이라도 사람들이 그런 환상을 품고 있음을 알고 있으니 사기꾼들이며 무지한 사람들처럼 말하지 않을 수 없으므로, 그 의사들이 왕진往診가서 하는 말을 가지고 그들의 능력과 양식을 자기 멋대로 판단해서는 안 된다. 의사들이 간혹 그리스어를 쓴다면 그것은 질병이 아니라 환자를 홀릴 목적으로 말하는 것이다. 의사들부터 그리스어로 된 한 구절로는 누구도 치료할 수 없음을 잘 알고 있으니 말이다.

5장

I. 두 번째 자연적 성향 혹은 이기심에 대하여

조물주가 우리의 의지에 끊임없이 새기는 두 번째 성향은 우리 자신에 대한 사랑, 또는 자기 보존에 대한 사랑이다.

이미 말했듯이 신은 자신의 모든 창조물을 사랑하며, 창조물을 사랑하기 때문에 신은 그들을 보존하며, 신이 창조한 모든 사람이 자신의 것과 동일한 성향을 갖기를 바란다. 그러므로 신은 창조물들 모두가 행복에 대한 성향만큼이나 자기 보존에 대한 자연적 성향을 갖기를 바라는 것이다. 존재하지 않고서는 행복할 수 없으니 말이다. 그러나 제 자신을 가장 중요한 목적으로 보고 신과의 관계를 고려하지 않고 자신을 사랑하는 것은 올바른 일이 아니다. 우리는 자기 혼자 선을 가질 수도 없고 생계를 마련할 수도 없고, 행복하고 완벽해질 수도 없으므로 자신을 사랑하기 위해서는 오직 신과의 관계를 고려해야 한다.[1] 오직 신만이 우리의 지고至高한 선이며, 우리 존재를 완전하게 만들어 주는 분이기 때문이다.

우리가 신앙과 이성을 통해 지고한 선은 오직 신뿐이며 신만이 우리를 즐거움으로 가득 채울 수 있음을 배운다면 신을 사랑해야 한다고 생각하기란 정말 쉬운 일이고, 그것도 대단히 수월하게 신을 사랑하게 된다. 그러나 은총이 없이 우리가 신을 사랑한다면 그 사랑은 항상 불완전하고 이기심amour-propre을 통하지 않을 수 없다. 여기서 나는 이기심이라는 말을 정의롭지 못하고 과도하게 타락했다는 의미로 썼다. 신을 아마 우리를 행복하게 만들어 줄 수 있는 역량을 가진 존재로서 사랑한다면 그것은 지고한 정의로서 신을 사랑하는 것이 아니고, 있는 그대로의 모습으로 신을 사랑하는 것도 아니다. 우리는 인간처럼 관대하고 양순한 존재로 사랑하면서 정작 스스로는 신의 율법, 신의 완전성에서 나오는 불변의 법칙에 맞추고자 하지 않는다. 아무것도 섞이지 않은 순수한 애덕은 우리의 능력을 한참 넘어서는 것이므로 우리가 신을 신 자체로, 혹은 신을 있는 그대로의 모습으로 사랑하기란 어림도 없다. 사람의 이성으로는 자기 자신과는 다른 방식으로 사랑할 수 있다는 점이며, 자기만의 만족과는 다른 최종 목적을 가질 수 있으리라는 점을 이해하기란 쉽지 않다.

---

1 나는《신의 사랑에 대한 논고》(*Traité de l'amour de Dieu*)와《라미 신부에게 보내는 편지》(*Lettre au P. Lamy*)의 세 번째 편지에서 더 명확하고 더 자세하게 설명했다. 나는 여기서는 여러 성향들을 그저 훑고 지나가는 것으로 그치고, 우리가 범하는 오류의 원인들을 일정한 순서로 언급하도록 한다.

II. 이기심은 존재에 대한 사랑과 안락에 대한 사랑 혹은 위대함에 대한 사랑과 즐거움의 사랑으로 구분된다

이기심을 두 가지 종류로 나누어 볼 수 있다. 권세에 대한 사랑이 하나요, 즐거움에 대한 사랑이 다른 하나이며, 또는 자기 존재와 자기 존재의 완전성에 대한 사랑이 하나요, 자신의 안녕이나 행복에 대한 사랑이 다른 하나이다.

권세를 사랑하므로 역량이며, 고양高揚이며, 자족을 가진 척 가장하고, 우리가 스스로 존재하기라도 하듯 보이도록 한다. 어떻게 본다면 절대자 같은 것을 갖고자 하지만, 어떤 의미로는 우리 자신이 신처럼 되고자 하는 것이다. 문자 그대로 오직 신만이 존재를 갖고 필연적으로 존재한다. 종속된 모든 존재는 그 존재가 종속된 자의 의지에 의해서만 존재하는 까닭이다.

사람들은 자기들이 필연적으로 존재하기를 바라고, 다른 사람들의 힘으로부터 자신을 보호해 주는 힘과 자족 또한 갖기를 바란다. 그런데 사람들은 즐거움을 사랑하므로 존재뿐 아니라 안녕 역시 욕망한다. 즐거움은 영혼이 가질 수 있는 가장 훌륭하고 가장 쾌적한 존재 방식이니 말이다.

나는 말 그대로 즐거움으로서 즐거움을 말한다. 그래서 보편적 즐거움을 누릴 때 그 즐거움에는 감각적 즐거움만큼이나 이성적 즐거움이 포함되었으므로 내가 보기에는 그것이 자연적 사랑, 혹은 그것이 어떤 선일지라도 그 선에 이끌리는 영혼의 모든 움직임들의 원리, 혹은 유일한 동기임이 확실하다. 즐거움을 느낄 수 있는 것만을 사랑할 수 있지 않은가. 복자들이 신의 완전함을, 있는 그대로의 신을 사랑한다면 그 완전함을 바라보는 것이 그들에게 즐거움을 주기 때문이다. 사람은 신을 알고 사랑하기 위해서 태어났으므로 완전한 모든 것을 바라볼 때 우리에게는 그것이 즐거움이 된다.

피조물의 권세, 탁월함, 자족이 그 자체로 피조물을 더욱 행복하게 만들어 주는 존재 방식이 아니라는 점에 주목해야 한다. 위대해짐에 따라 비참해지는 일도 종종 일어나니 말이다. 그런데 즐거움이란 지금 더 행복해지지 않고서는 얻을 수 없는 존재 방식이다. 내가 더 행복해진다고 말했을 때 그것은 확고부동하게 행복하다는 말이 아닌 것이다. 대개 권세와 자족은 우리 내부에 존재하지 않는 것으로, 보통은 우리 주변의 사물들과 맺는 관계에서 나온다. 그런데 즐거움은 영혼 내부에 존재하는 것이고, 권세와 자족은 영혼을 변형시키고 그 둘의 본성상 영혼을 만족시킬 수 있는 영혼의 실질적 존재 방식이라고 하겠다.

그래서 탁월함, 권세, 자족은 우리 존재의 보존에 적합한 것으로, 심지어는 간혹 자연의 질서에 따라 안녕의 보존에 대단히 유용하다고 간주된다. 그런데 즐거움은 항상 정신의 존재 방식으로, 그 방식 자체가 정신을 행복하게 만들고, 확고한 즐거움은 정신을 완벽히 만족케 한다. 그래서 즐거움이 안녕이고, 즐거움의 사랑은 안녕의 사랑이다.

그런데 우리 내부에서 이 안녕의 사랑이 존재의 사랑보다 더 강력하며, 우리는 이기심으로 인해 간혹 비존재를 욕망할 때가 있다. 우리에게 안녕이라는 것은 없기 때문이다. 이는 영벌永罰을 받은 자들에게 벌어지는 일이다. 예수 그리스도는 나쁜 자로 존재하느니 존재하지 않는 것이 더 나으리라고 말했다.2 저 불행한 자들이야말로, 자기 안에 모든 선을 갖고 우리가 느낄 수 있는 즐거움과 고통의 유일한 원인인 자의 공공연한 적이므로, 그런 자들이 만족하기란 불가능한 일이다. 그들의 의지는 항상 똑같은 배치를 따르고, 똑같이 무절제할 것이니 그들은 비참한 존재이고 또한 영원히 비참한 존재로 살 것이다. 그러므로 자기 자신에 대한 사랑에는 두 가지 사랑이 포함된다. 하나는 권세, 권능, 자족 및 일반적으로 우리 존재의 보존에 합당한 것처럼 보이는 모든 것들에 대한 사랑이고, 다른 하나는 우리의 선, 즉 행복하고 만족하며 살기 위해 필요한 모든 것들과 즐거움에 대한 사랑이다.

이 두 가지 사랑은 또 여러 방식으로 구분될 수 있는데, 그것은 우리가 영혼과 신체라는 서로 상이한 두 부분으로 구성되어 있고 그 두 부분에 따라 나뉠 수 있기 때문이거나, 우리 존재의 보존에 유용한 여러 다른 대상들로써 구분하거나 특정할 수 있기 때문이다. 그렇지만 〈도덕론〉을 쓰는 것이 우리의 의도가 아니고, 우리의 이득으로 간주되는 모든 것들을 연구하고 정확히 구분할 필요는 없으므로 이 문제는 그냥 넘어가도록 하겠다. 이런 구분이 필요했던 이유는 단지 우리가 범하는 오류들의 원인을 일정한 순서에 따라 언급해야 했기 때문이다.

그러므로 우리는 먼저 권세 및 우리를 다른 이들의 종속을 벗어나게끔 해주는 모든 것에 끌리는 성향이 원인이 되는 오류들에 대해서, 다음으로는 즐거움 및 우리 존재를 그것이 다다를 수 있는 가장 훌륭한

---

2 [옮긴이] "인자는 자기에 대하여 기록된 대로 가거니와 인자를 파는 그 사람에게는 화가 있으리로다. 그 사람은 차라리 태어나지 아니하였더라면 제게 좋을 뻔하였느니라."(〈마태복음〉, 26장 24절)

상태로 만들거나 우리를 가장 만족시킬 수 있는 모든 것에 끌리는 성향에서 비롯하는 오류들에 대해 말하겠다.

6장

I. 우리를 다른 사람들보다 높이는 모든 것에 대해 우리가 갖는 성향에 대하여

학문과 미덕美德처럼 우리를 더욱 완전하게 만들고 다른 이들보다 우월한 존재로 만들어 주거나, 위엄이나 부처럼 우리의 역량을 더욱 강화하여 다른 이들에게 권위를 행사하게 해주는 모든 것은 어떤 의미로 보자면 우리를 자족적 존재로 만들어 주는 것 같다. 우리보다 낮은 모든 이들은 우리를 존경하는 한편 두려워하기도 한다. 그들은 언제나 우리 존재의 보존을 위해 우리를 기쁘게 해주는 것을 마련할 준비가 되어 있으며, 감히 우리를 해치거나 우리의 욕망에 맞서지 못한다. 그래서 사람들은 다른 이들보다 자신을 우월하게 만들어 주는 이 특권을 갖고자 항상 노력한다.

그들은 자기 존재와 자기 안녕이 진실로 오직 신에게 달린 것이지 사람들에게 달린 것이 아니며, 자신을 영원히 행복하게 해줄 진정한 권세는 그들만큼이나 나약하고 비참한 존재로서 다른 사람들이 상상하는 그런 지위를 갖는 데 있지 않고, 신의 전능한 이성이 모든 이로 하여금 영원히 그의 행위를 따르게 만들 이성이 마련하는 지위에 있다는 점을 깊이 생각하지 않는다.

그런데 아닌 게 아니라 사람들은 학문과 미덕, 품위와 부를 갖고자 할 뿐 아니라, 자기가 실제로 그것들을 소유하고 있음을 믿게끔 하려고 전력을 기울인다. 그리고 그들이 실제로 부자인 것보다 덜 부자로 보이면 어쩌나 걱정하고 있다고 말할 수 있다면, 그렇게 보이는 것보다 미덕이 덜한 것이면 어쩌나 하는 걱정을 종종 덜 하고 있다고 말할 수 있다. 《도덕적 성찰》의 저자[1]의 멋진 말처럼 "허영을 동반하지 못한 미덕은 멀리 나아가지 못할 것"이니 말이다.

부자에다, 박학하고, 미덕까지 갖췄다는 명성이면 우리 주변 사람들이나 더 가까운 친척들은 상상력을 동원하여 우리에게 대단히 긍정적 태도를 품게 된다. 그 명성이면 그들을 우리 발밑에 두기란 식은 죽 먹기이다. 그들을 우리에게 호의적으로 움직이게 할 수 있고, 그들의 마음속에 우리 존재의 보존과 권세의 확장을 목표로 하는 움직임을 일으키게 된다. 그래서 사람들은 사교계에서 편리하게 살아가기에 반드시 필요한 선처럼 그들의 명성을 보존한다.

그러므로 미덕, 학문, 품위, 부에 끌리는 성향이며, 그런 장점들을 소유했다는 명성에 끌리는 성향을 갖지 않은 사람은 없다. 우리는 곧 몇 가지 사례를 들어 이런 성향이 어떻게 사람들로 하여금 오류를 범

1 [옮긴이] 17세기의 모럴리스트 라 로슈푸코(La Rochefoucauld)를 말한다.

하게 하는지 살펴볼 것이다. 제일 먼저 미덕이나 미덕의 외관에 대한 성향으로부터 시작해 보자.

스스로 미덕을 갖추도록 진지하게 노력하는 사람들은 그들의 모든 정신과 시간을 종교를 배우고 훌륭한 공적을 세우는 데 쏟는다. 사도 바울처럼[2] 그들은 십자가에 못 박힌 예수 그리스도만을, 자기들 본성에 일어난 질병과 타락의 치료제만을 알고자 한다. 그들은 기독교인으로 살고자 하고 자기들이 수행해야 하는 의무가 무엇인지 깨닫기 위해 필요한 것과는 다른 빛을 원치 않으며, 그런 다음에는 오로지 의무를 다하기 위해 열정적이고 빈틈없이 전념할 뿐이다. 그래서 그들은 구원에 필요하지 않고 아무런 소득도 없어 보이는 학문 연구를 하느라 빈둥거리는 일이 없다.

II. 신앙심을 가진 몇몇 사람들의 거짓된 판단

이 태도를 두고 왈가왈부할 일은 전혀 없다. 그런 태도는 무한히 존경받는다. 그 태도를 엄격하게 유지하는 일은 정말 좋은 일인 것 같고, 충실히 따르지 못했다면 심지어 자책까지 하게 된다. 하지만 우리가 승인할 수 없는 것은 인간 정신을 감각적 사물에서 벗어나게 하고, 조금씩 복음서의 진리를 맛보도록 습관을 들이거나 준비시키는 대단히 확

---

2 [옮긴이] "내가 너희 중에서 예수 그리스도와 그가 십자가에 못 박히신 것 외에는 아무것도 알지 아니하기로 작정하였음이라."(〈고린도전서〉, 2장 2절)

실하고 유용한 학문들이 존재한다는 것이 확실한데도, 어떤 독신자들은 그런 학문을 검토도 하지 않고 지나치게 자의적으로 그 모든 학문이 불필요하거나 불확실하다고 비난하는 일이다.

학문 대부분이 대단히 불확실하고 불필요하다는 점은 사실이다. 그 학문들에 든 진리들이란 전혀 사용되지도 않는 것들뿐이라고 믿는대도 크게 잘못 생각하는 것은 아니다. 그런 학문들을 전혀 연구하지 않아도 상관없으며, 그런 학문에 매혹되거나 눈이 멀기보다는 완전히 무시해 버리는 것이 나은 것이다. 그렇기는 하지만 형이상학의 몇몇 진리들을 아는 일이 반드시 필요하다는 점을 확신할 수는 있다 보편 원인이나 신 존재에 대한 지식이 반드시 필요한 것이, 신앙의 확실성조차 이성을 통해 알게 되는 신 존재에 대한 지식에 달린 것이기 때문이다. 자연을 짓고 조정하는 것은 신의 의지이며, 자연적 원인들의 힘이나 역량 역시 신의 의지일 뿐임을, 한마디로 말해서 세상 만물은 어떤 방식으로든 신에 종속되어 있음을 알아야 한다.

또한 진리란 무엇이며, 진리를 오류와 구분하는 방법들에는 어떤 것이 있으며, 정신과 신체는 어떻게 다른지, 영혼의 불멸성처럼 그 구분으로부터 도출할 수 있는 결과들 및 확실히 볼 수 있는 다른 여러 유사한 결과들도 역시 알아야 한다.

인간의 학문 혹은 자기 자신에 대한 학문은 이성적으로 무시될 수 없는 학문으로, 정신의 올바름이랄지 통찰력이랄지 하는 것을 갖기 위해 반드시 알아야 하는 수많은 문제들을 담고 있다. 교양 없고 우둔한 사람이라도 자기가 존재한다는 것을 알지만 물질은 그렇지 않으므로 그는 물질보다 무한히 우월한 존재이고, 인간이란 무엇인지 아는 사람들은 자기들이 누구인지 알지만 교양 없고 우둔한 사람들은 그렇지 못하므로 이들보다 훨씬 우월하다고 말할 수 있다.

그런데 인간의 학문이 높이 평가받을 수 있는 이유는 그저 다른 존재들보다 우리를 훨씬 더 드높이기 때문만은 아니다. 그 학문은 신 앞에서 우리를 낮추고 겸허하게 하므로 더욱 높은 평가를 받는다. 인간의 학문은 어떤 경우에도, 심지어 우리가 더없이 평범한 행동을 할 때도 신에 의존한다는 점을 완벽하게 깨닫게 해 주며, 우리의 본성이 타락했음을 명명백백하게 보여 주며, 그 타락에서 우리를 벗어나게 해줄 수 있는 유일한 존재의 도움을 구하고 우리를 그 존재와 결합하고, 우리 자신에게 맞서고 우리 자신을 벗어나도록 결심하게 해주며, 그런 식으로 정신을 여러모로 조정하여 복음서가 제시하는 은총을 정확히 따르게끔 만든다.

대략적이고 피상적인 지식이며, 수학과 자연의 보편적 지식이 없이 살아갈 수는 없다. 어렸을 때부터 이런 학문들을 배웠어야 하며, 그 학문들은 정신을 감각대상들로부터 떼어 놓고 정신이 무기력해지고 여성화되지 못하게 한다. 이 학문들은 살아가는 데 대단히 유용한데, 우리를 신을 향해 이끌기까지 하는 것이다. 자연의 지식은 그 자체로 신으로 이끌고, 수학의 지식은 우리 감각의 거짓된 자극에 혐오를 일으키게 하면서 그렇게 한다.

미덕을 갖춘 사람들이라면 이 학문들을 확실하게 판단할 정도로 충분히 연구했다고 확신하지 않는 이상 이를 무시해서는 안 되고, 불확실하거나 불필요한 것으로 간주해서도 안 된다. 그들이 단호히 무시해버릴 수 있는 다른 학문들이 많이 있다. 그들은 시인들과 이교도 철학자들, 유대 제사장들, 어떤 역사가들, 몇몇 학자들의 명예를 높이고 그들의 지식을 연구하는 수많은 저자들을 화형으로 단죄하는 일을 두고 고심하지 않을 것이다. 그런데 그들은 자연의 지식이 종교에 반反한다고 이를 단죄하지는 않는데, 자연은 신의 의지에 따라 정확하게 움직이고, 자연에 대한 진정한 지식은 신의 역량, 위대함, 지혜를 알게 해주고 이를 감탄하여 바라보게끔 하는 까닭이다.

결국 신이 세상을 지은 것은 사람들이 그 세상을 연구하고, 그 연구를 통해서 세상을 지은 존재를 알고 그 존재를 숭배할 마음을 갖게 하기 위함이다. 그래서 원죄 이후에 인간 정신으로 자연의 연구를 수행하기란 불가능한 일이라고 주장하는 것이 아니라면 자연의 연구를 단죄하는 이들은 신의 의지를 거역하는 것 같다. 미덕을 갖춘 사람들이라면 인간에 대한 지식이 그저 인간을 거만하게 만들고 허영을 불어넣는다고 말해서는 안 된다. 인간을 제대로 알지도 못하면서 인간에 대해 완벽한 지식을 갖추었다고 자처하는 사교계 사람들이 보통 끔찍한 오만에 가득 젖어 있대도 말이다. 인간은 나약하고 비참한 존재임을 깨닫지 않은 채 자신을 제대로 알 수 없음이 분명하다.

III. 맹신적 사람들과 위선적 사람들의 거짓된 판단

또한 자기가 이해하지 못하는 것을 흔히 비난하는 이들은 견고하고 진정한 신앙을 가진 사람들이 아니라 오히려 미신을 맹신하는 자들이거나 위선자들이다. 미신을 맹신하는 자들은 맹목적으로 두려움에 떨고 비천하고 나약한 정신을 가졌기에 강렬하고 통찰력을 가진 사람을 보자마자 겁을 집어 먹는다. 예를 들어 미신을 맹신하는 자들에게 천둥의 자연 현상이 어떻게 일어나는지 그 원인과 그 결과를 말해 주기만 해도 그들은 뼛속 깊이 무신론자가 되고 만다.

그러나 위선자들은 간교한 악마의 술책으로 빛의 천사로 변모한다.[3] 그들은 누구나 숭배하는 성스러운 진리들의 외관을 사용해서 알려지지 않고 높이 평가되지 않는 진리들과 특수한 이해관계를 내세워 대립한다. 그때 그들은 이를 위해 위선자들은 진리의 이미지를 동원하여 진리와 싸우고, 간혹 마음속으로 모든 사람이 존경하는 것을 조롱하면서 사람들의 머릿속에 명성을 확립한다. 그들이 올바르지 않게 다루는 일이 보다 성스러운 일일 때 그들의 명성은 그만큼 더 확고해지고 더 무시무시한 것이 된다.

그러므로 이들이야말로 진리의 가장 강력하고 유력하고 두려운 적이다. 물론 그들의 숫자가 참으로 적다는 것은 사실이다. 그렇지만 그 정도 숫자로도 수많은 악을 충분히 행할 수 있다. 종종 진리와 미덕의 외관은 진리와 미덕이 선을 이루는 것 이상으로 악을 이룬다. 교활한

---

3 [옮긴이] "사탄도 자기를 광명의 천사로 가장하나니."(〈고린도후서〉, 11장 14절)

위선자 한 명이면 진정으로 현명하고 미덕을 갖춘 여러 사람들이 숱하게 고생하고 공부하여 세운 것을 무너뜨리기에 충분하기 때문이다.

IV. 데카르트의 적 요하네스 보에트에 대하여

데카르트를 예로 들자면 그는 신 존재, 우리 영혼의 불멸성, 그 밖의 다른 여러 형이상학적 문제들, 자연학에서 제기된 상당한 수의 문제들을 논증적으로 입증했다. 그래서 우리의 세기는 그가 발견한 진리들에 큰 신세를 지고 있다. 그런데 형편없는 사람이 하나 나타났다. 불같이 격렬하게 열변을 토하는 웅변가였던 그[4]는 열성을 다해 민중들이 믿는 종교를 옹호하는 책을 썼기에 그들의 큰 존경을 받았다. 그는 데카르트에 맞서 그에게 모욕을 퍼붓는 저서를 여러 권 써서, 데카르트가 그보다 더 클 수 없는 죄를 범했다고 비난하는 것이다. 데카르트는 가톨릭교도이고, 예수회 신부들의 교육을 받았던 사람으로 종종 그 신부들을 공대를 써서 언급하곤 했다. 우리 종교의 적으로서, 종교 문제처럼

---

4 [옮긴이] 요하네스 보에트(Jean Voët 또는 Johannes Voet 1647~1713)는 네덜란드의 법률가이다. 데카르트는 〈디네 신부에게 보내는 서한〉(*Epitre au P. Dinet, Méditations, 2e éd. latine, 1642*)에서 막무가내의 열의를 가진 논쟁가의 준엄한 초상화를 그리고 있다. 중상문을 쏟아내고 근거도 없이 비난을 일삼았던 이였다(t. VII, p. 584). 데카르트주의에 착상을 얻은 레기우스의 강의가 논란을 불러 일으켰을 때 위트레흐트대학의 학장이었던 보에트는 《르네 데카르트의 새로운 철학의 놀라운 방법》(*Admiranda methodus novae philosophiae R. Descartes*, 1643)을 출판하여 데카르트를 논박했다.

민감한 문제에 흥분하는 민중들에게 데카르트를 위험한 의도를 가진 예수회의 밀사라고 믿도록 하는 데 이 악마 하나면 충분하다.

신앙의 주제에 대해 진리의 아주 작은 외관만 보인대도 그것은 자연학이나 형이상학의 문제들이 갖는 실질적으로 유효한 진리 이상으로 사람들의 정신에 더 큰 영향력을 행사한다. 자연학이나 형이상학의 그런 진리에는 신경조차 쓰지 않는 것이다. 데카르트는 신 존재의 문제에 대해 썼다. 데카르트의 저 중상가가 자신의 거짓 열성을 실행하고, 자신의 적 데카르트가 주장하는 모든 진리들을 짓누르는 데는 그것이면 충분했다. 그는 데카르트를 무신론자로 고발하는 데 그치지 않고, 심지어는 무신론을 은밀하고 교묘하게 가르쳤다고 비난했다.

그는 또한 툴루즈에서 화형을 당한 바니노[5]라는 이름의 저 파렴치한 무신론자 역시 신 존재에 대한 글을 쓰면서 악의와 불경을 숨겼다고 비난했다. 그가 자기 적이 무신론자라고 주장하면서 들었던 근거들 중 하나는 바니노가 자신의 불경을 감출 목적으로 무신론자들에 맞서 책을 썼듯이 데카르트 역시 무신론자들에 맞서 책을 썼다는 것이었다.

이런 식으로 진리의 외관을 등에 업고 나약한 정신의 소유자들에게 영향을 미치는 엄청난 권위를 획득했을 때 진리는 억압되고 만다. 진리는 평온함과 평화를 사랑하고, 설령 진리가 아무리 강력하더라도 간혹 교만이며, 화려하게 치장하고 진리의 외관으로 철저히 무장한 거짓

---

5 [옮긴이] 루칠리오 바니니(Lucilio Vanini 1585~1619)는 이탈리아의 철학자이자 과학자로, 무신론자로 고발되어 툴루즈에서 화형을 당했다. 바니노는 말브랑슈의 오기이다.

궁지에 지고 말 때가 있다. 오류가 진리 앞에서 완전히 무력함을 진리는 잘 알고 있다. 진리가 한동안 금지되고 난해한 상태로 남아 있다면 그것은 언젠가 더 유리한 상황이 와서 빛을 볼 수 있을 때까지 기다리기 위해서일 뿐이다. 결국 진리는 억압된 곳에서조차 거의 항상 더 강하고 더 화려하게 빛나는 것이다.

데카르트의 적으로서, 그와 종교가 다른 이로서, 자기보다 우월한 사람들을 무너뜨리고 그 잔해 위로 자신을 드높일 생각만 하는 야심가로서, 판단력이라곤 없는 웅변가로서, 보에트라는 자가 자신도 이해하지 못하는 것을 경멸의 투로 말하는 것을 보고 놀랐던 사람은 아무도 없었지만, 데카르트는 물론 그의 종교에 반대하는 적들도 아닌 사람들이 보에트라는 데카르트 개인과 종교를 반대하는 적이 쓴 책에 집어넣은 모욕적인 말들을 읽어보고선 데카르트에게 혐오와 경멸의 감정을 품는 것을 보고 놀라는 것은 당연한 일이다.

《절망적 교황권의 사례*Desperata causa Papatus*》라는 제목으로 저 이단자가 쓴 책만 봐도 그가 자신을 옹호하는 사람들의 명성을 얻고자 얼마나 후안무치하고, 무지하고, 흥분에 사로잡혀 있는지 잘 알 수 있으며, 아울러 이런 방식으로 그가 열성적 모습을 보여 주고자 했던 욕망이 얼마나 컸는지도 알 수 있다. 그러니 그는 우리가 믿을 만한 사람이 못 된다. 우리의 종교에 반대하는 이 책에 그가 모아 놓은 터무니없는 이야기들을 죄다 믿어서는 안 되는 것과 마찬가지로, 자신의 적에 맞서 고안해 낸 잔혹하고 모욕적인 비난 역시 고스란히 믿어서는 안 된다.

그러므로 이성적 사람들은 데카르트의 어떤 책을 읽거나 존경받는 신앙심을 갖춘 몇몇 사람들이 하는 말을 듣고 데카르트를 위한 사람이라고 확신해 버려서는 안 된다. 다른 사람들이 그보다 더 클 수 없는 죄악을 저질렀다고 비난하는 사람들의 말만 듣고 이를 믿어 버려서는 안 되는 것이다. 열성적이고 엄숙하게 말하는 사람들이 하는 말로는 어떤 것을 믿을 수 있는 충분한 증거가 되지 않는다. 결국 올바른 일에 대해 말하는 것과 동일한 방식으로 허위와 어리석은 일을 말할 수 없는 것이다. 특히 단순하고 나약하게 그 점을 확신해 버린다면 말이다.

데카르트에 반하여 마련된 비판이 진리냐 허위냐를 알기란 쉬운 일이다. 그의 책은 쉽게 구할 수 있고 주의를 집중하기만 한다면 이해하기도 정말 쉽다. 그러므로 단순히 '들은 바'와는 다른 증거들을 얻으려면 그의 책을 읽어야 한다. 그 책들을 읽고 깊이 생각한 뒤라면 더 이상 그를 무신론자라고 비판하지 못할 것이고, 그와는 반대로 신 존재와 영혼의 불멸성의 문제뿐 아니라 그의 시대 전에는 알려지지 않았던 무한히 많은 수의 다른 진리들을 대단히 단순하고 대단히 명백한 방식으로 증명했던 사람에게 갖게 되는 존경심을 품게 되리라 나는 기대하고 있다.

7장

학문에 대한 욕망 및 거짓 학자들의 판단에 대하여

인간 정신은 분명 능력도 적고 폭도 넓지 않지만 이 정신은 알고자 바라지 않는 것이 없다. 인간의 모든 학문들을 동원해도 정신의 욕망을 만족시킬 수 없지만, 인간 정신의 능력은 대단히 협소하므로 하나의 개별 학문을 완벽하게 이해할 수도 없다. 정신은 끊임없이 동요하고 알고자 욕망하는데, 그 이유는 우리가 앞 장에서 이미 말했듯이 정신은 구하는 것을 찾고자 바라기 때문이거나, 필요하지도 않은 어떤 특별한 지식을 소유하는 것으로 영혼과 정신이 고상해지리라 확신하기 때문이다. 행복과 권세를 갖고자 하는 과도한 욕망 때문에 정신은 모든 학문들을 연구하고, 도덕의 학문에서 행복을, 사변적 학문이며, 헛되고 기이한 모든 학문들에서 저 헛된 권세를 찾기를 희망한다. 그런 학문들은 그것을 모르는 사람들의 정신 속에 그것을 아는 사람들을 드높이는 것이다.

바로 그런 이유로 일생을 랍비의 책들이며, 안목도 지성도 갖지 못한 몇몇 저자들이 낯설고 모호하고 타락한 언어들로 쓴 책을 읽으면서 보내는 사람들이 있다. 그들이 동방의 언어를 안다면 그 언어들을 모르는 사람들보다 자신이 더 위대하고 더 고상한 이들임을 확신하기 때문이 아닌가 한다. 고양되고자 하는 희망이 아니라면, 또 어떤 헛된 권세를 목표로 하는 것이 아니라면 성과도 나지 않고 불쾌하고 고생스럽고 쓸모도 없는 공부를 누가 견딜 수 있을까?

사실 그들은 예외적 사람들로 간주된다. 그들의 깊은 지식은 찬사를 받고, 다른 사람들의 말보다 그들의 말을 듣는 것이 더 선호된다. 그들이 흔히 분별력을 가장 덜 갖춘 사람이라고 말할 수 있더라도, 인생 전부를 자신들을 더 현명하고 더 행복하게 만들지도 못하고 정말 불필요한 일에 써버렸던 것일지라도, 우리는 그들이 다른 사람들보다 훨씬 더 많은 재기를 갖고 훨씬 더 정확한 판단력을 가졌다고 생각하고, 그들이 어원語源 지식에서 박식하므로 그들이 사물의 본성을 대단히 잘 안다고 납득해 버리는 것이다.

천문학자들이 시간과 재산을 쏟아부어 불필요할 뿐 아니라 아는 것이 불가능하기까지 한 것을 정확히 알려고 하는 것도 똑같은 이유에서이다. 그들은 행성들이 정확한 규칙에 따라 운행한다는 점을 찾고자 하지만 그런 규칙은 발견될 수 없으며, 그들은 원인도 모르는 결과를 예측한다는 구실로 천체력天體曆을 작성하고자 한다. 그들은 달로 여행이라도 갈 생각이었는지 월면학Sélénographie, 다른 말로 하자면 달의 지리학을 만들었고, 이를 천문학 분야의 저명한 모든 사람들에게 벌써 나누어 주었다. 천문학자들이 쏟아부은 엄청난 노력의 보상으로 적지 않은 이들이 달나라에 한 주州씩 갖게 된 것이다. 그들이 이 왕국을 후하게 분배한 자의 총애를 받고 있었음을 자랑으로 여긴 것은 아닌지 모르겠다.

바로 그런 이유로 이성적 사람들이 이 학문을 대단히 열심히 공부하게 되었으나, 아는 것이 유용한 진리들에 견주어 본다면 그들은 형편없는 오류에 머무르고 있다. 물론 그들에게는 하늘에서 무슨 일이 일어나는지 아는 것이 대단한 일처럼 보이기는 한다. 그들은 저 하늘에서 일어나는 일들 가운데 가장 사소한 것의 지식이 그들 논리에 따라 달 아래 세계의 물체들처럼 비루하고 비천하고 부패하게 되는 것들의 지식보다 더 고귀하고, 더 고상하고, 그들의 위대한 정신에 더욱 할당하다고 보는 것 같다.

한 학문의 위엄은 그 대상의 위엄에서 나온다. 대단한 원칙이 아닌가! 그러므로 변질되지 않고 부패하지 않는 물체들의 운동에 대한 지식이 모든 학문 중에서 가장 높고 가장 고상하다. 그렇게 그들이 보기에 그 지식은 그들 정신의 위대함과 탁월성에 마땅해 보인다.

그런 식으로 사람들은 그들을 우쭐하게 하고 흥분에 빠뜨리는 권세의 거짓 관념에 현혹되고 만다. 그들의 상상력은 그 거짓 관념에 자극되자마자 그 유령 앞에서 기가 꺾여서, 그 유령을 숭배하게 되고, 이를 판단해야 하는 이성을 가리고 뒤엎는다. 사람들은 정념의 대상을 판단할 때나 상식을 결여할 때 꿈이라도 꾸는 것 같다. 결국 행성의 운동이 어떻게 이루어지는지에 대한 지식에 위대한 것은 무엇인가? 그 운동에 대해서는 지금도 달月과 해年를 정할 만큼 충분히 알고 있지 않는가? 토성 주위에 고리가 있는지, 대단히 많은 수의 달이 있는지 알기 위해 해야 할 일이 얼마나 많은가? 또 그 문제에 입장을 취해야 한다면 그것은 어떤 이유에서인가? 식蝕의 규모를 예측했던 것을 자랑스럽게 생각한다면 그것은 또 어떤 이유에서인가? 이를 다른 사람보다 더 잘 발견한 것은 아마 운이 더 좋았기 때문이었던 것은 아닌가?

군주의 명령을 받아 별들을 관측하는 사람들이 있으며, 우리는 그들의 관측에 만족한다. 그들은 마땅히 그 직무에 몰두하는데 그것은 의무감에 따른 것이고, 그것이 그들이 해야 할 일이기 때문이다. 그들은 그 일을 성공적으로 수행한다. 끊임없이 능수능란하고 열정적이고 가능한 최대한의 정확성을 기해 일하고 있으니 말이다. 그 일을 성공적으로 수행하는 데 모든 것이 갖추어져 있다. 그래서 그들의 발견을 우리가 접하게 될 때 관심이 전혀 가지 않는 분야에는 전적으로 그것으로 만족하게 된다.

여러 사람들이 해부학 연구에 몰두한다면 그것은 좋은 일이다. 해부학을 알아두는 일이 정말 필요하고 우리가 얻고자 원하는 지식들은 그보다 더 우리에게 유용할 수 없는 것이기 때문이다. 우리의 행복에 이바지할 수 있는 것, 더 정확히 말하자면 우리가 겪고 있는 결함과 비참을 완화하는 데 이바지할 수 있는 것을 열심히 공부할 수 있고, 또 공부해야 한다. 그런데 혹점이며 새로운 행성을 발견하기 위해 망원경에 매달려 온 밤을 하늘을 관측하는 일로 보내고, 건강을 해치고, 재산을 탕진하고, 자기 일에 기울여야 할 수고를 방기하면서 정기적으로 별들을 찾아보고 별들의 크기와 위치를 측정하는 것은 내가 보기에는 우리가 지금 무엇이며 앞으로 무엇이 될지의 문제를 완전히 잊는 일인 것 같다.

또 그것이 저 모든 거대한 대상들을 창조한 존재의 위대함을 인정하기 위한 것이라고 말해서는 안 된다. 작디작은 날벌레의 작은 크기에 선입견을 갖지 않고 그것을 주의 깊게 관찰하는 사람들에게는 천문학자들이 하늘에 대해 아는 것 이상으로 그 날벌레가 신의 역량과 지혜를 보여 주는 것이다. 그렇기는 하지만 사람들이 태어난 것은 전 생애를 날벌레와 곤충을 관찰하면서 보내기 위한 것은 아니다. 어떤 이들이 동물 종의 벼룩은 어떻게 생겨났는지, 서로 다른 벌레들이 어떻게 날벌레와 나비로 변태하는지의 지식을 전할 목적으로 고생을 했대도 큰 인정을 받지 못한다. 할 일이 없을 때 여흥을 목적으로 즐겁게 그 일에 몰두하는 것은 괜찮다. 그렇지만 자기들이 얼마나 비참한 존재인지 모르지 않는다면 사람들은 결코 시간을 그렇게 쓰지는 않을 것이다.

사람들은 끊임없이 신과 그들 자신의 지식을 연구하는 데 열중하고 자기들이 가진 오류와 편견, 정념과 죄악에 끌리는 성향을 버리기 위해 진지하게 노력하고, 그들이 가장 필요로 하는 진리를 열심히 탐구해야 한다. 결국 그런 사람들이 가장 견고한 진리를 더욱 세심히 연구하는 가장 분별 있는 이들이다.

사람들이 거짓 연구를 시작하는 주된 원인은 없어서는 안 될 견고한 학문에 몰두하는 대신 쓸모없고 소득이 없는 지식의 소유자를 학자라고 생각하기 때문이다. 어떤 사람이 학자가 되겠다고 결심하고 박식가 polymathie의 정신의 자극을 받기 시작할 때 신사로서 처신하기 위해서든 이성을 연마하기 위해서든 자기에게 가장 필요한 학문이 무엇인지 살피는 일은 거의 없다.

그가 고려하는 것은 그저 세상 사람들은 누구를 학자로 간주하고 있으며 무엇이 그런 이들을 대단한 존재로 만들어 주는지뿐이다. 가장 견고하고 가장 필요한 모든 학문은 평범한 것이므로 그런 학문에 정통한 사람들은 존경받지도, 존중받지도 못한다. 평범해진 것은 그것이 그 자체로 아무리 아름답고 경이로운 것일지라도 사람들의 주의를 끌지 못하고 흥분에 사로잡지도 않는다. 그래서 학자가 되고자 하는 이들은 삶의 태도와 정신의 개선에 반드시 필요한 학문들에 멈춰 시간을 보내지 않는다. 그 학문들은 그들이 익힌 학문들에 대해 그럴 생각이 전혀 없다. 그 학문들은 그들이 다른 이들에게서 존경했던 학문들이 아니고 자기들이 존경받기를 원하는 학문들이 아닌 까닭이다.

복음서와 도덕은 너무나 평범하고 너무나 예사로운 지식들로 이루어져 있다. 이 학문은 고대 철학자들이나 그리스 시인들을 읽다 보면 만나게 되는 몇몇 용어들을 고증하고자 한다. 언어들, 특히 아랍어, 랍비의 언어, 어떤 다른 언어들처럼 자기 나라에서 사용하지 않는 언어들을 익히는 것이 그들이 마땅히 전력을 다해 연구해야 하는 것처럼 보인다. 그들이 성경을 읽는다면 그 안에 깃든 종교와 신앙을 공부하기 위해서가 아니다. 그들은 연대기 및 지리학의 항목들과 난해한 문법의 문제에 온통 열중한다. 복음서에 든 유익한 진리들보다는 그런 문제들의 지식을 얻기를 더욱 열심히 욕망하는 것이다. 자기들이 어리석게도 존경했던 다른 사람들의 학문을, 어리석은 자들이라면 틀림없이 존경을 보냈을 학문을 저들 역시 갖고자 한다.

마찬가지로 그들이 자연의 지식에서 탐구하는 것은 가장 유용한 것이 아니라 가장 평범하지 않은 것이다. 그들은 해부학을 너무도 저속한 학문으로 보지만 천문학은 대단히 고상한 학문으로 본다. 그들로서는 예사로운 경험들은 연구할 가치가 없는 반면, 정신을 밝혀 주기란 어림도 없는 기이하고 놀라운 경험들은 열의를 쏟아 더욱 세심한 주의를 기울여 연구한다.

그보다 더 희귀하고 오래된 것일 수 없는 이야기들을 내세워 그들은 자기 지식을 자랑한다. 현재 통치 중인 군주들의 계보는 모르면서 4천 년 전에 죽은 사람들의 계보는 꼼꼼히 연구하고 있다. 자기 시대의 흔하디흔한 역사 연구는 소홀히 하고 시인들의 우화와 허구 작품들을 정확히 알고자 노력한다. 자기들의 친척이 누군지도 모르지만, 여러분이 원한다면 어떤 로마 시민이 황제와 인척 관계를 맺었는지 및 이와 비슷한 다른 주제들에 대해서는 여러 권위를 들어 여러분에게 증명해 보일 것이다.

그들의 시대에 입는 평상복의 이름을 듣기가 무섭게 그들은 그리스 사람들과 로마 사람들이 입었던 의복을 즐겁게 연구한다. 또한 그들의 고장에 사는 동물은 전혀 모르면서 여러 해를 들여 성경에 등장하는 동물들에 관한 두꺼운 책을 쓰는 일은 아무렇지도 않게 생각할 것이다. 그러면서 전혀 알려지지 않은 용어들이 의미하는 바가 무엇인지를 다른 사람들보다 훨씬 제대로 발견한 사람으로 보이고자 할 것이다. 그런 책을 기뻐하는 사람이라고는 그 책의 저자와 그 책을 읽는 학자들뿐이다.

그리스어, 히브리어, 아랍어로 된 문단들, 율법학자들이며 이름 없는 기이한 저자들의 인용으로 얼기설기 채워진 그런 책은 저자의 허영과 그 책을 읽는 이들의 어리석은 호기심이나 채워 주는 것이다. 그러면서 그 책의 독자들은 성경에 사자나 비슷한 무언가를 의미하는 여섯 개의 서로 다른 단어가 등장한다는 점을 으스대며 단언할 수 있을 때 자기가 다른 사람들보다 더 박학하다고 생각할 것이다.

그들은 자기가 사는 고장이나 심지어 도시의 지도도 모르면서 고대 그리스, 이탈리아, 율리우스 카이사르 치세의 골 족 혹은 고대 로마의 거리들과 공공 광장의 지도들을 연구한다. 솔로몬은 "우매한 자들의 수고는 제각기 곤하게 할 뿐이라 저희는 성읍에 들어갈 줄도 알지 못함이리라Labor stultorum affliget eos, qui nesciunt in urbem pergere"[1]고 말했다. 자기들이 사는 곳의 법도 모르고 풍속도 모르면서 고대법이며 십이동판법이며 스파르타나 중국의 관습이며, 무굴 제국의 칙령은 꼼꼼히 연구한다. 그들이 알고자 하는 것은 다른 이들은 모르는 희귀하고 기이하고 관계가 먼 주제들이다.

그들은 거꾸로 된 정신을 가졌으니 이런 것들을 아는 것을 박학하다고 생각하고, 다른 사람들이 모르는 것을 아는 것으로 충분히 박학하다는 평가를 받을 수 있기 때문이다. 가장 필요하고 가장 아름다운 진리를 모르더라도 상관없는 것이다. 이 모든 것들 및 비슷한 다른 것들의 지식을 과거 용례에 따라 학문, 박학, 교의라고 부르고 있다는 점은 사실이다. 그렇지만 광기일 뿐인 학문, "미련한 자의 가르침은 미련한 것이요Doctrina stultorum fatuitas"[2]라는 성경 말씀에 따라 어리석음일 뿐인 학문이 있다. 성서에서는 성령이 학문에 커다란 찬사를 보내기는 했으나, 내가 방금 말한 거짓 학문에 무슨 장점이 있다고 말했으리라고 나는 생각하지 않았다.

---

1 [옮긴이] 〈전도서〉, 10장 15절.

2 [옮긴이] 〈잠언〉, 16장 22절.

8장

I. 유식해 보이고자 하는 욕망에 대하여

학자가 되고자 하는 욕망이 지나치면 사람들은 더 무지해지기 일쑤지만, 학자로 보이고자 하는 욕망은 사람들을 더욱 무지하게 간드는 것은 물론 거꾸로 된 정신을 갖게 만드는 것 같다. 상식을 넘어서고자 하다 보니 상식을 잃게 되고 역설만을 말하려고 하다 보니 어리석은 말밖에 할 수 없는 사람들이 너무도 많다. 의도적으로 드물고 기이한 정신의 자질을 획득하려고 하다 보니 공통된 사유에서 너무 멀어지게 되고, 성공을 한대도 사람들은 그들에게 감탄의 눈길을 보내든지 엄청난 경멸을 보내든지 둘 중 하나이다.

간혹 그들에게 감탄의 눈길을 보낼 때도 있다. 그들을 감싼 위엄의 수준까지 고양되어 그들의 지위나 신분만큼이나 천재와 학식이 다른 사람들보다 우월하다고들 상상할 때가 그렇다. 그런데 그들을 가까이 다가가서 살펴보고, 다른 사람들 앞에서 이 권세의 옷을 벗었을 때 많은 경우 그들은 경멸의 시선을 받기 일쑤이며, 심지어는 광인 취급을 받기도 한다.

거짓 학자들의 모습은 그들이 쓴 책에서, 또 일상의 대화에서 뚜렷이 드러난다. 이제 그 문제를 다뤄 보도록 하자.

II. 거짓 학자들의 대화에 대하여

다른 사람들보다 돋보이고자 하는 욕망과 허영으로 연구를 시작하는 경우 대화가 시작되었다고 느끼면 그들 내부에서 우월해지고자 하는 정념과 욕망이 깨어나 그들을 사로잡는다. 그들은 단번에 아주 높은 곳에 올라 사람들의 시야에서 벗어나다시피 하는 것은 물론 그들 스스로 자기들이 어디에 이르렀는지 모를 때가 많다. 그들은 자기 말에 귀 기울이는 모든 사람들보다 우월하지 못하면 어쩌나 두려워하므로 사람들이 자기 말을 따르면 난처해하고, 누가 더 자세한 설명을 요구하면 발뺌을 하고, 정말 별것도 아닌 반박에도 자존심을 세우는 모습을 보인다. 그들은 대단히 새롭고 기이한 주제들을 말하지만 그 주제들은 상식과는 대단히 멀리 떨어져 있으므로 누구보다 현명한 사람들은 다른 사람들이 멍해 있는 동안 웃음을 참지 못하는 것이다.

최초의 흥분이 가시고 난 뒤 정신이 흔들리지 않았던 강력하고 단호한 정신을 가진 이가 그 사람들이 잘못 생각했음을 보여 주더라도 그들은 고집스럽게 자기들의 오류에 집착한다. 자기 말을 듣고 멍해진 사람들의 태도가 이번에는 그들을 멍하게 만들어 버린다. 깊은 자극을 주어 설득한 결과 자기들의 말에 찬성하는 많은 사람들의 모습이 얼김에 그들로 하여금 잘못을 인정하게 만든다. 혹은 찬성하는 사람들을 보고도 잘못을 인정하지 않을 때 그들은 거짓 의견을 옹호할 정도로 용기백배하는 것이다.

그들은 교만 때문에 자기 말을 철회할 수도 없게 된다. 그들은 항상 무슨 근거라도 들어서 자신의 입장을 변호한다. 전혀 할 말이 없을 때보다 더 열정적이고 열기를 띠고 말하는 경우가 없다. 그들은 자기들이 매도당하고 있으며 그들의 의견에 반하는 어떤 근거가 제시할 대마다 그들을 모욕하려고 한다고 생각한다. 그 근거들이 강력하고 타당할수록 그들은 더 교만해지고 더 큰 반감을 갖게 된다.

그런 자들에 맞서서 진리를 옹호하는 가장 훌륭한 방법은 아예 논쟁하지 않는 것이다. 그들에게나 우리에게나 그들의 반감을 자극하는 것보다는 그들을 오류 속에 그대로 남겨 두는 것이 더 낫다. 그들의 정신을 치유하고자 한다면 마음에 상처를 주어서는 안 된다. 마음의 상처는 정신의 상처보다 더욱 위험하기 때문이다. 그 외에도 간혹 정갈 학자인 사람을 만났는데 그의 생각을 올바로 이해하지 못해서 경멸할 수도 있다. 그러므로 단호한 방식으로 말하는 사람들에게는 가능한 그보다 더 분명할 수 없게 설명해 달라고 부탁해야 한다. 주제를 바꾸지 못하게 하고, 난해하고 분명치 않은 용어의 사용을 자제해 줄 것을 요구해야 한다. 그들이 양식을 갖춘 사람들이라면 그들과 함께 뭐라도 배우게 된다. 그러나 그렇지 않고 거짓 학자들이라면 한 걸음 더 나아가지 못하고 자가당착에 빠질 테니, 모든 책임은 그들이 져야 할 것이다. 다른 사람들의 단점을 조롱하면서 그들의 단점을 바로잡고자 한다면 배우는 것도 있고 기분 전환이 되기도 할 것이다. 그러나 더 중요한 것은 그런 자들의 말을 경탄하면서 들었던 나약한 사람들이 자기들의 결정에 따라 오류에 빠지지 않도록 막을 수 있다는 점이다.

어리석은 자들의 수나, 감각 자극에 따라 기계적으로 행동하는 사람들의 수가 폭넓은 이해력을 갖추고 오로지 이성의 판단에 따라서 확신하는 사람들의 수보다 월등히 많은 이상, 이들 학자 가운데 한 사람이 어떤 주제에 대해 말하고 판정을 내릴 때 그의 언급과 판정을 불신하는 사람들보다 그의 말을 곧이곧대로 믿어 버리는 사람들이 언제나 훨씬 많다는 점에 주목해야 한다.

그런데 이 거짓 학자들은 거꾸로 선 정신이나 모순의 정신만큼이나, 반대자들에게 혹평을 가해 그들을 밟고 올라서서 주목받아 보고자 하는 욕망에 사로잡혀 그들이 발휘할 수 있는 최대의 능력으로써 공통된 사유에서 벗어나므로 그들의 결정은 보통 거짓이거나 난해하기 마련이며, 그래서 그들의 말을 듣는 이들은 십중팔구 오류에 빠지고 만다.

그런데 다른 사람들이 범하는 오류나 확고부동한 생각을 드러내는 이러한 방식은 사용하기가 대단히 어렵다. 그 이유는 거짓 학자들이 모르는 것이 없는 것처럼 보이고자 하는 유일한 사람들이 아니라는 데 있다. 이런 결함을 갖지 않는 사람들은 거의 없다. 특히 다소 독서를 하고 연구를 하는 사람들이 그렇다. 이 때문에 이런 사람들은 다른 사람들의 생각을 이해하기 위한 충분한 주의를 기울이지 않고 언제나 자기들 생각을 말하고 설명하고자 한다.

가장 호의적인 사람들과 가장 이성적인 사람들이 마음속으로는 다른 사람들의 생각을 경멸하고 있지만, 그들은 그저 주의를 기울이는 표정만 보여 줄 뿐이다. 그러나 그러는 동안 그들의 눈을 보면 그들이 듣고 있는 말과는 아주 다른 것을 생각하고, 우리에게 어떻게 답변할 것인지는 생각도 않은 채 어떻게 입증할 것인가에만 열중하고 있다는 것을 알게 된다. 이런 것이 종종 대화를 불쾌하게 만들어 버린다. 우리가 제시한 근거들을 이해하고 우리의 의견들을 승인하는 것 이상으로 친절한 일이 없고 영예가 되는 것이 없는 것과 마찬가지로, 이해받지 못하는 것은 물론 이해해 볼 생각들조차 하지 않는 것 이상으로 불쾌한 일도 없다.

조각상과 대화하는 것을 즐기는 사람이 어디 있겠는가. 그러나 우리에 대한 존경심도 크게 없고 우리를 기쁘게 할 생각도 없고 그저 자화자찬하고 유세나 떨 생각뿐이므로 우리가 보기에 그들은 그저 조각상에 불과하다. 사람들이 제대로 듣고 제대로 대답할 수 있었다면 대화는 대단히 즐거울 뿐 아니라 유용하기도 할 것이다. 각자 학식 있는 사람으로 보이려고 노력하면서 계속 고집만 부리고 서로 이해할 생각 없이 논쟁만 하고 있다. 그런 식으로라면 간혹 애덕에 어긋나고 진리를 전혀 발견하지 못하게 된다.

그런데 거짓 학자들이 대화 중에 빠지는 미망迷妄도 어떤 점에서 보자면 용서될 수 있다. 보통 그 대화 중에 나온 말에 다들 전혀 열의를 기울이지 않으며 가장 정확한 사람들도 그때 종종 어리석은 말을 한다고 할 수 있다. 다시 말하면 그들은 스칼리제르와 뒤 페롱 추기경[1]의

---

1 [옮긴이] 뒤 페롱(Jacques Davy du Perron 1556~1618)은 프랑스 바로크 시대 성직자이면서 외교관과 시인을 겸했다.

말을 기록으로 정리했던 것처럼 자기들의 말이 모여 정리되는 것을 바라지 않는다. 이렇게 용서하는 데는 이유가 있다. 이런 유의 오류들도 용인될 가치가 있다고 믿고 싶다. 대화 중에 말하고자 하지만 잘 통하지 않는 불운한 날도 있다. 언제나 제대로 사유하고 제대로 말할 기분이 드는 것은 아니다. 어떤 만남은 시간이 너무 없어 그보다 더 공정할 수 없고 그보다 더 날카로울 수 없는 사람들이라도 별것도 아닌 불안이며 대단치도 않은 실수만으로도 어처구니없이 터무니없는 말을 할 때가 있다.

그런데 거짓 학자들이 대화에서 저지르는 오류들이 용서할 만한 것이라도, 그들이 이 점을 진지하게 생각한 뒤에 쓴 책에서 저지르는 오류들은 용서할 수 없다. 특히 오류들을 빈번하게 저지르고 그것이 몇 가지 좋은 부분으로 수정되지 않을 때 그렇다. 결국 우리가 형편없는 책을 쓴다면 많은 사람들이 그 책을 읽느라 시간을 낭비하고, 이미 범한 오류를 다시 반복하게 되고, 이로부터 여러 다른 오류들을 도출하는 원인이 되는데, 이는 사소한 잘못이 아니다.

그런데 형편없는 책을 쓰거나 단순히 불필요한 책을 쓰는 것이 상상 이상으로 더 커다란 오류임에도, 이를 처벌하기보다 보상해 주는 것은 잘못이다. 처벌받지 않는 죄악들이 있는 것은 그것이 유행이기 때문이거나, 보통 자기보다 높이 평가하는 범죄자들을 단죄할 만큼 확고부동한 근거를 갖지 못하기 때문이다.

흔히들 저자라는 사람들을 예외적이고 특별한 사람들이며, 다른 사람들보다 훨씬 더 고상한 사람들로 간주한다. 그들을 경멸하고 처벌하는 대신 숭배하는 것이다. 그러므로 이성을 그저 타락케 하는 모든 책들을 검토하고 단죄할 목적으로 법정을 세울 것 같지는 않다.

바로 이런 이유로 문인 공화국이 다른 공화국들보다 더 기틀이 잡혀 있으리라 희망해서는 안 된다. 문인 공화국도 여전히 사람들로 이루어져 있지 않은가. 오류를 벗어날 수 있으려면 새로움은 항상 대단히 위험한 것이 되는 다른 공화국들에서보다 문인 공화국이 더 많은 자유를 누려야 하는 것이 옳다. 연구자들에게 자유를 빼앗고 모든 새로움을 무분별하게 단죄하는 것은 우리의 오류를 굳히고 말 것이다.

그러므로 내가 문인 공화국의 통치와 위배되는 말을 하고 있다고, 깊고 넓은 지식을 가졌기에 다른 사람들의 찬탄의 대상이 되는 저 위대한 사람들도 분별력을 갖추지 못한 데다 진정한 학문이란 전혀 갖지 못한 채 허영심에 가득 찬 오만한 사람들임을 보여 주고자 노력하고 있다고 비난들을 해서는 안 된다. 그들의 판정을 맹목적으로 따르지 않고 그들의 오류를 답습하지 않기 위해서 나는 이런 식으로 그 문제에 대해 말하지 않을 수 없는 것이다.

III. 거짓 학자들의 책에 대하여

거짓 학자들이 오만하고 분별력이라는 것이 없고 무지하다는 증거는 명백히 그들의 책에서 찾은 것이다. 그들의 책을 상식의 빛에 따라, 이들 저자에 대한 평가에 선입견을 갖지 않고 판단할 목적으로 이를 검토해 본다면 그들이 수행하는 연구 목적 대부분은 분별없는 허영심이 키운 것이며, 이 연구들의 주목적은 이성을 개선하는 것이 아니고, 변화무쌍하게 변하는 마음의 흔들림을 바로잡는 것은 더욱 아니고, 다른 사람들의 정신을 쏙 빼놓고 그들보다 박식하게 보이려는 것일 뿐이다.

우리가 이미 언급했듯이 이들 거짓 학자들이 희귀하고 기이한 주제들만 다루고, 예외적이고 드물게 쓰이는 용어들을 이용해서 설명하고, 흔히 언급되지 않고 평범하지 않은 저자들의 말만 인용하는 것이 이런 목적에서이다. 그들은 자기 언어로 설명하는 일이 드물다. 그들의 언어가 지나치게 평범한 까닭이다. 간결하고 분명하고 이해하기 쉬운 라틴어도 쓰지 않는다. 그들이 말을 하는 이유는 자기 뜻을 이해시키기 위해서가 아니라 말을 위한 말을 위한 것이고 찬탄받기 위한 것이다. 인생의 지침으로 삼을 수 있는 주제들을 연구하는 일은 극히 드문데, 그런 것은 지나치게 평범하다고 생각하기 때문이다.

그들이 구하는 것은 다른 사람들은 물론 그들 자신에게도 유용하지 않다. 그저 박식하다는 존경을 받기 위한 것일 뿐이다. 자기들이 개진하는 내용을 뒷받침하는 근거를 대지 않거나, 납득하기 어렵고 이해할 수 없는 근거들만 대곤 하는데, 그런 근거들은 그들은 물론 그 누구도 명확히 이해할 수 없는 것이다. 그들에게는 명확한 근거가 없다. 그런 것이 있다 해도 말을 꺼내는 일은 없을 것이다. 그런 근거들은 지나치게 단순하고 지나치게 평범해 보이므로 누구도 놀라게 할 수 없으니 말이다. 그러니까 누구나 이해할 수 있는 근거들인 것이다.

그들은 오히려 권위를 끌어다 대면서 자기들의 생각을 입증하거나 입증하는 척해 보인다. 그들이 이용하는 권위들은 종종 그것에 들어있는 의미로는 아무것도 입증하지 못한다. 그 권위로 입증된다면 그것이 그저 그리스어나 아랍어로 되어 있기 때문일 뿐이다. 그러나 이참에 그들의 인용에 대해 말해 보자. 어떤 의미에서 보자면 그것으로써 그들의 정신의 경향을 깨달을 수 있을 것이다.

내가 보기에 명백히 거짓 박학만이 존재하는 것 같다. 박학자의 정신은 인용하는 것을 유행으로 만들 수도 있을 텐데 지금까지 써왔고 지금도 여전히 몇몇 학자들이 쓰고 있다는 이유에서이다. 인용할 이유가 전혀 없는데도 거창한 대목들을 항상 인용하는 저자들을 찾기란 전혀 어렵지 않다. 인용할 이유가 없는 까닭은 그들이 개진하는 내용이 대단히 명확해서 누구도 의심할 수 없기 때문이거나, 그 내용이 깊이 숨겨져 있기에 저자들이 그 내용을 전혀 알지 못해서 그들의 권위로도 이를 입증할 수 없기 때문이거나, 그들이 제시한 인용으로도 그들의 말을 전혀 빛내 줄 수 없기 때문이다.

공기가 투명하다는 것을 입증하고자 대단한 그리스어 대목을 가져오는 것은 상식에 반하는 일이다. 모든 사람이 다 아는 것이기 때문이다. 그리고 하늘을 움직이는 지성이 존재함을 납득시키고자 아리스토텔레스의 권위를 들먹이는 것도 마찬가지이다. 아리스토텔레스가 그 문제에 대해 전혀 알 수 없었음이 분명하니 말이다. 또한 프랑스어나 라틴어로 된 책에서 외국어를 뒤섞고 아랍이나 페르시아의 속담을 섞는 일도 마찬가지이다. 그런 인용들은 장식이 될 수도 없거니와, 기괴한 장식이라서 대부분의 독자들의 신경을 거스르게 되니, 그것을 기꺼이 즐기는 독자들은 거의 없다.

그러나 박식해 보이고자 하는 대부분의 사람들은 이런 유의 인용을 대단히 즐기므로, 간혹 그들이 이해도 못하는 언어로 된 인용문을 가져다 붙이면서도 전혀 부끄러워하지 않을 때도 있다. 그런 이들은 자기들 책에 읽기조차 못하는 아랍어 대목을 얼기설기 붙여 넣으려고 대단한 노력을 기울인다. 그래서 그들의 신경은 양식을 거스르는 내용을 제거하는 것이 아니라 자기들의 허영을 채우고 어리석은 자들의 존경을 받을 수 있는 내용을 넣으려는 데 집중된다.

그들의 또 다른 중대한 결함은 선별하고 분별해서 책을 읽지 않은 티가 나도 전혀 개의치 않고, 그저 많이 읽은 것처럼 보이기만을 바란다는 점이다. 특히 자기를 더욱 박식하게 보이게끔 하는 난해한 책들이며, 자기들이 빠뜨린 것이 전혀 없는 것처럼 보이도록 하는 희귀하고 비싼 책들이며, 다른 이들이라면 감히 저지르지 않았을 범죄를 저지른 것을 자랑하는 사람들이나 마찬가지로 신사라면 감히 읽지 않을 사악하고 불경한 책들을 말이다.

그래서 그들이 여러분에게 인용하는 책들이란 보다 보편적이고 보다 이해하기 쉬운 책들이라기보다는 대단히 비싸고, 귀하고, 오래되고, 난해한 책들일 것이며, 양서보다는 점성술, 강신술, 마술에 관한 책들일 것이다. 그들은 독서나 대화나 같은 것임을 알지 못하기라도 한 것처럼 해롭고 난해한 책들의 독서가 아니라 양서들과 명확히 이해될 수 있는 책들의 세심한 독서를 추구했던 것처럼 보이고자 하는 것임에 틀림없다.

우리가 공부하는 문제들을 다른 방식으로 알 수 있는데 해석해 주는 사람 없이는 이해하지 못하는 사람들이 일상적으로 나누는 대화를 추구하는 것은 정신이 거꾸로 선 것이나 마찬가지이다. 그래서 똑같은 문제를 보다 이해하기 쉽게 다룬 책으로 공부할 수 있는데 사전 없이는 이해할 수 없는 책들만을 읽는 것은 우스꽝스러운 일이다. 불경한 자들과 어울리고 대화를 나누기를 바라는 것이 타락의 징표인 것과 같이 해로운 책들을 즐겨 읽는 것은 마음이 타락했다는 표시이다. 그러나 다들 읽지 않은 책들을 읽은 척하는 일은 터무니없는 오만이라고 하겠는데 그런 일이 다반사로 일어난다.

나이 서른밖에 되지 않은 이들이 자기 저서에 여러 세기가 걸려야 읽을 수 있는 것보다 더 많은 해로운 책을 여러분에게 인용하고 있기 때문이다. 그런데 그들은 자기들이 대단히 정확히 그 책들을 읽었음을 다른 사람들에게 설득하고자 한다. 어떤 학자들이 내놓은 대부분의 책들은 사전의 도움이 없이는 쓸 수 없는 것이었다. 그런 사람들은 자기가 인용한 책들의 목차나 읽었을 뿐이거나 여러 저자들에게서 그러모은 몇몇 일반 논거나 읽었을 따름이다.

이 문제들을 더 세부적으로 다룰 수도 없고 그 사례를 제시할 수도 없다. 그러면 이들 거짓 학자들만큼이나 자존심이 세고 툭하면 성을 내는 사람들의 감정을 상하게 할 수도 있으니 말이다. 그리스어와 아랍어로 매도당하는 것을 즐길 사람은 없다. 인간 정신은 다른 이들의 행동을 트집 잡고, 방금 한 말에 집중하는 경향이 있으니, 내 말을 더 잘 드러내게끔 개별적 증거들을 제시할 필요가 없음은 말할 것도 없다. 그렇지만 그들은 자기들이 원하므로 권세라는 저 헛된 유령을 즐기며, 우리가 그들에게 갈채를 보내고자 하지 않아도 그들끼리 서로 주고받는 것이다. 그들로서는 대단히 기분 좋고 쾌적해 보이는 기쁨을 누리면서도 그것이 그들에게는 대단히 불안했을 것이다.

9장

품위와 부에 대해 갖는 성향이 어떻게 오류에 이르게 되는가

우리가 방금 언급한 미덕과 학문만큼 위엄과 부는 우리를 다른 사람들보다 우월하게 만들어 주는 핵심적 요소들이다. 이런 장점을 갖게 되면 우리 존재는 위대해지고 자족적이 되는 것 같다. 그래서 우리가 우리 자신에게 갖는 사랑이 자연적으로 위엄과 부까지 확장되므로 작든 크든 위엄과 부에 이끌리는 성향을 갖지 않는 사람은 없다고 말할 수 있다. 이런 성향들이 어떻게 우리로 하여금 진리의 발견을 막고 거짓과 오류로 끌고 들어가는지 개략적으로 설명해 보자.

복잡하고 많은 원리들에 의존하고 도처에 어려움이 가득 깔린 진리들을 간파하려면 시간과 노력, 근면과 집중이 대단히 많이 필요하다는 점을 우리는 여러 곳에서 보여 주었다. 이로부터 큰일을 맡아 엄청난 재산을 관리하고 대사업을 이끌면서 위엄과 부를 열망하는 공인들은 진리 탐구에 적합하지 않고, 이런 이들은 종종 획득하기 어려운 지식의 모든 대상들을 판단하고자 할 때 종종 오류에 빠지곤 한다는 점을 판단하기란 쉬운 일이다. 그 이유는 다음과 같다.

(1) 그들은 진리 탐구에 쓸 수 있는 시간이 거의 없다.

(2) 그들은 흔히 진리 탐구에서 기쁨을 느끼지 않는다.

(3) 그들은 바라는 일들이며 자신의 의사와는 무관하게 몰두하고 있는 일들이 너무 많아서 이에 대한 수많은 관념들로 정신이 분산되어 있으므로 주의를 집중할 수 없다.

(4) 그들은 모든 것을 안다고 생각하고 자기들보다 못한 사람들이 그들보다 더 옳을 수 있음을 믿으려 들지 않는다. 열등한 사람들이게 무슨 일을 가르치는 일은 용인해도 반드시 필요하고 견고한 진리를 가르치는 일은 허용하지 못한다. 그러니 자기들이 반박을 당하고 잘못이 밝혀졌을 때 그들은 격노하는 것이다.

(5) 그들의 상상력이 그릇되고 상식에서 벗어나는 것일지라도 갈채를 받고, 다른 사람들의 의견이 이론의 여지 없는 진리를 고스란히 따르는 것일지라도 자기 생각과 다르다면 그들은 조롱부터 하는 데 익숙해 있다. 그들이 오류를 굳히고 스스로에게 품는 거짓 존경의 마음을 확고히 갖게 되고, 어떤 것이 됐든 함부로 판단할 수 있게 되는 것은 다름 아니라 그들과 가까운 사람들의 비겁한 아첨 때문이다.

(6) 그들은 진리를 발견하는 데 쓰는 정신의 순수하고 추상적인 관념들보다 일상적 대화에 더욱 적합하고 사람들에게 존경의 마음을 그대로 간직하게 하는 데 적합한 감각적 개념들에나 집중한다.

(7) 어떤 위엄을 갈망하는 사람들은 가능한 다른 사람들의 능력에 맞추려고 노력한다. 결코 흔치 않은 생각을 가진 것처럼 보이는 것보다 사람들의 선망과 반감을 강력하게 자극하는 것이 없기 때문이다. 그렇지만 출세하고자 하는 생각과 욕망으로 온 정신과 마음이 채워진

사람들이 숨겨진 진리를 발견하기란 정말 드문 일이다. 설령 그 진리를 발견한다 해도 득실을 따져 방기하는 일이 다반사인데, 그런 진리들을 옹호한다는 것은 그들의 야심에 어울리지 않기 때문이다. 행정관이 되려면 종종 불의에 동의해야 할 때가 있다. 참으로 견고하고 흔치 않은 신앙은 종종 이득으로부터 멀어지고, 진리에 대한 너그러운 사랑은 진리만을 가르쳐야 하는 강단을 포기하게 만든다.

이 모든 이유들이 함께 결합하면 위엄, 기품, 부에서 다른 사람들보다 훨씬 우월하거나, 자신을 드높이고 출세할 생각만 하는 사람들이 오류에 빠지기 쉬울 뿐 아니라, 그들은 다소 숨겨진 진리들도 찾을 수 없다. 다소 어려운 문제들을 다룰 때 오류를 피하기 위해 반드시 필요한 것들 가운데 우리가 언급하는 사람들에게서 보통 찾을 수 없는 두 가지 원리가 있다. 사물들의 핵심을 제대로 꿰뚫는 주의 깊은 정신과 지나치게 성급하게 판단하지 않도록 하는 신중함이 그것이다. 다른 사람들을 가르치는 일에 뽑혀, 그들이 맡은 사람들을 능숙히 가르칠 능력을 갖추는 것과는 다른 목적을 가져서는 안 되는 사람들조차 일단 공인이 되자마자 쉽게 오류에 빠지게 되는 일이 다반사이다. 시간이 부족해서 일일이 주의를 기울일 수 없고 엄청난 주의를 필요로 하는 일들에 열중하지 않을 수 없기 때문이기도 하고, 엉뚱하게도 박식하게 보이기를 바라면서 전혀 신중치 못하게 모든 일에 대담한 결정을 내리고, 반박을 받거나 지적을 받는 일을 견디지 못하기 때문이기도 하다.

10장

도덕과 관련된 즐거움의 사랑에 대하여

앞의 세 장에서 우리 존재의 보존의 성향 및 어떻게 그 성향이 우리가 여러 오류에 빠지게 되는 원인이 되는지에 대해 말했다. 지금 우리가 다룰 주제는 안녕, 즉 즐거움과 우리를 더욱 행복하게 하고 더욱 간족시키거나, 그렇게 만들어 줄 수 있다고 믿는 모든 문제들에 대한 것이며, 이 성향에서 어떤 오류들이 생기는지 보여 주고자 한다.

즐거움은 선이 아니고 고통은 악이 아님을 설득하고자 노력하는 철학자들이 있다. 그들에 따르면 더없이 끔찍한 고통 가운데서 행복할 수 있고, 더없이 큰 즐거움 가운데서 불행할 수 있단다. 이 철학자들은 대단히 비장하고 상상력이 대단히 풍부한 이들로, 이내 나약한 정신의 소유자들을 사로잡아, 그들의 말을 들을 때 마음속에 생겨나는 자극에 빠지도록 한다. 스토아주의자들은 다소 망상가들이며 망상가들은 열정적인 이들이다. 그래서 자기들이 젖어 있는 거짓 생각을 다른 사람들에게 쉽게 새기게 된다. 그런데 경험에도 우리 내적 감정에도 근거하는 확신이 없으므로 겉만 화려하고 웅장한 저 모든 근거들이 사람들의 상상력을 마비시키고 현혹하고는, 영혼이 어떤 즐거움이나 예리한 고통에 자극되자마자 화려한 광채를 뿜고는 그만 뒤로 사라져 버린다.

이렇듯 정신이 거짓 확신에 사로잡혀 이를 전적으로 믿어 버리는 사람들은 아주 미미한 악의 공격에도 지혜도 힘도 갖지 못하게 된다. 그제야 그들은 잘못 생각했고 결국 패배했음을 느끼는 것이다.

I. 즐거움이 행복을 가져온다고 해도 그것을 피해야 한다

철학자가 제자들에게 정념을 극복할 수 있는 힘을 줄 수 없다고 해도, 적어도 싸워야 할 적은 없다고 설득하거나 속여서는 안 된다. 즐거움은 언제나 선이고 고통은 언제나 악이라고, 그렇지만 즐거움을 누리는 일이 항상 득이 되는 일은 아니고 간혹 고통을 견디는 일이 득이 되는 경우가 있다고 있는 그대로 사실을 말해야 한다.

그런데 내가 말하고자 하는 바를 올바로 이해하기 위해서는 다음의 내용을 알고 있어야 한다.

(1) 우리 내부에서 작용하여 즐거움과 고통을 느끼게 할 정도로 강력한 존재는 신뿐이라는 점이다. 이성에 묻고, 감각의 보고를 경멸하는 사람이라면 우리가 느끼는 대상이 실제로 우리 내부에서 작용하는 것이 아니고, 신체는 정신에 작용할 수 없고, 영혼 내부에서 즐거움과 고통의 기회가 왔을 때 이의 원인이 되는 것이 영혼이 아님이 명백하다고 생각한다. 고통을 느끼는지의 여부가 영혼에 달린 것이었다면 영혼은 결코 고통을 겪을 일이 없을 것이다.

(2) 흔히 어떤 이득을 제시할 때는 오직 어떤 선한 행동을 유도하거나 이를 보상할 목적에서일 뿐이고, 고통을 견디도록 할 때는 악한 행동으로부터 벗어나게 하거나 이를 처벌할 목적에서일 뿐이다. 그래서 신은 언제나 바른 질서와 정의의 규칙에 따라 행동하므로 신이 설정한 바, 즐거움이란 우리로 하여금 선한 행동을 하도록 하거나 이를 보상하는 것이고, 고통이란 우리로 하여금 어떤 악한 행동으로부터 벗어나게 하거나 이를 처벌하도록 하는 것이다.

(3) 어떤 의미로는 올바르지만 다른 의미로는 그렇지 않은 행동들이 있다. 예를 들어 신이 금지했음에도 불구하고 죽음의 위협을 무릅쓰는 것은 나쁜 행동이다. 그렇지만 신이 명령할 때 죽음의 위협을 무릅쓴다면 이는 올바른 행동이다. 우리의 모든 행동이 선하거나 악하게 되는 것은 오로지 신이 그 행동을 명령했느냐 금지했느냐, 혹은 이성적인 사람이라면 누구든지 자기 자신 속으로 들어가 헤아려 볼 수 있는 영원한 법을 따르는가, 원죄 이후에 항상 이성에 물을 수 있는 것은 아니게 되어 버렸으니 감각적이고 육적인 사람이 갖는 감각에 제시된 성문법을 따르는가에 달렸다.

그러므로 나는 즐거움은 항상 선하지만 즐거움을 맛보는 일이 항상 득이 되는 것은 아니라고 말하는 것이다. 그 이유는 다음과 같다.

(1) 우리는 즐거움의 원인이 될 수 있는 유일한 존재에 결합하는 대신 그 존재로부터 멀어져, 즐거움의 원인을 거짓으로 제공하는 것처럼 보이는 존재와 결합하고 그 존재로 인해 우리는 신과 멀어져 비루한 피조물과 결합하는 것이다. 진정한 원인에 관련되고 그 원인의 지각인 즐거움을 맛보는 일은 언제나 득이 된다. 지각하는 것만을 사랑할 수

있으므로 이 즐거움은 정의로운 사랑만을, 행복의 진정한 원인이 되는 사랑만을 불러일으킨다. 그러나 적어도 감각대상들에 관련되고 그 대상들의 지각인 즐거움을 맛보는 일은 대단히 위험하다. 이 즐거움은 우리를 실질적으로 행복하게 만들어 주지 못하는 것만을 사랑하게끔 한다. 진정한 철학으로 눈을 뜬 이들이 간혹 즐거움은 외부 대상들을 원인으로 가질 수 없고, 이로써 우리가 무슨 일에서든 신을 인정하고 사랑할 수 있도록 만들어 줄 수 있으리라 생각하지만, 원죄 이후에 인간의 이성은 대단히 나약해졌고, 감각과 상상력이 정신에 대단히 큰 영향력을 휘두를 수 있게 되었다. 그래서 복음서의 가르침에 따라 그 자체로 신을 향하게 하지 않는 모든 것을 스스로 포기하지 않을 때 우리의 감각과 상상력은 곧바로 마음을 타락시킨다. 그렇게 되면 가장 훌륭한 철학이라도 정신을 치유하고 관능이 일으키는 혼란에 저항할 수 없을 것이다.

(2) 즐거움은 보상으로 주어지는 것이므로, 우리가 즐거움을 누릴 자격도 없는데 신이 확립한 일반 법칙에 따라 신을 강제하여 우리에게 즐거움을 느끼게 해줄 수 있는 어떤 움직임을 신체에 일으키는 일은 불의를 범하는 일이다. 이는 우리가 행한 행동이 불필요하거나 사악한 것이기 때문이기도 하고, 우리는 무수한 죄를 지었으니 신에게 보상을 요구해서는 안 되기 때문이기도 하다. 원죄 이전의 인간은 바른 행동으로써 감각적 즐거움을 정당하게 맛볼 수 있었지만, 원죄 이후 전적으로 순수한 감각적 즐거움은 더 이상 존재하지 않으며, 그런 즐거움을 맛본다면 우리에게 상처가 될 수 있다. 그 감각적 즐거움을 맛보기만 하는 것으로 그런 즐거움의 노예가 되기에 충분한 것이다.

(3) 신은 정의로운 존재이므로 신을 거역하여 사악한 행동을 저지르고도 신으로 하여금 즐거움으로써 이를 보상하지 않을 수 없도록 할 때 우리가 신에게 저지른 범죄적 행동은 언젠가 처벌될 수 있다. 우리 영혼이 우리 신체와 더 이상 결합되지 않게 될 때 신은 두뇌에 새겨진 흔적들에 대응하는 감정을 갖게끔 해 줄 의무를 더 이상 지지 않으며, 신은 언제나 정의를 이행할 의무를 반드시 갖는다. 그러므로 그때가 징벌과 분노의 시간이 될 것이며, 그때 신은 관능을 즐기는 자들이 누렸던 부당한 즐거움을 영원히 끝나지 않는 고통으로 벌할 것이다.

(4) 이 생生의 시작부터 이러한 정의가 반드시 이루어진다는 확신은 끔찍한 불안으로 정신을 자극하고 그 정신을 일종의 절망의 상태에 던져 버린다. 그 절망으로 인해 관능을 누리는 자들은 그들의 가장 큰 즐거움에서조차 비참해지게 된다.

(5) 그보다 더 순수할 수 없는 즐거움에도 거의 항상 유감스러운 후회가 따른다. 우리가 그 즐거움을 누릴 자격이 없고, 그 후회로 인해 우리가 금욕의 고통에서 찾게 되는 어떤 내적 즐거움이 사라진다는 점을 납득하는 것이다.

그래서 즐거움이 선이기는 해도, 이 모든 이유와, 알 필요가 있는 다른 유사한 이유들로 인해 그 즐거움을 맛보는 일이 항상 득이 되는 일은 아니고, 이런 이유들로부터 고통이 실제로는 악이지만 그래도 고통을 견디는 일은 거의 항상 이득이 된다는 점에 동의해야 한다.

그럼에도 모든 즐거움은 선이고, 즐거움을 맛보는 순간 또 그 즐거움을 맛보는 만큼 사람은 실제로 행복해한다. 모든 고통은 악이고, 고통을 견디는 순간 또 그 고통을 견디는 만큼 사람은 실제로 불행해한다. 약속된 선에 대한 희망과 예감을 갖지 못한다면 정의로운 자들과 성인들은 이 생生에서 가장 불행한 자들이며, 가장 동정을 받아 마땅한 자들이리라고 말할 수 있다. 사도 바울은[1] "그리스도 안에서 우리가 바라는 것이 다만 이 세상의 삶뿐이면 모든 사람 가운데 우리가 더욱 불쌍한 자이리라"[2]라고 말했다. 정의를 위해 눈물을 흘리고 박해받는 사람들이 행복한 것은 그들이 정의를 위해 고통을 받아서가 아니라 하늘의 왕국이 그들의 것이고, 그들은 천국에서 엄청난 보상을 받게 되기 때문이다.[3] 즉 그들은 언젠가 행복해질 것이다. 정의를 지키기 위해 박해받는 사람들은 이런 점에서 정의로운 이들이고, 미덕을 갖춘 이들이고, 완전한 이들이다. 그들은 신의 질서를 따르고 완전성은 그 질서를 따르는 것이니 말이다. 그렇지만 그들이 고통받으므로 행복한 것은 아니다. 그들은 언젠가는 더 이상 고통 받지 않을 것이고, 그때 그들은 정의롭고 완전한 만큼 행복해질 것이다. 성 아우구스티누스[4]는 "신의 도움을 받은 선한 이들과 성인들은 무슨 고통에 처했어도 마지막에는 행복해지리라는 희망 속에 살아가는 축복받은 자들이다. 모든 미덕을 갖춘 그들이 항상 그러한 고통과 그보다 더 가혹할 수 없는 고뇌에 처

---

1 I. Cor.

2 [옮긴이] 〈고린도전서〉, 15장 19절.

3 [옮긴이] "의를 위하여 박해를 받은 자는 복이 있나니 천국이 그들의 것이라. 나로 말미암아 너희를 욕하고 박해하고 거짓으로 너희를 거슬러 모든 악한 말을 할 때에는 너희에게 복이 있나니, 기뻐하고 즐거워하라. 하늘에서 너희의 상이 큼이라 너희 전에 있던 선지자들도 이같이 박해하였느니라."(〈마태복음〉, 5장 10~12절)

4 Epist., CLV, alias LII, ad Macedonium.

해 살아갔다면 건강한 이성은 주저하지 않고 그들을 불행한 이들로 간주할 것이다"[5]라고 말했다.

그러나 이 생生의 시작부터 정의로운 자들이 미래의 선을 얻으리라는 희망과 신앙의 힘으로 어떤 방식으로든 행복하리라는 점을 나는 부정하지 않는다. 그들의 머릿속에는 다가올 선이 그려지는 것이다. 어떤 선을 얻고자 하는 희망이 강하고 맹렬할 때 그 희망으로 정신과 선이 가까워지고 결국 그 선을 맛보게 된다. 그래서 희망은 어떤 방식으로 정신을 행복하게 해주는데, 그것이 선의 취향, 선의 소유, 우리를 행복하게 해주는 즐거움이기 때문이다.

그러므로 사람들에게 감각적 즐거움이란 전혀 선한 것이 아니며 이를 향유하는 사람들을 더욱 행복하게 해주는 것이 아니라고 말해서는 안 된다. 그것은 사실이 아닌 데다 시험에 들 때 그들은 불행 속에서 그 점을 인정하게 된다. 사람들에게는 감각적 즐거움이 그 자체로는 선하고 어떤 방식으로든 행복하게 만들어 줄 수 있지만 내가 제시한 것과 동일한 근거로 이 즐거움을 피해야 한다고 말해야 한다. 그들에게 반드시 이 점을 알려야 한다. 누구도 자기 힘만으로는 그 즐거움을 피할 수 없다고 말이다. 사람들은 행복하고자 욕망하는 성향이 있으며 이 성향은 극복할 수 없는 것이며, 그들이 피해야 하는 그런 일시적인 즐거움은 어떤 방식으로든 그들의 성향을 만족시킨다. 그들이 감각적 즐거움의 부단한 힘을 상쇄하는 은총의 희열의 도움을 받지 못한다면 비참하게도 길을 잃게 되지 않을 수 없다. 그들로 하여금 자기들이 얼마

---

5 [옮긴이] 마케도니우스에게 보내는 편지, chap. III, §15.

나 나약한지, 왜 그들에게 구세주가 필요한지 알게끔 하려면 이런 문제를 반드시 말해 주어야 한다.

사람들에게 말할 때는 예수 그리스도의 방식으로 말해야지, 인간 정신의 본성도 모르고 질병도 모르는 스토아주의자들의 방식으로 말해서는 안 된다. 사람들에게는 어떤 의미로는 자책하고 자조해야 하고 지상에 정착하고 행복을 구해서는 안 된다는 점을 끊임없이 말해야 한다. 즉 매일 자기 시련의 십자가를 지거나 스스로를 고문할 도구를 지고 가야 하고, 지금 자기 삶을 버리고 영원한 삶을 구해야 하는 것이다.6

마지막으로 사람들이 선을 획득하는 일에 얼마나 무능한 상태에 있는지 깨닫기 위해서는 욕망과는 완전히 반대되는 것을 행하지 않을 수 없음을 보여 주어야 한다. 행복하고자 하는 사람들의 바람은 누구도 막을 수 없고, 누구라도 원하는 것을 하지 못할 때 행복해질 수 없는 것이다. 아마 사람들이 현재 그들의 악을 느끼고 미래에 닥칠 악을 안다면 지상에서 굴종하게 될 것이고, 아마 사람들은 하늘을 향해 애원하고 중보자를 찾고 감각대상에 빠지게 되면 어쩌나 걱정하고 감각을 달래고 사욕을 품게 하는 모든 것을 두려워할 텐데 이 두려움은 대단히 유익한 것이다. 아마 사람들은 그런 식으로 기도와 고행을 수행하여 은총을 얻어야겠다고 생각하게 될 것이다. 은총 없이는 힘도, 건강도,

---

6 [옮긴이] "예수께서 제자들에게 이르시되 누구든지 나를 따라오려거든 자기를 부인하고 자기 십자가를 지고 나를 따를 것이니라. 누구든지 제 목숨을 구원하고자 하면 잃을 것이요 누구든지 나를 위하여 제 목숨을 잃으면 찾으리라."(〈마태복음〉, 16장 24~25절)

구원도 바랄 수 없다.

II. 우리는 감각적 이득을 주는 사랑에 이끌려서는 안 된다

우리는 즐거움이 선임을 내적으로 확신하며, 이 내적 확신이 거짓이 아닌 것이, 즐거움은 실질적으로 선이기 때문이다. 우리는 즐거움은 선의 특징임을 자연스럽게 확신하고, 확실히 이 자연스러운 확신이 사실인 것이, 즐거움의 원인이 되는 것은 대단히 선하고 사랑스럽기 때문이다. 그러나 우리는 감각대상들도, 심지어 우리의 영혼도 우리 내부에서 즐거움을 만들 수 있으리라고는 확신하지 않는다. 그렇게 믿어야 할 근거가 전혀 없지만 그렇게 믿지 않을 근거는 무수히 많기 때문이다. 그래서 감각대상들은 선하지도 않고 사랑스럽지도 않다. 생명의 보존에 그 대상들이 유용하다면 그 대상을 사용할 수는 있지만 그 대상들이 우리 내부에서 작동하지 않는다면 그것을 사랑해서는 안 된다. 영혼은 자신에게 선하고, 자신을 더욱 행복하고 더욱 완전하게 만들어 주는 것만을 사랑해야 한다. 그러므로 영혼은 자신보다 우월한 것만을 사랑해야 한다. 영혼은 자신보다 우월한 것으로부터가 아니라면 완전성을 얻을 수 없음이 명백한 까닭이다.

그런데 어떤 것에는 항상 어떤 결과가 따를 때 그것을 그 결과의 원인이라고 판단하므로, 그것이 우리 내부에서 작용하는 감각대상이라고 생각한다. 그 대상에 가까이 가면 새로운 감정이 느껴지는데, 우리는 그 감정을 일으키는 진정한 원인이 우리 내부에 있다고는 보지 않기 때문이다. 과일을 맛보면 달콤함이 바로 느껴진다. 그래서 그 과일의 특징은 달콤함이라고 생각하게 된다. 과일이 달콤함의 원인이자 심지어 과일 안에 달콤함이 포함되어 있다고 판단한다. 그렇지만 우리는 이 과일을 감각하듯 신을 보는 것이 아니다. 우리는 신을 생각조차 않고, 아마 우리 자신도 생각하지 않는다. 그래서 우리는 신이 그런 달콤함의 진정한 원인인지, 그 달콤함이 우리 영혼의 변형인지 판단하지 않고, 우리가 먹는 과일에 원인과 결과가 있다고 생각한다.

내가 신체와 결부된 감정에 대해서 했던 말은 순수 지성에서 일어나는 감정처럼 신체와 결부되지 않은 감정으로 해석되어야 한다.

어떤 사람이 자기 자신을 바라보고 자신의 행복과 완전성에 아무것도 부족하지 않거나, 자기가 원하는 것을 갖지 못했다고 생각하게 된다. 자기가 행복하다는 것을 깨달으면 기쁨을 느끼고 자기가 불행하다는 것을 깨달으면 슬픔을 느낀다. 그 사람은 곧 자신이 행복하다는 것을 깨달았기에 자기 내부에 그런 감정이 수반되었다고 생각한다. 그 사람은 또한 자기가 불행하다는 것을 깨달았기에 자기 내부에 그런 슬픔의 감정이 생겼다고 생각한다. 불행하다는 깨달음에는 항상 그런 감정이 따르기 때문이다. 그러나 이런 감정의 진정한 원인은 오직 신뿐인데도 그에게는 그렇게 보이지 않는다. 그가 신을 생각조차 않는 것은 신이 우리도 모르게 우리 내부에서 작용하는 까닭이다.

신은 우리가 있어야 하는 곳에 머물러, 더는 불안해하지 않고, 우리 정신의 능력에 어떤 다른 것을 채우는 일 없이 전적으로 행복을 맛보기 위해 있어야 하는 곳에 있음을 알 때 기쁨의 감정으로 우리를 보상한다. 반면 신은 우리가 있어야 하는 곳에 머물지 않고, 우리가 결여한 완전성을 불안하게 추구하기 위해 그 있어야 하는 곳에 있지 않음을 알 때 우리 내부에 슬픔의 감정을 만든다. 우리가 선을 갖지 못했음을 알 때 신은 우리를 부추겨 끊임없이 그 선을 향하도록 하고, 우리가 선을 고스란히 갖고 있음을 알 때 강력하게 멈춰 세운다. 그래서 내가 보기에는 지성적 기쁨 혹은 슬픔의 감정[7]은 감각적 기쁨 혹은 슬픔의 감정만큼이나 정신의 의지로 산출되는 것이 아님이 명백하다.

그러므로 우리를 선으로 채우고, 감각적 외관 밑에 존재하므로 우리 정신에는 보이지 않는 저 보이지 않는 손을 이성으로써 끊임없이 인정해야 한다. 우리는 신을 숭배하고 사랑하고 또 두려워해야 한다. 신이 우리를 즐거움으로 가득 채울 수 있다면 또한 고통으로 가득 채울 수도 있는 것이다. 우리는 최고의 사랑, 양식 있는 사랑, 신이 받아 마땅하고 우리에게 마땅한 사랑으로 신을 사랑해야 한다. 우리가 신은 사랑스러운 존재임을 알고서 신을 사랑함으로써 우리의 사랑은 신에게 마땅한 사랑이다.

우리는 이성적 존재이므로 우리의 사랑을 받아 마땅함을 이성으로써 알게 되는 존재를 사랑해야 하는 까닭이다. 그런데 우리가 사랑하

---

7 [옮긴이] "우리는 일곱 개의 감각을 구분할 터인데, 이 중 두 개는 내감에 속하고, 다섯 개는 외감에 속한다. (…) 심장과 심장 주변에 연결된 작은 신경들은 비록 제 아무리 작다 하더라도 다른 내감을 만든다. 이것이 기쁨, 슬픔, 사랑, 미움과 같은 영혼의 모든 감동이나 격정, 그리고 감정의 본산이다."(《철학의 원리》, 4부 190절) "기쁨은 영혼의 기분 좋은 동요인데, 뇌의 인상이 영혼에게 영혼 자신의 것으로 표상하는 좋은 것을 영혼이 소유하는 향유로 이루어져 있다. (…) 그리고 영혼이 어떤 기쁨도 지니지 않는 동안에는, 영혼이 좋은 것을 전혀 소유하지 않은 것이라기보다 좋은 것을 향유하지 않는 것이라고 말할 수 있다."(《정념론》, 91절)

는 감각적 대상들은 우리의 부당한 사랑으로 사랑받는 것으로 우리의 사랑을 받아 마땅하지 않다. 우리는 이성적 존재이므로 왜 사랑해야 하는지 따지지 않고 사랑한다. 우리는 그 대상들이 사랑받아 마땅한 존재임을 명확히 아는 것은 아니더라도 그 대상들이 사랑받아 마땅한 존재가 아니라는 점은 아는 까닭이다. 그런데 즐거움은 우리를 매혹시켜 그 대상들을 사랑하게 만든다. 맹목적이고 과도한 즐거움의 사랑은 도덕의 영역에서 사람들로 하여금 거짓 판단에 빠뜨리는 진정한 원인이다.

11장

사변적 학문과 관련된 즐거움의 사랑에 대하여

감각적 즐거움에 빠지는 우리의 성향이 무절제해진다면 그것은 그저 도덕의 영역에서 위험한 오류를 범하게 되는 근원이자 풍속의 타락의 일반 원인뿐 아니라 정신의 타락을 일으키는 주요한 원인이 되어, 우리는 부지불식간에 터무니없는 오류를 범하게 된다. 그렇지만 순전히 그 성향이 우리와 무관한 주제에 대해서는 이를 이해하고 올바로 판단하기에 충분한 주의를 기울이지 않게 하므로 사변적인 주제에서는 덜 위험한 오류이겠다.

이미 여러 곳에서 다소 추상적인 주제들에 열중할 때 만나게 되는 어려움에 대해 말한 바 있다. 그것은 다루는 주제 자체가 그러지 않을 수 없게끔 하는 까닭이다. 이 점은 제 1권 마지막 부분에서 이미 언급한 내용이다. 감각적 관념은 정신의 순수 관념들보다 영혼을 더욱 강하게 자극하므로, 종종 사물들 자체보다 방식들에 더 열중하게 된다. 제 2권에서도 두뇌 섬유의 민감성 문제를 다룰 때 이 점을 다시 언급하면서 여성화된 정신을 가진 몇몇 사람들이 갖곤 하는 연약함이 어디에서 오는지 살펴보았다.[1] 마지막으로 제 3권에서도 정신의 주의력에 대해 말하면서 이 점을 언급했다.[2] 우리 영혼은 자극적이고 즐거움이나 고통을 느끼게 해주는 많은 주제들에는 깊은 주의를 기울이지만 순전히 사변적인 문제들에 대해서는 그렇지 않다는 점을 보여 주어야 했던 부분이다.

우리가 범하는 오류들은 거의 항상 그것을 일으키게 되는 원인이 여러 가지이다. 그래서 간혹 거의 동일한 일들을 반복해서 저지르고 동일한 오류라도 여러 원인들을 결부시키는 것이 질서의 결여 때문이라고 생각해서는 안 된다. 사실 원인에는 여러 가지가 있는 것이다. 나는 실재적인 원인에 대해 말하는 것이 아닌데, 우리는 종종 실재적이고 실질적인 원인은 자유의 오용 이외에는 없다고 말했기 때문이다. 우리가 할 수 있는 만큼 항상 자유를 사용하는 것은 아니라는 점에서 우리는 그 자유를 제대로 사용하지 않는 것이다. 우리는 이 점을 이 책의 처음부터 설명했다.[3]

그러므로 예를 들어 사물들에 씌운 감각적 방식들이 어떻게 우리를 놀라게 하는 것이며, 어떻게 우리에게 오류를 범하게 만드는 것인지 충실한 이해를 돕기 위해 이 책의 다른 권들에서 우리에게는 즐거움에 끌리는 성향이 있음을 미리부터 말하지 않을 수 없었대도 그것을 가지고 이러니저러니 해서는 안 된다. 그 문제는 자연적 성향을 다루는 권

1 [옮긴이] 2권 18장 2절.

2 [옮긴이] 3권 1부 4장 3절.

3 II장(1권 2장 3~4절 — 옮긴이).

에 넣어야 했을 것이고, 다른 주제들은 그것에 맞는 다른 장소에서 다뤄야 했을 것 같다. 이로 인해 생기게 될 곤란은 다른 곳에서 설명하지 않았다고 해도 설명해야 했어야 할 많은 주제들을 이 자리에서 다룰 수는 없으리라는 점이다.

인간의 모든 것은 서로 긴밀히 종속되어 있으니 우리는 종종 수많은 문제들을 동시에 말하지 못해서 큰 낙담에 빠지곤 한다. 그래야 우리가 생각하는 바를 철저히 설명할 수 있을 텐데 말이다. 자연이 서로 결합해 놓은 것들을 간혹 분리해서는 안 되고, 이들이 필연적으로 서로 부딪힐 때 그 질서가 혼란만을 초래할 때 규정된 질서에 역행해서도 안 된다. 그러나 이 모든 것으로도 우리가 생각하는 것을 다른 사람들에게 고스란히 느끼게끔 할 수 없다. 보통 우리가 열망해야 하는 것은 많은 노력과 수고를 들여 발견한 것을 독자들 혼자서도 즐겁고 쉽게 발견할 수 있도록 하는 것이다. 주의를 기울이지 않고서는 그 무엇도 발견할 수 없으므로 무엇보다 다른 사람들로 하여금 주의를 기울이게 하는 방법을 연구해야 한다. 이는 이를 잘못 수행했음을 인정하는 일이지만 우리가 노력했어야 했던 일이다. 이 책을 읽으실 분들이 우리가 이 점을 인정하는 것을 듣게 되면 자극을 받아 스스로 주의를 기울여 개선하고, 분명 깊이 다뤄야 마땅한 주제들을 철저히 탐구하게 될 것이므로 그만큼 더 기꺼이 잘못을 시인할 일이다.

즐거움이며 일반적으로 우리를 자극하는 모든 것에 대한 우리의 성향으로 인해 범하게 되는 오류들은 한도 끝도 없이 많다. 이 성향이 안목을 가진 정신을 망치고 끊임없이 정신을 감각과 상상력의 혼란스러운 관념들을 따르게 하고 무엇이 됐든 우리로 하여금 판단의 대상과 우리가 갖는 관계를 통해 성급히 판단하게끔 하는 까닭이다.

I. 즐거움의 사랑은 어떻게 진리를 발견하지 못하게 하는가

진리는 사물을 있는 그대로 볼 때만 보이며, 사물을 지성적인 방식으로 포함하는 존재 내부에서 보지 않는다면 그대로 보이지 않는다. 우리 내부에 존재하는 사물을 볼 때 그 사물은 대단히 불완전한 방식으로만 보인다. 더 정확히 말하자면 우리가 보고 싶어 하고, 우리가 보고 있다고 잘못 믿고 있는 사물이 아니라 우리의 감정만을 볼 뿐이다.

사물을 그 자체로 있는 그대로 보려면 전력을 기울이지 않으면 안 된다. 지금 우리가 신과 결합하기 위해서는 노력과 수고를 들이지 않을 수 없다. 그런데 우리 내부에 존재하는 사물을 볼 때 우리로서는 전혀 전력을 기울이지 않아도 되는 것이, 우리의 의지와는 무관하게 우리를 자극하는 것을 느끼기 때문이다. 우리는 신과 맺는 결합에서 선행적 즐거움을 자연적으로 찾지 못한다. 사물의 순수 관념은 우리를 자극하지 못하는데, 내 말은 그 관념은 우리를 뚜렷하고 생생하게 자극하지 못한다는 것이다. 그래서 즐거움에 끌리는 성향은 우리로 하여금 신에 전념하게도, 신과 결합하게도 하지 못하며, 그와는 반대로 우리를 신과 떼어 놓고 신으로부터 끊임없이 멀어지게 한다.

이 성향은 우리로 하여금 사물을 끊임없이 감각 관념을 통해 고려하게끔 하는데 그 이유는 불순한 거짓 관념들이 우리를 강하게 자극하는 까닭이다. 그러므로 즐거움의 사랑이며, 그 사랑을 일깨우고 강화하는 즐거움의 실질적인 향유는 우리를 끊임없이 진리로부터 멀어지게 하여 오류를 범하게 만든다.

그래서 자신의 빛으로 밝혀 진리에 다가가고자 바라는 사람들이 제일 먼저 해야 할 일은 즐거움을 버리는 것이다. 정신을 자극하는 모든 것, 정신의 주의를 쾌적하게 흩어 놓는 모든 것을 세심히 피해야 한다. 진리의 말을 듣고자 한다면 감각과 정념이 침묵해야 하는 까닭이다. 마음의 대화만큼이나 정신의 완전성을 바란다면 사교계로부터 멀어지고 감각적 모든 것을 무시하지 않으면 안 된다.

우리가 느끼는 즐거움이 크고 감정이 격렬할 때 우리는 가장 단순한 진리들조차 발견할 수 없으며, 통념에 어떤 감각적인 것이 포함되지 않는다면 그 통념에 동의할 수도 없다. 우리의 즐거움이나 다른 감정들이 완화될 때에야 우리는 몇몇 단순하고 쉬운 진리들을 가려낼 수 있다. 그런데 우리가 즐거움과 감정에서 완전히 해방될 수 있다면 우리가 알 수 있는 가장 추상적이고 가장 난해한 진리들도 쉽게 발견할 수 있을 것이다. 우리가 신이 아닌 것과 멀어질수록 우리는 신 자체에 가까이 가게 된다.[4] 오류를 피하고 진리를 발견하는 것이다. 그러나 원죄 이후 선행적 즐거움에 대한 무절제한 사랑이 지배적이고 결정적인 것이 되었으므로 정신은 너무도 나약해져 아무것도 깊이 통찰할 수 없

4 [옮긴이] "좋은 것을 추구하려는 경향과 그 반대인 나쁜 것에서 드피하려는 경향이 동일한 욕망일 뿐일지라도, 매력에서 생기는 욕망은 혐오에서 생기는 욕망과 아주 다르다. 왜냐하면 진정으로 상반되는 이 매력과 혐오는 대상들을 욕망하는 데 사용되는 좋은 것과 나쁜 것이 아니나, 단지 아주 다른 두 사굴을 추구하도록 영혼을 배치시키는 영혼의 두 동요이기 때문이다."(《정념론》, 89절)

게 되었다. 정신이 너무 물질적인 것이 되고 감각에 의존하게 되었으므로 신체를 갖지 않은 것을 고려할 수 없고 신체를 자극하지 않는 추상적 진리에 주의를 기울일 수 없다.

심지어는 수고를 들이지 않는 이상 통념을 깨닫기 시작할 수도 없고 주의를 기울일 수 없으므로 그 통념이 거짓이거나 모호하다고 판단할 수도 없다. 사물의 진리와 유용성을 구분할 수 없고, 사물들이 맺는 관계와 사물과 정신이 맺는 관계를 구분할 수 없다. 그래서 사물들이 맺는 관계가 가장 진실하며, 정신에 가장 유용하고 가장 유쾌하고 정신을 가장 자극하는 것이라고 종종 믿게 된다. 결국 이 성향은 대상들에 대한 우리의 지각 전체를, 그리고 그 결과 우리의 판단 전체를 타락시키고 혼란에 빠뜨린다. 다음에 몇 가지 사례를 소개한다.

II. 몇 가지 사례들

미덕이 악덕보다 더 높이 평가할 만하고 무절제하고 관능적이기보다는 소박하고 정숙한 것이 낫다는 것이 통념이다. 그런데 즐거움에 끌리는 성향 때문에 어떤 경우에는 이런 생각이 완전히 혼란에 휩싸여 이 관념을 그저 막연하게만 보게 되고 그것으로부터 삶의 태도를 견지하는 데 반드시 필요한 결과를 끌어낼 수 없게 된다. 영혼은 자기가 바라는 즐거움에 지나치게 몰두하여 그런 즐거움을 무해한 것으로 간주하고, 어떤 식으로 그 즐거움을 맛볼 수 있을 것인지만 찾게 된다.

부자가 되는 것보다 정의로운 자가 되는 것이 나으며, 정의로운 자는 그보다 더 화려할 수 없는 건물의 소유자보다 위대하다는 것을 모르는 사람은 없다. 그 건물은 그것을 짓도록 한 자의 권세만큼이나 그의 엄청난 범죄와 불의를 보지 못하게 하는 경우가 많은 까닭이다. 그런데 보잘것없는 사람들은 자기들의 거짓 권세를 헛되이 과시하는 즐거움으로 보잘것없는 그들 정신 능력이 다 채워지니 그것만으로도 너무도 명백한 진리가 그들에게는 감춰지고 흐릿하게 보이게 된다. 어리석게도 그들은 큰 집을 가졌으니 위대한 인물이 되었다고 상상한다.

분석 대수학代數學 혹은 근사한spécieux[5] 대수학이 가장 멋진 학문이라는 점이 확실하다. 내 말은 모든 학문들 중에서 가장 얻는 것이 많고 가장 확실하다는 뜻이다. 이 학문이 없으면 정신은 폭도, 통찰력도 갖지 못하지만 그 학문이 있으면 확실하고 명백하게 알 수 있는 거의 모든 지식을 가질 수 있다. 이 분석 대수학이 과거 불완전한 상태에 있었다고는 하나, 그 학문을 배우고 쓰임새를 알았던 사람들은 모두 명성을 얻었다. 이 학문을 이용해서 다른 사람들은 불가능하다고 봤던 진리들을 발견한 것이다. 이 학문은 인간 정신의 상이한 능력에 따라 맞춰지므로 연구 중에 들어서기 마련인 불필요한 내용들에 정신을 파는 일 없이 틀림없이 목적으로 이끌어 나가게 해준다. 한마디로 말해서 그것은 보편적 학문으로, 다른 모든 학문들의 열쇠와 같다.

그렇지만 이 학문이 그 자체로 높은 평가를 받기는 하지만 대부분의 사람들은 감각적인 데가 전혀 없다는 한 가지 이유 때문에 이를 화려

---

5 [옮긴이] 《퓌르티에르 사전》에 따르면 이 말은 특히 "추론의 주제에 멋진 외관을 갖는 것"의 뜻이라고 한다.

하게 보지도, 매력적으로 보지도 않는다. 여러 세기 동안 고스란히 망각된 것이며, 아직도 많은 사람들이 그 학문의 이름조차 모르는 것은 물론 수많은 사람들 중에 그 학문에 대해 무언가 들어 본 적이 있는 사람이 한두 명이나 될까 한다. 우리 시대에 이 학문을 쇄신한 가장 위대한 학자들도 아직 연구를 더욱 앞당기지 못했고 그 학문이 마땅히 지켜야 하는 질서와 명확함을 따라 다루지 못했다. 그들도 다른 사람들 같은 사람인지라 결국 감각적 즐거움이 뒤따르지 않는 이 순수한 진리들에 싫증이 났고, 원죄로 인해 타락해 버린 의지의 불안함이며, 혈액 순환과 동요에 좌우되는 정신의 가벼움으로 인해 저 위대하고 광대하고 풍요로운 진리에 더는 몰두할 수 없게 되었다. 그 진리야말로 일시적이고 개별적인 모든 진리들에 대한 보편적이고 불변하는 진리들로서, 정확하게 알려질 수 있는 것이다.

형이상학 역시 감각적 즐거움을 만들어주지 못하는 추상적 학문이다. 영혼은 어떤 선행적 즐거움을 예상하고 형이상학 연구에 끌리는 것이 아니다. 형이상학이 대단히 소홀히 다뤄지고, 무모하게도 통념을 부정할 정도로 우둔한 사람들이 종종 있는 것도 같은 이유에서이다. 심지어는 어떤 무엇으로 우리의 명석하고 판명한 관념이 포함하고 있는 것을 확신할 수 있거나, 확신해야 한다는 점을 부정하는 사람들도 있다. 그들은 무無는 속성을 갖지 않고, 사물은 기적이 없이는 무로 소멸할 수 없고, 어떤 물체도 자기 고유의 힘으로 스스로 운동할 수 없고, 자극이 가해진 물체는 그것이 만난 물체들에게 제가 가진 것보다 더 큰 운동을 전달할 수 없다는 점을 부정한다. 그리고 이런 비슷한 다른 문제들도 마찬가지이다. 그들은 이 공리들을, 명확하게 진리를 발견할 만큼 충분히 고정되고 불변하는 관점에 따라 고려하지 않는데, 이 공리들 중 몇몇이 진리가 아님을 간혹 잘못 확신하게 되었던 경험들을 했던 것이다.

어떤 경우에는 물체가 서로 충돌했을 때 충격 전보다 충격 후에 운동이 더 커졌고, 어떤 다른 경우에는 운동이 더 작아졌음을 보았다. 어떤 가시적인 물체가 가볍게 접촉했을 뿐인데 갑작스럽게 엄청나게 큰 운동이 뒤따르는 것도 종종 보았다.6 그 이유가 무엇인지를 알 수 없는 어떤 경험을 뚜렷이 겪으면서 그들은 자연의 힘이 증가될 수도, 파괴될 수도 있다는 결론을 내리게 되었다. 그들은 무른 물체들이 부딪힐 때 가시적 대상에서 비가시적인 대상으로, 다른 경우에는 비가시적 대상에서 가시적 대상으로 확산된다는 점을 고려하지 못했음이 틀림없다. 어떤 물체가 줄에 매달려 있을 때 그 물체를 운동하게 만드는 것은 그 줄을 끊는 가위가 아니라 어떤 보이지 않는 물질이다. 화약 더미에 숯을 던지면 화약을 이루는 모든 부분들을 분리해서 집 한 채를 날려버릴 수 있는 운동을 일으키는 것은 숯의 운동이 아니라 어떤 보이지 않는 물질이다. 비가시적인 물질이 가시적이고 균질한 물질에 운동을 전달하는 알려지지 않은 수천 가지의 방식들이 있다. 물체들의 동력 force mouvante이 자연적으로 증가하거나 감소할 수 없는 것처럼, 적어도 그런 일이 이루어질 수 없다는 점은 명백하다.

마찬가지로 사람들은 불 속에 집어넣은 나무가 더는 현재 모습을 갖지 않고 나무에서 보았던 모든 감각적 특질이 사라지게 된다는 점을

---

6 주해의 '운동 법칙'을 보라.

안다. 그리고 이로부터 사람들은 무엇인가가 그것이 나온 무無로 돌아갈 수 있다는 결론을 내릴 수 있다고 상상한다. 더 이상 나무를 보지 못하고 그 뒤에 나오는 약간의 재灰만을 보게 될 뿐이고, 이로부터 나무가 우리가 볼 수 없는 부분들로 줄어들 수 없기라도 했던 것처럼 나무를 이루는 대부분이 더 이상 존재하지 않는다고 판단한다. 모든 사물을 존재하게 해주는 힘은 변화할 수 없고, 존재하지 않는 것이 존재하기 시작할 수 없듯, 통상적인 자연의 힘으로는 존재하는 것이 무가 될 수 없음이 명백한 만큼, 적어도 명백한 것은 그런 일들이 이루어질 수 없다는 것이다. 그러나 대부분의 사람들은 모든 것을 판단하는 척도가 되는 진리의 목소리를 듣기 위해 자기 내부에 들어간다는 것이 무엇인지 모른다. 그들은 눈으로 결정을 내린다. 그들의 생각에 따라서가 아니라 감각에 따라 판단한다. 그들은 즐겁게 느끼지만 어렵사리 생각하는 것이다.

세상 사람 모두에게 전체는 부분보다 크다는 점을 잘못 생각하는 것은 아닌가 걱정하지 않고 확신할 수 있는지 물어보라. 나는 우선 답변해야 할 내용을 답변하지 못할 사람은 한 명도 없다고 확신한다. 마찬가지로 그다음에는 잘못 생각하는 것은 아닌가 걱정하지 않고 어떤 사물로부터 그것을 재현하는 관념에 명백하게 포함된다고 생각되는 점을 확신할 수 있는지 그들에게 물어보라. 그러면 여러분은 주저하지 않고 그 점에 동의할 수 있는 사람은 거의 없으며, 대부분은 어떻게 답변해야 할지 알 수 없으리라는 점을 알게 될 것이다. 그러나 어떤 사물로부터 그것을 재현하는 관념에 명백하게 포함된다고 생각되는 점을 확신할 수 있다는 그 형이상학의 공리, 더 정확히 말하자면 우리가 명확하게 생각하는 모든 것은 정확히 말해서 그 점을 그런 방식으로 이해하는 데 있다는 것은 전체가 부분보다 더 크다는 공리보다 더욱 명백한 것이다. 뒤의 공리는 앞의 공리의 관점에서 본다면 결론이 아닌 만큼 공리도 아니다.

첫 번째 공리를 통해 우리는 전체가 부분보다 크다는 점을 증명할 수 있지만 그 공리는 다른 어떤 공리로도 증명될 수 없다. 그것은 절대적으로 모든 명확하고 명백한 지식 중 최초의 것이자 토대이다. 그러므로 누구도 그 결론을 의심하지 않는데, 그 결론에서 끌어낸 원리를 많은 사람들이 의심하게 되는 이유는 무엇인가? 전체와 부분이라는 관념이 감각적이어서 말하자면 전체가 부분보다 더 크다는 것을 눈으로 보는 것이 아니라, 모든 학문의 첫 번째 공리가 되는 진리는 눈으로 보고 확인할 수 없으니 말이다.

이 공리에는 자연적으로 정신을 고정시켜 집중케 하는 것이 전혀 없으므로 그것의 진리를 명백하게 인정하기 위해서는 끈기 있고 단호하게 고려해야 한다. 의지의 힘이 감각적 매력을 보충하는 것이 틀림없지만 사람들은 감각을 즐겁게 해주지 않는 대상들은 생각해 보지도 않거나, 설령 생각한대도 이 대상들에 전혀 노력을 기울이는 법이 없다.

같은 예를 계속 들어 보자면 사람들은 전체가 부분보다 크고, 대리석으로 된 산山이 있을 수 있고, 골짜기를 갖지 않은 산은 존재할 수 없음이 명백하다고 생각하면서도, 신이 존재한다는 것이 이와 똑같이 명백하지 않다고 생각한다. 그렇지만 이 명제들 전체에서 그것들은 첫 번째 원칙과 똑같은 거리를 두고 있으므로 명백성은 똑같다고 말할 수 있다.

다음이 첫 번째 원칙이다.[7] 어떤 사물은 그것을 재현하는 관념에 명백히 포함되어 있다고 생각되는 것을 갖는다고 생각된다. 즉 부분에 대해 갖는 관념보다 전체에 대해 갖는 관념이 더 크고, 가능한 존재라는 관념에는 대리석으로 된 산의 관념이 포함되어 있고, 불가능한 존재라는 관념에는 골짜기를 갖지 않는 산이라는 관념이 포함되어 있고, 필연적인 존재라는 관념에는 우리가 신에 대해 갖는 관념, 즉 무한히 완전한 존재라는 관념이 포함되어 있다고 명백히 생각하는 것이다. 그러므로 전체는 부분보다 크고, 대리석으로 된 산이 존재할 수 있고, 골짜기를 갖지 않는 산은 존재할 수 없고, 신 혹은 무한히 완전한 존재는 필연적으로 존재한다.

이 결론들은 모든 학문의 최초의 원리와 똑같은 거리를 두고 있음이 분명하며, 그러므로 이 결론들은 그 자체로 똑같이 명백하고, 그러므로 전체가 부분보다 크다는 것이 명백한 만큼 신이 존재한다는 점이 명백하다. 그러나 무한한 존재, 완전한 존재, 필연적 존재라는 관념들이 전체와 부분의 관념들처럼 감각적이지 않으므로 느껴지지 않는 것은 생각하지 못하는 것으로 상상하는 것이다. 이 결론들이 똑같이 명백하더라도 똑같은 방식으로 받아들여지는 것은 아니다.

스스로 무한히 완전한 존재의 관념을 갖지 않았음을 설득하기 위해 노력하는 사람들이 있다. 그렇지만 그들에게 무한히 완전한 존재가 둥글거나 사각형이거나 비슷한 어떤 것인지 물을 때 그들이 어떻게 그렇다고 대답할지 모르겠다. 그들이 그런 관념을 전혀 갖지 않았음이 사

7 이 추론은 데카르트의 《성찰》에서 가져온 것이다.

실이라면 전혀 모른다고 말할 테니 말이다.

다른 사람들은 신의 관념에는 모순이며, 불가능한 존재가 포함되지 않음을 우리가 알고 있다는 점으로부터 신은 불가능한 존재가 아니라는 결론을 끌어내는 것이 올바른 추론임에 동의한다. 그렇지만 그들은 우리가 신에 대한 관념에서 필연적 존재를 생각하므로 신이 필연적으로 존재한다는 결론을 내리고자 하지는 않는다.

또 다른 사람들은 데카르트의 신 존재 증명은 순전한 궤변이고 그 논변은 신이 존재한다는 사실이 입증되지 않기라도 했듯 신이 존재하는 것이 사실이라고 전제했을 때만 인정될 수 있다고 주장한다. 다음이 그 증거이다. 어떤 사물은 그것을 재현하는 관념에 명백히 포함되어 있다고 생각되는 것을 갖는다고 생각된다. 이것이 모든 학문의 일반 원리이다. 필연적 존재는 무한히 완전한 존재를 재현하는 관념 속에 포함되어 있다. 그들은 이를 인정한다. 그리고 그 결과 무한히 완전한 존재는 존재한다고 말해야 한다. 그들은 그렇다고 말한다. 단, 그런 존재가 존재한다고 가정한다면 말이다.

그러나 동일한 논변에 동일한 답변을 해보자. 그래야 우리는 그 답변이 견고한지 판단할 수 있다. 다음이 그 논변이다. 어떤 사물은 그것을 재현하는 관념에 명백히 포함되어 있다고 생각되는 것을 갖는다고 생각해야 한다는 원리이다. 정사각형을 재현하는 관념에는 네 개의 각이 포함되어 있다고 명백히 생각된다. 혹은 가능한 존재라는 관념에는 대리석 탑塔의 관념이 포함되어 있다고 명백히 생각된다. 그러므로 정사각형에는 네 개의 각이 있고, 대리석 탑은 존재할 수 있다. 나는 이 결론들은 정사각형에 네 개의 각이 있고 대리석 탑이 존재할 수 있다고 가정했다면 진실이라고 말하는 것이다. 그들이 신이 존재한다는 점을 가정한다면 신은 존재한다고 답변한 것과 마찬가지이다. 한마디로 말해서 이 증명의 결론은 그 결론이 진실이라고 가정했을 때 진실이라는 것이다.

내가 어떤 사물은 그것을 재현하는 관념에 명백히 포함되어 있다고 생각되는 것을 갖는다고 생각된다는 논변을 제시했다면, 필연적 존재의 관념은 무한히 완전한 물체의 관념에 포함되어 있다고 생각되므로, 나는 무한히 완전한 물체가 존재함을 인정한다. 내가 그런 논변을 제시했을 때 내게 그것으로는 무한히 완전한 물체가 실제로 존재한다는 점이 인정되지 않는다고 답변하는 것은 옳다. 그러나 그런 물체가 존재한다고 가정한다면 그 물체는 그 자체로 존재할 수 있을 것이다. 그 이유는 무한히 완전한 물체라는 관념은 정신의 허구이거나, 복합 관념이기 때문이다. 그러니까 그 관념은 거짓되거나 모순될 수 있는 관념인 셈이며, 실제로도 그렇다. 우리는 무한히 완전한 물체를 명백하게 생각할 수 없다. 물체와 같은 개별적이고 유한한 존재는 보편적이고 무한하다고 생각할 수 없기 때문이다.

그런데 신이나 보편적 존재, 구속 없는 존재, 무한한 존재라는 관념은 정신의 허구가 아니다. 그것은 어떤 모순을 포함하는 복합 관념이 아닌 것이다. 그 관념에 존재하는 모든 것과 존재할 수 있는 모든 것이 포함될지라도 그것만큼 단순한 것은 없다. 그런데 존재 혹은 무한이라는 이 단순하고 자연적 관념에는 필연적 존재라는 관념이 포함된다. 그 존재(나는 '그런 존재tel être'라고 하지 않았다)는 스스로 존재하면서, 그 존재가 실제로 존재할 수 없음이 명백하다. 실재하는 존재가 존재하지 않기란 불가능하고 이는 모순적이기 때문이다.

물체들이 존재하지 않을 수는 있다. 물체는 존재에 분유하고 존재에 의존하는 '그런 존재들tels êtres'이기 때문이다. 그러나 구속 없는 존재는 필연적으로 존재하고, 그 존재는 자족적이고, 그것의 존재는 자기 자신에게서만 나온다. 존재하는 모든 것은 그 존재에게서 나온다. 그러나 어떤 존재도 개별적으로 존재하지 않을지라도 그것은 존재할 수 있다. 그것은 스스로 존재하고, 존재하지 않는 것처럼 그것을 명확하게 생각할 수 없기 때문이다. 그 존재를 개별적인 어떤 존재나 '그런 존재tel être'로 머릿속에 새기지 않고 자기 관념과는 완전히 다른 관념으로 고려한다면 말이다. 신이 존재한다는 것을 이해하지 못하는 사람들은 통상 그 존재를 고려하는 것이 아니라 '그런 존재tel être'로 고려하고, 결과적으로 존재할 수 있거나 존재할 수 없는 존재로 간주하는 것이다.

III. 데카르트의 신 존재 증명에 대한 주해

그러나 데카르트가 제시한 신 존재 증명을 훨씬 더 분명하게 이해하고 그때 이루어질 수 있는 심의에 보다 명확하게 답변할 수 있으려면 내 생각에는 다음 사항을 추가할 필요가 있다. 어떤 피조물을 볼 대 그 피조물을 그 자체로 보는 것이 아니고 그 자체만 브는 것도 아님을 기억해야 한다. 제 3권에서 이미 증명한 바와 같이 그 피조물은 신 내부에 존재하는 어떤 완전성의 눈을 통해서만 보는 것이고, 그 완전성이 그 피조물을 재현하게 된다.

그래서 피조물의 존재를 보지 않고도 그 피조물의 본질을 알 수 있고, 그 피조물이 없이도 그 피조물의 관념을 알 수 있다. 오직 이런 이유로 필연적인 존재는 그것이 실제로 존재할 필요가 없더라도 그것을 재현하는 관념 속에 포함되지 않는 것이다. 창조된 대상들은 즉각 볼 수 있고, 스스로 지성적이고, 지성을 밝히고 바꾸고 수정할 수 있다고 주장하는 것이 아니라면 말이다. 그러나 무한히 완전한 존재는 이와 사정이 다른 것이 그 존재는 그 자신 내부에서만 볼 수 있다. 무한을 재현할 수 있는 유한이란 존재하지 않는 것이다. 그러므로 신을 존재하지 않는 존재로 상상할 수 없다. 우리는 무한히 완전한 존재를 보지 않고서는 그 존재의 본질을 이해할 수 없는 것이고, 그 존재를 그저 가능한 존재로 볼 수도 없다. 그 존재를 포함하는 것이 없고, 그 존재를 재현할 수 있는 것이 없기 때문이다. 그러므로 우리가 신을 사유한다면 신은 존재해야 한다.

내가 보기에 이 추론은 정말 명백한 것이다. 그렇지만 유한은 무한을 재현할 수 있고, 우리 영혼의 양태가 아무리 유한하다 한들 무한히 완전한 존재는 물론 일반적으로 우리가 지각하는 모든 것의 본질적인 재현이 가능하다는 명제를 옹호하는 사람들이 있다.[8] 이는 터무니없

8 [옮긴이] "신의 유한한 관념으로 어떻게 무한한 신을 재현할 수 있는지 묻는다. 유한에서 무한으로는 어떤 비례도 없으니 말이다. 우리는 신의 관념은 사실 그 관념을 형식적 존재에 따라 고려할 때 유한하다고 답변한다. 정신의 실체 자체인 한에서 말이다. 그러나 그 결과로 그 관념이 그 대상을 재현하는 속성에 대해서 무한으로 간주될 수 있다는 결론이 나오는 것은 아니다."〔레지스, 《철학의 체계》(*Système de philosophie*), 2권 1부, 18장, pp. 194~195〕

는 오류로 그 오류의 결과 모든 학문의 확실성이 무너질 수도 있으며, 이를 입증하기란 대단히 쉽다. 그런데 영혼의 양태가 모든 존재를 재현할 수 있다는 주장은 대단히 그릇된 것이다. 양태르는 그 무엇도 재현할 수 없고, 심지어 양태가 어떤 모습인지도 재현할 수 없다. 우리에게 우리 존재의 내적 감정과 현재 보이는 양태에 대한 생각이 있더라도 이를 전혀 알지 못하는 것이다.

확실히 영혼은 자기 실체에 대한 명확한 관념을 갖지 않는다. 내가 '명석한 관념idée claire'이라는 말을 무엇으로 보는지는 다들 알 것이다.9 영혼은 스스로를 바라보면서 아직 한 번도 겪어보지 못했던 이런저런 변형이 가능한지 알 수 없다. 영혼은 정말 고통을 느끼지만 고통이란 것을 모른다. 영혼의 실체가 변형을 겪음으로써 이 고통이 아니라 저 고통을 느끼게 되는 것인지 전혀 모른다. 스스로 느낀다는 것과 자신을 안다는 것은 정말 다르기 때문이다. 영혼 속에서 끊임없이 작용하는 신은 그 차이를 완벽하게 알고 있으며, 신은 고통을 겪지 않고도 어떻게 영혼이 변형되면서 그 고통을 견디게 되는지 분명히 알고 있다. 반대로 영혼은 고통을 느끼지만 고통이 무엇인지 알지는 못한다. 신은 고통을 느끼지 않고도 고통이 무엇인지 알지만 영혼은 고통을 느껴도 고통이 무엇인지 알지 못한다.

신은 영혼의 명확하고 재현적인 관념을 자기 내부에 가지므로 영혼의 본성을 명확하게 알고 있다. 성 토마스 아퀴나스가 말하듯이10 신

---

9 이와 관련된 주해의 3권 2부 7장을 참조.

10 "신은 자신의 본질을 완벽하게 안다. 이로부터 신은 자신의 본질을 알 수 있게 만

은 영혼의 실체 혹은 본질을 완벽하게 알고, 그 결과 피조물에 의한 영혼의 모든 분유 방식을 안다. 그래서 영혼의 실체는 실제로 영혼을 재현하고 있는데 그것이 영혼의 원형, 혹은 영원한 모델을 포함하기 때문이다. 신은 지식을 오직 그 자신에게서만 끌어올 수 있다. 신은 본질 속에서 모든 가능한 존재들의 관념 혹은 본질을 보고, 의지 속에서 모든 가능한 존재들의 존재 방식과 그 존재들이 처한 상황을 본다. 그러나 영혼은 그 자체로는 그저 어둠일 뿐이고, 영혼의 빛은 다른 곳에서 온다. 영혼이 알고, 또 알 수 있는 모든 존재는 영혼의 실체를 닮은 것이 아니며, 그 존재들은 영혼과는 분유하는 바가 없으니, 영혼은 그 존재들의 완전성을 완벽하게éminemment 포함하지 않는 까닭이다.

그러므로 영혼의 양태는 신 안에서처럼 가능한 존재들의 본질이나 관념을 재현할 수 없다. 그러므로 우리를 밝히고 변화시키고 이들 존재를 재현하는 관념과, 우리 영혼의 양태들, 즉 그 존재들에 대한 우리의 지각을 반드시 구분해야 한다. 또한 피조물의 존재 방식은 우리의 의지가 아니라 창조주의 의지에 달렸으므로 자연적이거나 초자연적 어떤 유의 계시를 통해 그 피조물의 존재 방식을 확신할 수 없다는 점

드는 모든 방식으로 그 본질을 포함한다는 결론이 나온다. 그런데 그 본질은 그것이 그 자체로 존재하는 것일 뿐 아니라 피조물들에 의해서 어떤 닮음의 방식에 따라 분유될 수 있는 것이다. 그런데 각각의 피조물은 자기 고유의 형상이 있으며, 신의 본질의 닮음에 어떤 방식으로 분유하는 것이다. 그러므로 신이 자신의 본질이 이런 피조물에 의해 모방될 수 있다는 것을 알듯이 그런 방식으로 신은 이 피조물의 고유한 이성과 관념을 안다." (La pars, quaest, XV, art. 2) Voir quest. XIV, art. 6.

역시 명백하다.

그러나 더욱이 모든 존재들이 우리 영혼과 유사성을 가질지라도, 어떻게 영혼은 그 존재들을 이른바 재현적 양태를 통해 볼 수 있을까? 영혼은 "그것을 알 수 있게 하는 모든 방법으로"도 자신의 실체를 완벽하게 알지 못하고, 대상들을 영혼이 지각할 때 어떻게 변형되는지도 모르는 것이다. 내가 무슨 말을 하는가? 영혼은 신체와 하나가 되고, 자기가 어떤 양태들을 가졌는지 종종 모를 때가 많다. 영혼은 자극을 받을 때나 관념들이 실효성을 발휘해 영혼을 변화시킬 때 양태들이나 지각들을 자기 자신 속에서 느끼게 된다. 정말 자기 자신 속이 아니라면 어느 다른 곳에서 느낄 수 있단 말인가? 그런데 영혼은 신의 명철하고 언제나 유효한 실체를 통해 자기를 재현하는 관념을, 지성적인 정신을, 자기를 만든 영원한 모델을 발견하기 전까지는 자신이 무엇인지, 본성이 무엇인지, 속성은 무엇인지, 가질 수 있는 모든 양태들은 무엇인지 명확하게 알겠는가? 그런데 다시 한번 이 주제를 밝혀 보고, 주의 깊은 모든 정신으로 하여금 내게는 그 자체로 명백하게 보였던, 유한한 그 무엇도 무한을 재현할 수 없으며, 우리가 신을 사유하므로 신이 존재한다는 명제를 따르게끔 해보자.

무나 거짓은 보이지 않거나 정신이 이해할 수 없음이 확실하다. 아무것도 보지 않는다는 것은 보지 않는다는 것이고, 아무것도 생각하지 않는다는 것은 생각하지 않는 것이다. 예를 들어 2 더하기 2와 5가 서로 등식 관계를 이룬다든지 하는 허위fausseté를 지각하기란 불가능하다. 이 관계나 어떤 다른 존재하지 않는 관계는 믿을 수는 있지만 무는 보이지 않는 것이므로 확실히 그것은 지각될 수는 없다. 이것이 바로 우리의 모든 지식의 첫 번째 원리로, 나는《형이상학에 대한 대화》를 바로 그 원리로 시작했는데, 이참에 그 책의 첫 두 대화를 읽어 보도록 하자. 이 원리는 흔히 데카르트주의자들이 받아들이는 것으로서, 어떤 사물로부터 그 사물을 재현하는 관념에 명백히 포함되어 있다고 확신할 수 있다는 점이 그 원리를 따르는 것임을 확신할 수 있다는 것이다. 이 원리가 사실이 되려면 관념은 불변하고 필연적이고 신과 관계 맺고 있다고 가정하지 않으면 안 된다. 우리의 관념이 그저 우리의 지각에 불과한 것이었고, 우리의 양태가 재현적이었다면 우리는 사물과 우리 관념이 대응한다는 것을 어떻게 알 수 있었을까? 신의 사유, 그러니까 신의 작용은 우리의 지각이 아니라 신의 지각에 따라 이루어지고, 그런 식으로 신이 세상을 창조했을 때 그는 우리의 지각이 아니라, 신의 관념 및 신이 자신의 본질에서 발견한 영원한 모델을 따른 것이다. 그런데 무가 눈에 보이는 것이 아니라는 점으로부터 명백하고 직접적이고 즉각적으로 보이는 것, 즉 내 말은 우리가 즉각적으로 보고, 그것에 유념하거나 우리가 이해하는 것은 필연적으로 존재한다는 결과가 나온다. 엄격하게 말해서 우리가 즉각적으로 보는 대상들은 외부에서 보는 것들, 더 정확히 말하자면 우리가 본다고 믿거나 주시하는 것과는 아주 다르니 말이다. 무를 볼 수는 없다지만 존재하지 않는 대상의 외부에서 볼 수 있거나 더 정확히 말하자면 본다고 믿을 수 있으므로 어떤 의미로 우리가 외부에서 즉각적으로 보는 대상들을 보지 않는다는 것은 사실이다. 그러나 존재하지 않는 것을 즉각적으로 볼 수 있다는 가정은 그러니까 볼 수 있는 동시에 볼 수 없을 수 있다는 것은 모순인 까닭이다. 무를 본다는 것은 보지 않는다는 것이니 말이다.

그런데 지각되려면 존재해야 하지만 현재 존재하는 모든 것이 그 자체로 가시적인 것은 아니다. 가시적이었다면 영혼에 즉각 작용할 수 있어서 그 자체로 정신을 밝히고 바꾸고 변형케 했을 것이다. 다른 식으로 말해서 순전히 수동적인 우리의 영혼은 지각은 가능하더라도 그 대상을 결코 알아차리지 못할 것이다. 영혼이 대상 속에 있어서 두뇌에서 흔히 이루어진다고 가정하듯이 그 대상 속에 들어갈 수 있다고 상상은 할 수 있지만, 그렇다고 영혼이 그 대상을 지각할 수 있는 것은 아니다. 영혼은 두뇌를 이루는 부분들을 발견할 수 없으니 말이다. 흔히들 말하듯 그 부분이 영혼이 자리하는 주된 곳이라고 해도 그렇다. 정신 속에 작용할 수 있는 것을 제외한다면 그 자체로 가시적이고 이해될 수 있는 것은 아무것도 없다.

그렇기는 하지만 다음 두 가지 오류를 가정해 보자.

(1) 모든 실재는 이른바 정신의 활동을 통해서 지각할 수 있다는 것.

(2) 영혼은 자기 존재와 양태들의 내적 감정을 가질 뿐 아니라 그것을 완벽하게 알고 있다는 것.

내가 방금 증명했듯 그저 무는 가시적이지 않다는 점에 동의한다면 그것으로부터 영혼의 양태들은 무한을 재현할 수 없다는 결론을 내리기란 대단히 쉬운 일이다. 실재가 두 개인 곳에서 세 개를 볼 수는 없는 것이다. 세 번째 실재로서의 무를 본다면 그것은 존재하지 않는 실재일 것이니 말이다. 마흔 개의 실재밖에 없는 곳에서 백 개의 실재를 볼 수는 없는 일이다. 그렇다면 존재하지 않는 예순 개의 실재를 본다는 말이 된다. 그러므로 영혼이 자신의 실체에서도 자신의 유한한 양태들에서도 무한을 볼 수 없는 것이, 그렇게 되면 존재하지 않는 무한을 본다는 말이기 때문이다. 그런데 무는 가시적이지도 않고 이해될 수도 없다. 그러므로 영혼은 영혼의 실체 속에서도, 영혼의 양태들 속에서도 무한한 실재, 즉 대단히 확실하게 무한하다고들 생각하고, 영혼이 완벽히 파악할 수 없으리라고 흔히 확신하는 저 지성의 연장étendue intelligible을 볼 수 없다. 그러나 무한을 재현할 수 있다는 것은 무한을 지각할 수 있다는 것이 아니고, 우리가 무한을 그렇게 지각하듯 대단히 가볍거나 무한히 작은 지각을 가질 수 있는 것도 아니다. 이것이 왜 무한을 그 자체로 지각하게끔 하는가, 그 결과 무한을 이렇게 말할 수 있다면 포함할 수 있는가의 이유이다. 무는 지각될 수 없고, 그것을 그 자체로 이해될 수 있거나 유효한 것으로 포함할 수 있으며 그것으로 인해 영혼이라는 지성적인 실체가 바뀔 수 있는 것이다.

그러므로 영혼이며, 영혼의 양태들이며, 유한한 어떤 것도 무한을 재현할 수 없고, 무한은 그 자체 속에서만, 실체의 유효성을 통해서만 볼 수 있음이 분명하다. 즉 무한은 원형을 갖지 않으며 가질 수도 없고, 무한을 재현하는 것과 구분되는 관념을 갖지 않으며 가질 수도 없다. 그래서 무한을 사유한다면 무한은 존재해야 한다. 그런데 확실히 우리는 무한을 사유한다. 나로서는 뭐라고 불러야 할지 모르겠지만 '이해une compréhension' 같은 것이, 그것을 측정하고 한눈에 파악하는 지각 같은 것이, 즉 완벽한 이해와 비교된 무한히 작은 지각이 있는 것이다.

유한한 어떤 것에 대한 완벽한 지각을 갖는 것 이상으로 무한에 대한 무한히 작은 지각을 갖기 위해 더 거창한 사유, 혹은 더 거창한 사유의 능력이 필요한 것이 아니라는 점에 정말 주의해야 한다. 무한과 비교되었거나 무한으로 나뉜 유한한 크기와 이 유한한 크기와의 관계는 그 크기와 무한의 관계와 같으니 말이다. 같은 이유로 1천분의 1과 1의 관계는 1과 1천의 관계와 같고, 2백만분의 1, 3백만분의 1, 4백만분의 1과 2, 3, 4의 관계는 그것과 2백만, 3백만, 4백만의 관계와 같다는 점이 분명하다. 뒷자리에 0을 무한히 증가시킨대도 비율은 항상 동일하다는 점이 명백하다. 어떤 크기 혹은 유한한 실재는 무한의 무한히 작은 실재와 동일하거나 무한과의 관계에 따라 동일한 것이다. 내가 무한과의 관계에 따라서라고 말한 것은 대와 소라고 하는 것은 관계를 통해서만 그러한 것이기 때문이다. 그래서 어떤 양태나 그 자체로 유한한 지각은 무한의 지각이 어떤 무한의 지각 혹은 무한의 완벽한 이해와의 관계에 따라 무한히 작다면 무한의 지각일 수 있다는 점이 확실하다.

유한한 정신이 어떻게 무한을 지각할 수 있는지 더욱 분명히 이해해 보고자 한다면, 예를 들면 영혼의 지각 능력이 4단계이고, 자기 손이나 폭 1피에의 관념이 대단히 강렬하게 영혼에게 고통의 자극을 가해서 영혼의 사유 능력이 고스란히 그 고통으로 채워진다고 생각해보자. 그리고 폭 2피에의 관념이 앞선 힘의 절반으로 영혼에 고통의 자극을 가한다면 영혼의 사유 능력은 이를 충분히 지각할 수 있음이 확실하다. 마찬가지로 영혼을 즉각적으로 자극하는 대상이 백만 배 더 크더라도, 앞선 힘의 백만분의 1밖에 되지 않는 힘으로 영혼에게 고통의 자극을 가한다고 해도 영혼의 사유 능력은 이를 충분히 지각할 수 있을 것이다. 말하자면 무한히 작은 지각과 무한한 대상의 곱은 영혼의 사유 능력과 항상 동일할 것이다. 무한소와 무한의 곱은 유한하고 불변하는 크기가 되니 말이다. 이 점은 명백하며, 점근선들 사이를 지나는 쌍곡선의 속성의 토대이기도 하다. 무한히 감소하는 세로좌표와 무한히 증가하는 가로좌표의 곱은 언제나 동일한 크기이다. 그런데 무한과 0의 곱은 0임이 확실하다. 그런데 우리의 사유 능력이 0이 아니므로 그것은 무가 아니다. 그러므로 우리 정신이 비록 유한하지만 무한을 지각할 수 있음이 확실하다. 다만 이는 무한히 가볍기는 하지만 확실히 실재하는 지각을 통해서이다.

무엇보다 힘과 활력vivacité을 통해 대상들의 크기나 관념들의 실재를 판단해서는 안 된다는 점에 주목해야 한다. 스콜라 철학에서는 관념들이 우리 영혼에 작용하는 양태들이나 지각들의 '의지intention'의 단계를 통해 판단한다고 한다. 뾰족한 가시 끝이 나를 찌르고 뜨거운 숯이 내게 화상을 입히지만 이것들이 내가 보는 벌판만큼의 실재를 갖는 것은 아니다. 그러나 내 사유의 능력은 벌판을 바라보는 것보다 가시나 화상이 가하는 고통으로 더 많이 채워진다. 마찬가지로 내가 눈을 감고 연장을 사유할 때의 지각보다, 눈을 뜨고 벌판 한가운데를 볼 때 내 영혼의 능력은 더욱 가득 채워지고 나는 그 한정된 연장을 훨씬 더 날카롭게 지각하게 된다. 그런데 다양한 색의 감정을 통해 내게 변화를 일으키는 연장의 관념은 내가 눈을 감고 오직 순수 지성으로만 내게 변화를 일으키는 것만큼의 실재를 갖는 것은 아니다. 나는 순수 지성을 통해서 눈을 뜨고 보는 연장을 무한히 넘어서는 연장을 보는 것이다. 그러므로 관념들이 우리를 자극하는 강하거나 가벼운 방식으로 그 관념들의 실재를 판단해서는 안 된다.

나는 여기서 유효성이라고 하지 않고 관념들의 실재라는 말을 썼다. 그 대신 우리는 그 관념들 내부에서 발견되는 크기로써 그 관념들의 크기를 판단해야 한다. 그 관념들이 우리를 자극하는 양태가 아무리 가벼운들, 우리가 그 양태에 대해 갖는 지각이 아무리 미약한들 말이다. 우리는 그 관념들을 지각하지만, 무는 지각되지 않으므로 그 관념들의 실재를 판단해야 한다. 내가 이 점을 말하는 것은 지각의 유한한 능력으로 무한을 지각하는 데에는 모순이 없음을 보여 주고, 이런 모순에 빠져 우리가 지금 무한을 사유하고 있으며, 다른 사람들처럼 말해 보자면 우리는 자연적으로 신 혹은 무한히 완전한 존재의 관념을 가졌음을 알게 해주는 내적 감정이 있음에도 우리에게는 무한의 관념이 없다고 주장하면서 잘못된 생각을 하게 된 사람들을 일깨우기 위해서이다.

나는 영혼의 양태들이 무한은 물론 그 어떤 것도 재현할 수 없고, 내가 방금 무無는 가시적이지 않다는 통념에서 끌어낸 것과는 다른 증거를 통해 관념들은 우리가 지각하는 것과 대단히 상이하다는 점을 증명할 수도 있었다. 영혼의 양태들은 변화하고 관념들은 불변하며, 영혼의 양태들은 개별적이고, 관념들은 모든 지성에 보편적이고 일반적이라는 점이 명백하다. 그렇지 않으면 관념들로 사회의 지성들을 묶어줄 수 없는 것이다. 양태들은 우발적이고 관념들은 영원하고 반드시 존재해야 한다.

이 양태들은 모호하고 난해하고, 관념들은 대단히 명확하고 명철하다. 즉 양태들은 강렬하게 느껴지더라도 모호할 뿐이고, 관념들은 모든 학문들의 토대로서 명확하게 알려진 것이다. 결국 이 관념들이 효과적이라면 정신에 작용을 가하고 정신을 밝혀서 행복하고 불행하게 만들기 때문이다. 손의 관념이 팔이 잘린 사람들에게 가하는 고통을 통해 본다면 이 점은 명백하다. 그러나 이 책 및 다른 책들에서 관념들의 본성에 대해 이미 많은 이야기를 했으니 독자들은 그 지점을 참조해 볼 수 있을 것 같다.

그러므로 신은 존재하고, 신은 나 자신인 내게 존재한다는 것이 명백하다. 내가 나 자신을 느끼지만 무는 느껴질 수 없으므로 내가 존재하며 마찬가지로 무한히 완전한 존재가 존재함을 내가 지각하므로 그 존재는 존재하고 무無는 지각될 수 없고, 그 결과 무한은 유한 속에서 지각될 수 없으므로 신은 존재한다는 결론에 이른다.

그런데 대다수의 사람들에게 이런 증명들을 제시하는 일은 정말 불필요하다. 그 증명들은 모든 사람을 전부 설득시킬 수 없으므로 개인적 증명들이다. 대부분의 사람들이며 심지어 간혹 가장 박식하거나 대단히 많은 독서를 한 학자들은 그들이 보통 극도로 경멸하는 형이상학의 증거들에 주의를 기울이고자 하지 않고 그렇게 할 수도 없다. 그러므로 그들을 설득하고자 한다면 더욱 구체적 증거들을 대야 한다. 확실히 그런 구체적 증거들은 많이 있다. 신의 존재 증명보다 더 많은 증거들이 있는 진리는 전혀 존재하지 않기 때문이다.

이 증거를 제시하는 목적은 추상적 진리들이 우리 감각에 거의 작용하지 않으므로 그 진리들을 환상이나 공상으로 간주하고 있다는 점을 보여 주기 위해서일 뿐이다. 이와는 반대로 전혀 섬세하지 못하고 손으로 만질 수 있어서 느껴질 수 있는 진리들은 영혼으로 하여금 그 진리들을 고려하지 않을 수 없도록 하므로 더욱 많은 실재를 갖는데, 그 이유는 원죄 이후에 그러한 진리들이 순전히 지성으로 이해할 수 있는 진리들보다 우리 정신에 훨씬 더 많은 자극을 가한다는 데 있다.

더욱이 동일한 이유로 대부분의 사람들이 동물은 감각하지 않는다는 점을 입증하기 위해 이런 증명을 따르게 되리라는 점을 기대할 필요가 없다. 즉 모든 사람이 동의하고, 또 내가 그렇게 가정하듯이 동물들은 죄악을 범하지 않았지만 그들이 감정을 느낄 수 있었다면 무한히 정의롭고 전능한 신의 지배 아래 죄악을 범하지 않은 피조물이라도 영벌永罰로서의 고통과 어떤 죄에 대한 처벌을 받는 일이 일어날 수 있을 것이다. 사람들은 보통 "정의로운 신의 지배하에서 불행할 자격을 갖지 않는 누구라도 불행할 수 없다"[11]는 공리를 명백한 것으로 받아들일 수 없다. 이 문장은 성 아우구스티누스[12]가 율리아누스를 반박하기 위해 타당하게 사용하여 원죄와 우리 본성의 타락을 증명하고자 한 것이다.

그들은 이 공리 및 짐승은 감각을 느끼지 않는다는 점을 증명하는 어떤 다른 공리들은 우리가 방금 말한 대로 추상적인 데다, 감각적이고 손에 잡힐 만한 것을 전혀 포함하지 않고, 우리 감각에 아무런 자극도 가하지 않으므로 완전히 무력하고, 확고부동한 데가 전혀 없다고 생각한다.

짐승들이 생명 보존을 위해 행동들과 감각의 뚜렷한 기복을 갖는다는 점은 그 자체로 대단히 확실하고 명백하더라도 순수 정신의 저 추상적 이성보다 우리를 더욱 자극한다. 짐승들이 얻어맞고 소리를 지르

11 [옮긴이] ouvrage inachevé contre la seconde réponse de Julien, liv. I, chap. XXXIX.

12 Op. (im)perf.

는 것은 고통을 겪는다는 점을 우리로 하여금 더욱 강력히 믿게끔 해주는 근거들이다. 물론 그 근거들이 사실임 직해 보이기는 하더라도 말이다. 대부분의 사람들이 동물에게도 영혼이 있다고 믿는다면 그 이유는 짐승들의 생명 보존을 위해 하는 모든 행동들을 뚜렷이 보기 때문인 것 외에는 없다.

대부분의 사람들이 계란의 닭으로의 변형이 닭이 완전히 형성되었을 때 닭의 생명의 보존보다 무한히 더 어려울지라도 계란에 영혼이 있다고 생각하지 않는다는 점은 대단히 그럴듯해 보인다.13 시계가 완성이 된 상태에서 시계를 작동시키는 것 이상으로, 철 조각으로 시계를 만드는 데 더 많은 지력智力이 필요한 것과 마찬가지이다. 닭이 완전히 형성을 마친 상태에서 그 닭을 살아가게 만드는 것보다는 계란으로 닭을 만들기 위해 계란에 영혼이 있음을 받아들여야 할 필요가 있다. 그렇지만 사람들은 자기 보존에 필요한 것을 찾는 방식을 언제나 뚜렷이 보는 것과 마찬가지 방식으로 닭이 형성되는 경이로운 방식을 뚜렷이 보지는 못한다. 그래서 사람들은 계란이 닭으로 변형되는 데 필요한 운동이 어떤 뚜렷한 자극을 통해 나타나는 것을 보고서도 계란에 영혼이 있다고 믿으려 들지 않는다. 그런데 이들은 동물들이 생명 보존을 위해서 행하는 외적 행동들이 가하는 뚜렷한 자극 때문에 동물에 영혼을 부여하는 것이다. 내가 방금 언급한 이유가 닭에 영혼이 있다고 하는 것보다 계란에 영혼이 있다고 하는 것이 더욱 강력한 이유가

---

13 나는 여기서 닭이 계란으로부터 형성된다고 생각하는 사람들의 입장에 따라 말하는 것이다. 아마 계란을 양분으로 삼는 것일 뿐이기는 할 테지만 말이다.

되지만 말이다.

모든 영혼은 신체들보다 훨씬 탁월한 실체이므로 영혼이 신체에 '형상을 부여informer'할 목적으로만 창조되었을 뿐이고, 영혼의 목적은 신체의 향유에 있을 뿐이었다면 제대로 조직된 것이 아닐 것이라는 이 두 번째 근거로 짐승들에게는 영혼이 없음을 납득할 수 있을 것이다. 이 근거는 한편으로는 짐승들은 죄악을 저지르지 않았고, 다른 한편으로는 신은 지혜롭고, 또한 절대적으로 자신을 사랑하므로 자신의 본성을 분유하는 존재들을 더 높이 평가한다고 생각하는 사람들을 반박한다. 물질은 변형만이 가능하다는 점이 명백하다. 그 변형은 물질의 본질에 대해 가진 명확한 관념에서 도출될 수 있다. 또한 짐승들의 영혼이 물질적일지라도 그들이 감각하고 욕망하고 경험한다는 점을 주장하는 일은 우리가 이해하지도 못하는 것을 말하는 것이고, 명백한 모순을 포함하는 것을 말하는 것이다. 그런데 사람들은 어떤 문제가 그저 사실임 직한 것이지만 대단히 뚜렷하고 자극적인 증거들에 반反하는 것이라는 점을 시인하기보다는 이런 근거들을 영원히 혼동하고 뒤죽박죽으로 남겨둘 것이다. 그리고 그렇게 주장하는 사람들을 전적으로 설득할 수 있을 유일한 방법은 감각적 증거들을 그들이 내세우는 감각적 증거들과 대질시키고, 그들에게 어떻게 동물을 구성하는 모든 부분들은 그저 기계들일 뿐이어서, 영혼이란 없이 동물 개별의 구성에 따라, 또 대상들의 자극을 받아 움직이는 것임을 보여 주는 것뿐이다.

이 문제는 데카르트가 《인간론》에서 시작한 것이다. 순수 지성의 가장 확실하고 가장 명백한 모든 근거들을 내세운대도 감각으로 갖게 되는 모호한 증거들과 반대되는 증거들로 그들을 설득할 수 없을 것이고, 동물들은 감각하지 않는다는 점을 다소 고상한 근거들을 통해 입증하고자 한다면 주의력이라고는 없는 경박한 사람들의 비웃음을 사게 될 것이다.

그러므로 여흥, 즐거움 및 보편적으로 우리의 감각을 자극하는 모든 것에 끌리는 성향으로 인해 우리가 수많은 오류들을 범하게 된다는 점을 기억해야 한다. 우리 정신의 능력에는 한계가 있으므로 이 성향으로 인해 진리를 찾을 수 있도록 해주는 순수 지성과는 다른 명확한 관념에 주의를 기울이지 못하게 되어, 우리 감각의 거짓되고, 모호하고, 허위적 관념에 집중하게 된다. 이런 관념들은 그것의 빛과 명백성을 통해 정신을 밝히는 것보다는 선과 즐거움을 바람으로써 의지에 더 큰 영향을 준다.

12장

미래의 선과 악에 대한 생각이 정신에 산출할 수 있는 효과들에 대해

실제로 가벼운 즐거움과 크지 않은 고통을 느끼고 심지어 이를 기대하기까지 할 때 그런 즐거움과 고통은 상상력을 이상하게 혼란에 빠뜨리고 그것의 실제 관념에 따라 사물을 판단하지 못하게 하는 일이 종종 일어난다면 영원의 기대가 우리 정신에 기별도 일으키지 않는다고 생각해서는 안 된다. 하지만 영원의 기대가 정신에 어떤 것을 일어나게 할 수 있을지 고려해 보자.

첫째, 즐거움이 영원하리라는 기대는 고통이 영원하리라는 두려움만큼 정신에 큰 영향을 주지 않는다는 점에 주목해야 한다. 그 이유는 사람들은 고통을 싫어하는 것만큼 즐거움을 좋아하는 것은 아니라는 데 있다. 더욱이 사람들은 자기들이 저지른 방탕에 대한 내적 감정을 가지므로 이를 통해 자기가 마땅히 지옥에 떨어지리라는 점을 알고 있으며, 자기 안에서 신의 지복을 나눌 수 있는 엄청난 보상을 받을 가치가 있을 만한 것은 전혀 찾지 못한다. 사람들이 이를 원할 때는 물론, 종종 있는 일이지만 심지어 원하지 않을 때 자기들이 보상을 받을 자격이 있기는커녕 오히려 엄청난 징벌을 받아 마땅하다고 느끼는 것이다. 사람들의 양심은 그대로 남아 있는 까닭이다. 그렇지만 사람들은 신이 자신의 아들을 통해 정의를 환히 밝힌 뒤에도 우리에게 끊임없이 긍휼을 보이고자 한다는 점을 납득하지조차 못한다. 그래서 정의로운 사람들조차 영원한 즐거움을 희망하는 이상으로 영원한 고통에 강렬한 두려움을 갖는 것이다. 그러므로 고통을 바라보는 관점이 보상을 바라보는 관점보다 더욱 자극적이다. 아래의 내용은 고통의 관점이 그것만으로서가 아니라 주 원인으로 무엇을 산출할 수 있는지를 개략적으로 보여준다.

고통을 바라보는 관점은 정신 속에서 잘못에 대한 불안감을 무한히 생기게 하고 그 불안감을 강화하고 있으니 이로부터 벗어나기란 거의 불가능에 가깝다. 고통을 바라보는 관점은 말하자면 신앙의 범위를 넓혀 편견에까지 이르게 하고, 오직 신에게만 바쳐야 하는 숭배를 상상의 힘을 향해 돌리도록 한다. 고통을 바라보는 관점은 근거 없고 위험한 미신에 정신을 고집스럽게 붙들어 놓고 사람들의 전통이며, 구원에 불필요한 의식들, 유대인들과 바리새인들같이 맹목적 공포가 꾸며낸 신앙심을 신봉케 하는 것이다. 결국 고통을 바라보는 관점은 간혹 사람들을 맹목적 절망에 빠뜨리기도 하고, 그래서 죽음을 어렴풋이 무로 간주하면서 사람들을 자극하고 두렵게 했던 끔찍한 불안에서 벗어나고자 갑작스럽게 자살을 서두르게 한다. 여성들, 젊은이들, 나약한 정신의 소유자들은 잘못에 대한 불안감과 미신에 가장 취약하고, 남성들은 절망에 정말 쉽게 빠지는 이들이다.

이 모든 일들의 이유를 이해하기란 쉽다. 영원의 관념이야말로 정신을 뒤흔들고 상상력을 자극하는 모든 관념들 중 가장 크고 가장 무시무시하고 가장 두려운 것이므로 필연적으로 수없이 이어지는 부수적 관념들을 동반하는 것임에 틀림없으니 말이다. 영원이라는 저 엄청나고 무시무시한 관념과 맺는 관계 때문에 이들 부수적 관념들도 정신에 상당한 인상을 주게 된다.

어떤 관계가 됐든 무한과 관계를 갖는 모든 것은 전혀 작지 않다. 그것이 그 자체로 작은 것이라면 바로 이 관계를 통해 경계를 전혀 갖지 않고, 그 어떤 유한한 것과도 비교될 수 없는 크기를 갖게 된다. 그래서 어떤 관계를 가진 모든 것, 심지어 필연적으로 우리에게 번갈아 제시되는 영원한 고통이나 영원한 열락과 어떤 관계가 있음을 상상하게 되는 모든 것은 성찰이 가능하고 생각을 할 줄 아는 모든 사람들의 정신을 부득이 두렵게 만든다.

내가 이미 다른 곳에서 말했듯이 여성, 젊은이, 나약한 정신의 소유자들의 두뇌 섬유는 무른 데다가 잘 휘어지므로 이렇게 번갈아 고통과 열락이 이어질 때 대단히 깊은 흔적이 생기게 된다. 이들이 정기가 풍부하고 정확히 성찰할 수 있는 이상으로 감정을 가질 수 있을 때 강렬한 상상력을 통해 수많은 부수적 관념들의 거짓 흔적들과 거짓 관념들을 갖게 된다. 이런 부수적 관념들은 주 관념과 자연적 관계를 전혀 갖지 않는 관념인 것이다. 그런데 이 관계가 비록 상상적인 것이기는 하나 이 거짓 자취들과 그 관계로 인해 발생한 이 부수적 거짓 관념들을 유지하고 강화한다.

소송광訴訟狂들은 온 신경을 쏟고 있는 중대 사건 재판에 참석하지 못하게 되면 근거도 없는 공포를 느끼곤 한다. 판사들이 전혀 고려하지 않고 그 일을 직업으로 하는 사람들이 이해하지 못하는 어떤 사안들이 그들에게 해가 되면 어쩌나 걱정하기 때문이다. 그 사건이 그들에게 중대한 결과를 가져오므로 그 사건 때문에 그들의 두뇌에 동요가 생기고, 그 동요는 확산되어 자연적 관계를 전혀 갖지 않는 멀리 새겨진 흔적들에 전해진다. 잘못을 저지르고 불안해하는 사람들도 사정은 같아서, 이유도 없이 두려워하고 불안해한다. 그런 사람들은 성경 속에 나타난 신의 의지를 검토하고, 온전한 상상력을 가진 사람들을 따르는 대신 끊임없이 터무니없는 두려움의 운동이 그들의 머릿속에 새긴 상상의 율법을 생각한다. 그들은 마음속으로 자기들이 나약한 존재임을 납득하고 있고, 신이 그들이 스스로에게 부과한 어떤 의무들이 신을 섬기지 못하게 하므로 이를 지킬 것을 명령하지 않았음에도, 그들은 정신보다는 상상력을 선호하고, 그들에게 두려움이 되고 오류를 범하게끔 하는 어떤 모호한 감정들에 굴복하지 않을 수 없게 된다. 반대로 그들에게 확신을 주고 구원의 진정한 길을 다시 걷게끔 해주는 이성의 명백성은 뒷전에 둔다.

잘못을 저지르고 불안해하는 사람들은 종종 미덕과 애덕이 많다. 그런데 어떤 미신에 집착하고 유대인들과 바리새인들처럼 어떤 계율을 지키는 것을 가장 중요한 일로 삼는 사람들에게는 미덕과 애덕이 훨씬 더 적다. 신은 정신과 진리로 예배받기를 바라신다.[1] 겉으로 드러나는 표정이며 인사치레로 만족하지 않으신다. 다시 말하면 신 앞에 무릎

1 [옮긴이] "아버지께 참되게 예배하는 자들은 영과 진리로 예배할 때가 오나니." (《요한복음》, 4장 23절)

꿇고, 마음은 다른 데 두고, 입술을 움직여 찬양받는 것으로 만족하지 않는 것이다. 사람들이 이런 존경의 표식으로 만족하는 것은 그것이 마음속에 스며들지 않기 때문이다. 인간 자체는 정신과 진리로 찬양받기를 바라기에는 충분히 의롭지 않으니 말이다. 그러므로 신은 우리 정신과 우리 마음을 바라신다. 신은 오직 자신을 위해 그 일을 했고 자신을 위해 보존하신다. 그러나 불행하게도 신이 모든 유의 권리를 갖는 문제들을 자기들을 위해 거부하는 사람들이 많다. 그들은 정신과 진리로 자기 마음속 우상들을 숭배하고, 자신의 전체를 그 우상들을 위해 희생한다.

그러나 진정한 신은 사람들의 양심 깊은 곳에서 영원한 고통을 받으리라고 위협하면서 지나친 배은망덕을 벌하지만, 사람들은 우상 숭배를 버리려 들지 않으므로 겉으로 선행을 행해 보려는 생각을 한다. 그들도 다른 사람들처럼 금식하고, 보시普施하고, 기도한다. 얼마간 그런 일들을 계속한다. 애덕이 없는 사람들에게는 너무 힘든 일이라서 그들은 이런 일들을 그만두고 사소한 계율을 지키고 쉬운 신앙행동들이나 꾀한다. 그런 것들이 이기심과 결합되면 예수 그리스도의 도덕 전체를 필연적으로 무너뜨리게 된다. 그렇지만 그들은 그렇게 되어 가는 줄도 모른다. 그들은 신앙심이 두텁고, 열정적이고, 이런 인간의 전통의 헌신적 옹호자들로, 양식을 갖추지 않은 사람들은 그들에게 그 전통들이 대단히 유용하며, 그들을 두렵게 만드는 영원의 관념이 그들의 구원에 절대적으로 필요한 것처럼 머릿속에 그린다.

정의로운 사람들은 이와 같지 않다. 불경한 자들처럼 그들도 신의 위협을 듣는다. 그러나 그들 정념의 혼란한 소음도 신의 충고를 막지 못한다. 인간 전통이 내보내는 거짓된 희미한 빛도 그들을 진리의 빛을 느끼지 못할 만큼 그들의 눈을 부시게 할 수 없다. 그들은 예수 그리스도의 약속을 굳게 믿고, 그의 권고를 따르는데, 그것은 사람들의 약속은 사람들의 충고만큼이나 불필요한 일로 알고 있기 때문이다. 그럼에도 영원의 관념으로 정신이 느끼게 되는 이런 두려움이 간혹 사람들의 상상력에 엄청난 동요를 일으키기에 그들이 감히 인간의 이러한 전통을 완전히 단죄하지 못하게 하며, 종종 그들의 모범을 통해 그 전통을 승인한다고 말할 수 있는데, 이는 사도 바울[2]이 말하는 바리새인들의 위선적 전통들처럼 그것에는 "그들의 미신과 그들의 거짓 겸손에 지혜처럼 보이는 어떤 것"이 있기 때문이다.

그런데 이 자리에서 특히 고려해야 할 것은 정신의 타락만큼이나 풍속의 타락과는 관련이 없는 것으로, 방금 언급한 두려움이 신앙만큼이나 그 신앙의 자극을 받은 사람들의 헌신을 기독교의 신성함에 부합하지 않거나 거짓인 것으로까지 연장한다는 점이다. 지구는 우주의 중심에서 부동하고, 동물도 실제로 고통을 느끼고, 감각자질이 모든 대상에 퍼져 있고, 물질과 구분되는 형상이나 실재하는 사건들 및 그것을 부정하는 것이 신앙에 반反하는 일이라고 생각하므로 이와 유사한 무한한 수의 거짓되거나 불확실한 의견이 있다고 믿는 사람들이 대단히 많다. 그것도 지속적이고 고집스러운 신앙으로 믿는 것이다. 그들은 성경에 나오는 표현들에 두려워하는데, 그 표현들은 설득을 위해 말하고, 우리에게 자연학을 가르칠 의도가 전혀 없이 보통의 방식으로 말

2 Col. II, 22~23.

하는 것이다. 그들은 신의 정신이 그들에게 알려주고자 하는 것뿐만 아니라 유대인들의 모든 의견들도 믿는다. 예를 들어 이들은 병사들 앞에 선 여호수아가 말하는 방식[3]이 코페르니쿠스, 갈릴레이, 데카르트가 보통 사람들에게 말하는 방식과 같으리라고 생각하지 않는다. 여호수아가 이들 철학자들과 같은 생각이었을지라도 지구에게 움직임을 멈추라고 명령하지 않을 것이다. 여호수아가 자신의 군사들에게 이해할 수 없는 말로써 신이 그의 민족에 행한 기적을 보여 주지는 않을 것이니 말이다. 태양이 부동하다고 믿는 사람들도 하인들이며, 친구들이며, 심지어는 그들과 같은 생각을 하는 사람들에게 태양이 뜨거나 진다고 말하지 않던가? 그들이 중요한 목적이 철학하는 것이 아니었을 때도 다른 모든 사람들과는 다른 방식으로 말하고자 하는가?

여호수아가 천문학에 능통했던가? 그가 천문학을 알았대도 그의 병사들도 천문학을 알았을까? 여호수아와 그의 병사들이 천문학에 능통했다고 해도 그들이 전쟁만을 생각했던 때에 철학을 하고자 했다고 말해야 할까? 그러므로 여호수아와 그의 병사들이 가장 학식이 뛰어난 천문학자들이 믿고 있는 것을 믿었을지라도 여호수아는 그가 했던 대로 말했어야 했다. 그러나 "태양아 너는 기브온 위에 머무르라"[4]고 했던 저 위대한 장수의 말과, 그의 명령에 따라 태양이 멈추었다는 그다음의 말은 많은 사람들에게 지구가 운동한다는 의견이 위험할 뿐 아니

---

3 [옮긴이] "너희가 사람의 명령과 가르침을 따르느냐. 이런 것들 자의적 숭배와 겸손과 몸을 괴롭게 하는 데는 지혜 있는 모양이나 오직 신체 따르는 것을 금하는 데는 조금도 유익이 없느니라."(〈골로새서〉, 2장 22~23절)

4 [옮긴이] 〈여호수아〉 10장 12절.

라 절대적으로 이단적이며 따라서 옹호할 수 없기까지 하다는 점을 납득시킨다. 그 사람들은 많은 존중과 존경을 받아 마땅한 몇몇 경건한 신앙심을 가진 사람들이 그런 생각을 단죄했다는 말을 들었다. 이 주제로 우리 세기의 한 박식한 천문학자가 당한 일을 모호하게나마 그들도 알고 있으며, 그들로서는 신앙이 그런 의견까지 확장되는 것이라고 고집스럽게 믿는 데는 그런 일로 충분하다.

심지어 그들이 거의 알아차리지도 못하는 두려움이 일으키는 동요로 인해 자극되고 품게 되는 어떤 모호한 생각으로 인해 그들은 이성의 소관인 문제들에서조차 이성을 따르는 사람들을 불신하기에 이르고, 그렇게 이성을 따르는 자들을 오히려 이단으로 간주하는 것이다. 그들이 이단으로 규정한 사람들의 말을 들을 때 그들은 불안해지고 정신적 고통을 겪게 된다. 그들 마음속에서 일어나는 두려움으로 인해 그들은 신앙의 대상으로서의 진리만큼이나, 앞의 의견들이며, 순수한 철학의 수많은 다른 의견들을 똑같이 존경하고 순종하게 된다.

13장

내가 1장에서 설명했던 의미로, 일반적으로 파악된 우리의 모든 성향들 중에 우리가 함께 살아가는 사람들 및 우리를 둘러싼 모든 대상들에 갖게 되는 성향만이 남았다. 그 성향에 대해 나는 말을 아낄 텐데 그것은 우리의 주제보다는 도덕과 정치와 관련되기 때문이다. 이 성향은 항상 정념과 결합하므로 정념의 문제를 다루는 다음 권에서 언급하는 것이 더 적절할지 모르겠다. 그렇지만 이 문제에서 순서는 크게 중요하지 않다.

I. 우리가 다른 사람들에게 갖는 우정이라는 세 번째 자연적 성향에 대하여

이 자연적 성향을 일으키는 원인과 그로 인한 결과들을 올바로 이해하려면 신이 자신의 창조물 모두를 사랑하고 이들의 상호 보존을 위해 긴밀히 결합시켜 놓았음을 알아야 한다. 신은 사랑으로 창조물들을 만들었으므로 끊임없이 그의 창조물들을 사랑하고, 또한 끊임없이 우리 마음에 자신의 창조물들에 대한 사랑을 새긴다. 우리 마음에 그의 사랑과 똑같은 사랑을 끊임없이 만들어 내는 것이다. 또한 우리가 우리 자신에게 품는 자연스러운 사랑으로 우리 외부에 존재하는 사물들에게 품게 되는 사랑을 소멸시키거나 약화시키지 않고, 이와는 반대로 신이 우리 내부에 둔 이 두 가지 사랑이 서로 유지되고 강화되려면, 그 사랑은 우리를 둘러싼 모든 것은 물론 특히 우리의 동류의de même espèce 존재들과 우리를 긴밀히 결합하므로 우리 동류의 존재들이 겪는 악을 보면 자연스럽게 마음이 괴로워지고, 그들이 기뻐하면 우리도 즐거워지고, 그들의 위대함, 쇠락, 쇠약에 따라 우리 자신의 존재 역시 커지거나 감소하는 것이다. 우리 부모와 친구들이 새로운 위엄을 갖추고, 우리와 가장 긴밀한 관계에 있는 사람들이 새것을 마련하고, 우리를 다스리는 군주가 정복과 승리를 따내고, 신세계를 발견하게 될 때 우리의 실체에는 무엇인가가 덧붙여지는 것 같다. 이 모든 것을 깊이 바라므로 우리도 그들의 위대함과 확장에 기뻐하는 것이다.

우리는 심지어 이 세계가 경계를 갖지 않기를 바라기도 한다. 몇몇 철학자들이 제시하는 별들과 소용돌이는 무한하다는 생각은 그들에게 신에 마땅한 것[1]으로 보이는 것은 물론, 인간에게는 무한의 일부가

---

1 [옮긴이] "올바른 철학을 위해서는 무엇보다도 두 가지를 지켜야만 한다. 그 하나는 우리가 신의 무한한 힘과 선함을 생각한다면 우리는 신의 작품이 매우 광대하고 아름답고 절대적이라고 상상하기를 주저해서는 안 된다는 것이다. 신의 작품에 우리가 확실하게 인식한 것도 아닌 어떤 한계를 설정하여 우리가 신의 장엄한

된다는 어떤 비밀스러운 즐거움을 느끼게 함으로써 대단한 기쁨을 주는 것 같다. 인간이 그 자체로는 아무리 작다 하나, 그를 둘러싼 무한한 존재들 속으로 넘쳐흘러 자기 역시 무한이 되는 것 같아 보이기 때문이다.

저 광대한 공간을 운행하는 모든 천구들과 맺는 결합이 정말 긴밀한 것이 아니기에, 그래서 대부분의 사람들은 그 결합을 느끼지 못한다는 점이 사실이다. 하늘에서 이룬 발견에는 흥미로운 것이 없어서 지식의 부족 때문이거나 그것이 다른 사물들과 너무도 긴밀히 관계 맺고 있기 때문임을 모른다면 하늘과 자연은 결합된 것이 아니라고 믿을 수 있을 정도이다.

영혼은 자기 덕분에 살아 움직이게 되는 신체와 결합되어 있기는 해도 신체에서 일어나는 모든 움직임들을 항상 느끼는 것은 아니고, 설령 느낀다고 해도 그 움직임에 항상 몰두하는 것은 아니다. 영혼을 동요시키는 정념은 영혼을 자극하는 감정보다 종종 크므로 영혼은 자기 자신의 신체보다는 자신의 정념의 대상에 실제로 더욱 밀접한 관계를 갖는 것 같다. 영혼이 외부로 흘러넘치고 실제로 자기 주변을 둘러싼 모든 것과 결합되어 있다고 느끼는 것이 특히 정념을 통해서인 것처럼, 영혼이 자기 신체 속에 넘쳐흐르고, 영혼이 신체를 구성하는 모든 부분들과 결합되어 있음을 깨닫는 것은 무엇보다 감정을 통해서이다. 그런데 정념에 사로잡힌 자의 영혼이 죽음에 뛰어들고, 자기 생명의 보존에 전혀 무관심하다는 이유로 그의 영혼이 신체와 결합되지 않았

힘을 느끼지 못한 것처럼 보이지 않도록 주의해야 한다."(《철학의 원리》, 3권 1절)

다는 결론을 내릴 수 없는 것과 마찬가지로, 우리가 함께 나누지 못하는 것들이 존재한다는 이유로 우리가 자연적으로 모든 것들과 관계를 맺는 것은 아니라고 상상해서도 안 된다.

예를 들어 여러분은 사람들이 그들의 군주와 조국에 속하는지 알고 싶으신가? 어떤 이득이 있는지 알고, 온 신경을 집중하는 특별한 사안을 갖지 않는 사람들을 한번 찾아보시라. 그때 여러분은 새로운 것에 대한 그들의 열정을, 전쟁에 대한 그들의 불안을, 승리의 환희와 패배의 슬픔이 얼마나 대단한지 알게 되실 것이다. 그때 여러분은 사람들이 그들의 군주와 조국에 얼마나 밀접하게 결합되어 있는지 알게 되실 것이다.

마찬가지로 여러분은 사람들이 중국과 일본, 행성과 항성에 속하는지 알고 싶으신가? 조국과 가족이 완전한 평화를 누리고, 하늘보다 우리에게 더욱 가까운 문제들에 애착을 갖도록 하는 결합을 지금 전혀 느끼지 않는 사람들을 한번 찾아보시고 그들을 한번 상상해보시라. 여러분은 그들이 저 항성들의 크기와 본성에 대한 어떤 지식을 갖고 있다면 그런 항성들을 몇 개 발견할 때 대단히 기뻐할 것이고 그 항성들을 기꺼이 관찰하리라는 점을 알게 될 것이다. 학식이 높은 사람들이라면 그 항성들을 관찰하고 항성의 운동을 계산하는 데 수고를 아끼지 않을 것이다.

사업에 문제를 겪는 사람들은 무슨 혜성이 출현하거나 일식日蝕이 일어나거나 신경도 쓰지 않을 것이다. 그러나 그들이 해결해야 할 임박한 문제들에 얽매이지 않은 사람들은 이런 유의 사건들을 엄청난 일인 것처럼 생각할 것이다. 사실 우리가 항상 느끼는 것은 아니지만 우리가 결부되지 않은 일은 없으니 말이다. 이는 우리가 영혼이 팔이나 손에 결합되어 있다고 말하지는 않겠지만 심장과 두뇌에 결합되어 있음을 항상 느끼지는 않는 것과 마찬가지이다.

신이 그의 창조물들과 우리 사이에 둘 수 있었을 가장 강력한 자연적 결합은 우리와 함께 살아가는 사람들과 우리를 이어 주는 결합이다. 신은 다른 사람들이 우리를 사랑하듯 그들을 사랑하라고 명하셨다. 우리가 그들을 사랑하게 되는 최고의 사랑이 지속적이고 확고부동하기 위해서 신은 우리 내부에 자연적 사랑을 새김으로써 끊임없이 그 사랑을 뒷받침하고 강화한다. 신은 이를 위해 우리로 하여금 그들을 필연적으로 사랑하지 않을 수 없게 하고 우리 생명의 보존에 신경 쓰는 것처럼 그들 생명의 보존에 신경 쓰지 않을 수 없게 하고, 그들을 우리와 함께 구성하는 전체에 반드시 필요한 부분들로 간주하지 않을 수 없게 하는 눈에 보이지 않는 어떤 끈을 마련하셨다. 그들과 우리가 이루는 그 전체가 없다면 우리는 더 이상 존속할 수 없을 것이다.

사람들의 정신이 끌리는 성향들 사이에, 신체의 움직임들 사이에, 이 성향들과 움직임들 사이에 존재하는 이런 자연적 관계들보다 더 감탄스러운 것은 없다. 이 숨겨진 연쇄 전체는 얼마나 큰 경이인지 우리로서는 충분히 감탄할 수 없고 결코 이해할 수도 없는 것이다. 예를 들어 불시에 닥친 것이거나 자기만의 힘으로는 극복할 수 없을 것처럼 느껴지는 어떤 악을 만났을 때 우리는 큰 비명을 지르게 된다. 종종 우리가 생각하지도 않고 기계적 배치에 따라 이런 비명을 지르게 되면 그가 필요로 하는 도움을 줄 수 있을 정도로 가까이 있는 사람들의 귀에 반드시 들리게 된다. 이 비명이 그 사람들에게 파고들고 어떤 나라 사람이건 어떤 신분의 사람이건 그들에게 들리게 된다. 이 비명은 실제로 그런 것처럼 모든 언어와 모든 신분에 공통적이다. 실제로 그런 것임이 틀림없다. 비명이 들리면 두뇌가 자극을 받고, 그것에 자극받은 사람들의 신체 조성을 순식간에 변화시켜서, 사람들이 생각하지도 않고 도움을 주러 달려 나가도록 할 때도 있다. 그런데 이 비명은 사람들의 정신에 바로 작용하고, 사람들로 하여금 바로 돕고자 하고 이런 자연적 간청을 했던 사람들을 도울 방법을 바로 생각해 내는 것이다.

그러나 이런 간청, 더 정확히 말하자면 이런 긴급한 명령이 정당하고 사회의 규칙을 따른다는 조건에서이다. 이유도 없이 근거도 없는 두려움으로 경솔히 비명을 지르게 되면 도와주려고 했던 사람들은 동정이 아니라 분노나 조롱을 하게 된다. 다짜고짜 비명을 질러 우리 생명 보존을 위해 자연이 확립한 것들을 잘못 사용하게 했으니 말이다. 이유도 없이 지른 비명은 당연히 반감을 일으키고 자연에게 가한 잘못에 복수해야겠다는 욕망을 품게 된다. 나는 자연에게, 라고 말했는데, 이유 없이 그런 행동을 한 자가 이를 일부러 했다면 그것은 사물의 질서에 잘못을 가했다는 뜻이다. 그렇지만 그런 비명으로 생기는 것이란 그저 동정심과 결합된 '조롱'의 정념뿐이다. 어떤 이가 비명을 질렀던 이유가 긴급한 필요에 대한 허상인 공포였다면 여기에는 반감도, 복수의 욕망도 없다. 그를 겁쟁이로 확신하고 그의 잘못을 고치려면 '조롱'이 필요하고, 그를 나약한 자로서 돕기 위해서는 동정이 필요하다. 이보다 더 조리를 갖춘 것을 생각할 수 없다.

조물주가 사람들과 모든 동물의 자기 보존에 반드시 필요한 결합과 협력을 유지할 목적으로 두뇌에 집어넣은 관계들이며 태엽들이 무엇인지 예를 제시해서 설명할 생각은 없다. 그저 나는 이 태엽에 대해서만 성찰을 잠시 해보련다. 여기서 이 점에 대해 생각을 하고 이를 세심히 연구하고자 하는 것은 어떻게 태엽들이 작동하는지, 어떻게 태엽들의 작용이 공기와 빛, 그리고 우리 주변의 모든 작은 물체들을 거쳐 전달되는지 세심히 연구하기 위해서는 아니다. 그런 일은 거의 이해할 수 없는 일이고 필요하지도 않기 때문이다. 그러나 적어도 어떤 결과가 나오는지는 알아야 하므로 연구하는 것이다. 다양한 관찰들을 통해 우리를 서로 결합시키는 끈의 존재를 알 수는 있지만, 그것이 어떻게 이루어지는지는 알 수 없다. 시계가 시간을 가리키는 것은 전혀 어렵지 않게 볼 수 있으나 그것이 어떻게 가능한지 아는 데는 시간이 필요하다. 동물 가운데 가장 작은 동물의 두뇌에도 상이한 수많은 태엽들이 존재하는 만큼 그보다 더 복잡할 수 없는 기계 속에는 그와 비슷한 것이란 전혀 없는 것이다.

우리 인간이라는 기계의 태엽들을 완벽하게 이해하는 일이 가능하지도 않을 뿐더러 꼭 그것을 이해해야 할 필요는 없다. 그렇지만 올바로 행동하기 위해서는 이들 태엽이 우리 내부에서 만들어 낼 수 있는 다양한 결과들을 반드시 알아야 한다. 시계를 이용할 때 그것이 어떻게 만들어졌는지 반드시 알아야 하는 것은 아니지만 시간을 규칙적으로 지키기 위해 시계를 사용한다면 적어도 시계가 시간을 가리킨다는 점은 알아야 한다. 그러나 성찰이라는 것을 할 수 없는 사람들이 있을 수 있으니 그들을 순전히 생명이 없는 기계에 비유해 볼 수도 있을 것이다. 그들은 대상을 보았을 때 자기 내부에서 태엽이 스스로 감겨지는 것을 느끼지 않는다. 그것의 운동을 알아차리지도 못한 채 종종 자극되기도 한다. 구속이 되었다는 것을 느끼지도 않는 노예인 것이다.

서로 다른 수많은 방식으로 행동하게 되지만 자기를 다스리는 자의 손을 알아보지도 못한다. 자기가 행하는 모든 움직임을 자기 스스로 행한다고 생각하지만 자기 의지에 따른 자유로운 행위의 결과 자기 내부에서 일어나는 일과, 자기를 둘러싼 물체들의 자극으로 인해 자기 내부에서 일어나는 일을 구분하지 못하므로, 어떤 다른 것에 이끌린 것인데도 스스로 행동했다고 생각한다. 그렇지만 여기가 이 문제를 설명할 자리는 아니다.

조물주는 우리를 서로 결합시킬 목적으로 우리의 자연적 성향들 사이에 관계들을 마련했다. 그 관계들은 신체들 사이의 관계들, 혹은 신체와 관련해서 정신들 사이에 존재하는 관계들보다 훨씬 더 마땅한 노력과 연구를 기울여야 할 것 같다. 모든 것이 이렇게 잘 조정이 되면 사회에서 가장 대립되어 보이는 성향들도, 다소 절제되기만 하면 사회에서 가장 유용한 성향들이 된다.

예를 들어 모든 사람들이 권세를 누리고자 욕망을 하게 되면 사회 전체는 와해되고 만다. 그럼에도 자연의 질서를 통해 이 욕망이 절제되면 오히려 나약하고 활기 없는 다른 성향들보다 훨씬 더 국가의 이익에 큰 봉사가 된다. 이 욕망은 경쟁심을 일으키고 미덕을 부추기고 국가에 봉사하겠다는 용기를 마련해 준다. 병사들이며 특히 장교들이 명예와 책임을 열망하지 않는다면 그 많은 승리를 거둘 수 없었을지 모른다. 그래서 군대에 속한 모든 사람들이 개별적 이익을 위해서만 일하기는 하지만 결과적으로 국가 전체에 이득을 제공하게 된다. 이것으로 알 수 있는 것은 모든 사람들의 권세에 대한 욕망이 절제되기만

하면 공익에 큰 이득이 된다는 점이다.

그런데 모든 개인이 실제로 그들의 지금 모습으로 존재하는 것 같고, 그들이 자기가 한 부분을 이루는 단체의 중요한 부분이고자 하지 말단이 되고 싶지는 않다고 다른 이들에게 솔직하게 말한다면 그것이 서로 함께 결속하는 방식은 아닐 것이다. 한 신체를 이루는 모든 사지가 두뇌와 심장일 수 없다. 다리도 필요하고 손도 필요한 것처럼 위대한 사람도 있어야 하고 낮은 지위의 사람들도 있어야 하고, 명령하는 사람들도 있어야 하고 이를 따르는 사람들도 있어야 한다. 서로가 자연적으로 바라게 되듯 자기는 명령하고자 하지 명령을 따르는 사람이고자 하지 않는다고 공개적으로 말한다면 모든 정치체는 무너지고 무질서와 불의가 도처에서 다시 창궐하리라는 점이 명백하다.

그러므로 가장 분별력 있는 정신을 갖고 이 정치체의 고상한 부분들을 구성하여 다른 이들에게 명령하는 데 가장 적합한 사람들이 당연하게도 시민이 되었음이 틀림없다. 다시 말하면 그들은 은밀한 성향을 통해 그들의 방식으로, 또 예절 바르고 정직한 말로써 다른 사람들더러 자기들을 생각하는 것은 마땅치 않다고 판단하고, 자기들의 말을 듣는 사람들은 모든 유의 영예를 받을 자격이 있으므로 존경과 숭배를 갖춰야 한다는 점을 증언할 수 있었음이 틀림없다. 결국 애덕과 질서에 대한 사랑이 없다면 다른 사람들에게 명령하는 사람들은 머릿속으로 그저 예절이며 말로 이루어진 겸손의 모습을 그리게 함으로써 그들을 속이는 기술을 갖게 되었음이 틀림없다. 그래야 모든 단체에게 없어서는 안 되는 우월함을 질투심을 일으키지 않으면서 누릴 수 있게 된다. 이런 식으로 모든 사람들은 말하자면 자기들이 바라는 권세를 얻게 된다. 위대한 인물들은 실제로 권세를 갖지만 낮은 지위의 사람들과 나약한 사람들은 오직 상상력을 통해서만 권세를 갖게 된다. 어떻게 본다면 다른 사람들의 칭찬을 들으면 자기들을 실재 그대로의 모습으로 보지 않는구나, 다시 말하면 사람들 중에서 최말단의 사람들로 보지 않는구나 하고 확신하는 것이다.

말 나온 김에 방금 언급한 내용으로부터 종종 자신에 대해 말하는 것은 예절에 반하는 대단히 커다란 죄라는 결론을 내리기는 쉬운 일이다. 특히 온갖 좋은 자질을 다 갖춘 사람이 자기에게 좋은 말을 할 때 그렇다. 우리를 그들보다 우월하게 해주는 외적이고 감각적 흔적이 있거나 우연히 마주치는 어떤 경우가 아니라면 함께 대화하는 사람들에게 그들을 자기보다 못한 사람으로 바라보듯이 말해서는 안 되기 때문이다. 결국 경멸이란 모욕 중의 모욕인 것으로, 그것 이상으로 사회를 쉽게 무너뜨릴 수 있는 것이 없다. 그리고 우리보다 못한 사람이라고 생각한다는 것을 알게 된 사람이 우리와 결합할 수 있으리라고 기대해서는 안 될 것이다. 단체의 말단이 되는 것을 누가 견딜 수 있겠는가.

그러므로 사람들로 하여금 칭찬하도록 하는 성향은 존경을 받고 고귀한 신분으로 인정받고자 하는 성향을 상쇄하고, 정치체의 말단을 이루는 사람들이 느끼는 내면의 고통을 약화하는 데 대단히 적합하다. 또한 이 두 성향이 결합됨으로써 사회를 유지하는 데 대단히 훌륭한 결과를 만들어 낸다는 것이 확실하다.

그런데 이런 성향들에는 우정, 동정, 호의 및 사람들을 하나로 결합시켜 주는 다른 성향들만큼이나 이상한 타락이 존재한다. 시민 사회를 유지하게 하는 것임이 틀림없는 것이 종종 불화와 붕괴의 원인이 된다. 내 주제를 벗어나지 않고 말하자면 그것이 종종 오류가 전염되고 만들어지는 원인이다.

II. 이 성향은 친구들의 생각을 승인하고, 거짓 찬사로 친구들을 속이게 한다

시민 사회에서 반드시 필요한 모든 성향들 중에 우리를 오류에 가장 잘 빠뜨리는 것은 우정, 호의, 감사感謝 및 그들 보는 앞에서 지나치게 호의적으로 말하도록 하는 성향들이다.

우리가 친구들을 사랑할 때 그 사랑은 그들의 인격에 한정되는 것이 아니라 말하자면 우리는 친구들은 물론 친구들에게 속한 모든 것을 사랑하는 것이다. 친구들이 대단한 열정을 보이며 자기들의 의견을 옹호할 때 우리는 부지불식간에 그들의 의견을 믿고, 승인할 뿐 아니라, 심지어 친구들 이상으로 고집스럽고 열정적으로 옹호하는 경향이 있다. 친구들 중에 자기 의견을 열렬히 옹호할 자격이 없는 사람들도 있을 것이고 우리가 그 친구들의 의견을 옹호한다는 것이 비난의 대상이 되지 않은 경우가 있으니 말이다. 그들에게는 이기심일 테지만 우리로서는 관대함이다.

우리는 여러 가지 이유로 다른 사람들에게 정情을 품는데 그들과 함께하는 것이 우리에게 즐겁기도 하고 또 그들이 다양한 방식으로 도움을 주기 때문이다. 기질, 성향, 직업이 같기도 하고, 풍채, 품행, 미덕, 재산 및 우리가 그들에게서 발견한 애정이나 존경, 그들이 우리에게

해 주었거나 우리가 그들에게 희망하는 봉사, 그 밖에 개인적인 여러 다른 근거들이 우리가 그들을 사랑하는 이유가 된다. 그러므로 친구들 중 어떤 사람, 그러니까 성향이 같고, 잘생기고, 말을 재미있게 하고, 미덕이 높거나 훌륭한 신분을 가진 사람으로 믿을 수 있고, 우리를 존경과 애정으로 대하고, 무슨 봉사를 하거나 봉사를 받을 수 있기를 기대하게 되고, 또 어떤 다른 특별한 이유로 사랑하는 어떤 사람이, 그러니까 내 말은 그 사람이 어떤 제안을 내놓게 되면 우리는 전혀 이성적으로 판단해 보지도 않고 당장에 그의 제안에 납득되고 말기도 한다. 그의 의견이 진리에 부합하는지에 대한 걱정도 없이, 심지어는 우리 양심에 어긋나기까지 하는데도, 우리의 모호하고 불확실한 정신에 따라, 우리 마음이 타락한 정도에 따라, 우리의 거짓 관대함으로 얻을 수 있기를 기대하는 이익에 따라 그 의견을 옹호부터 한다.

이 자리에 이 문제들의 개별 사례를 제시하는 일은 불필요하다. 그런 예들을 찾고자 한다면 한 무리와 채 한 시간도 함께 머물 필요도 없으니 말이다. 흔히 말하듯 웃음 짓는 이들과 호의는 십중팔구 사랑하는 사람들 쪽에서 찾아볼 수 있으나 진리의 쪽에서는 대단히 찾기 어렵다. 말하는 사람이 친절하고 예의바르면 그가 옳은 것이다. 그가 하는 말이 그저 사실임 직한 것일 뿐이라고 해도 그것은 사실로 간주된다. 그가 내놓는 제안이 완전히 우스꽝스럽고 엉뚱하다고 해도 적어도 대단히 사실임 직한 것으로는 받아들여질 것이다. 그는 나를 사랑하고, 나를 존경하고, 내게 무슨 봉사를 했고 봉사할 의향과 능력이 있고, 웬만한 경우에는 내 생각을 지지해 준 사람이다. 그러니 내가 그의 생각을 반박하고 전적으로 찬성을 보내지 않으면 나는 배은망덕하고 신중하지 못한 사람이 될 것이다. 그래서 진리가 무시되고 진리를 자기 이익을 위해 쓰고자 하고, 이 사람 저 사람의 거짓 의견들을 신봉하는 것이다.

신사는 예절 규범에만 따른다면 누가 가르치려 들고 설명하려 든대도 개의치 않는다. 우리가 친구들의 생각이 틀렸음을 신중하게 지적한다는 데 그들이 놀란다면 이는 그들이 원하는 일이고, 그들에게 명령할 수도, 생각을 바꿀 수 없는 일이므로 그들 스스로와 그들의 오류를 사랑하도록 해야 한다.

그렇지만 진정한 친구라면 자기 친구가 빠진 오류들을 절대 승인해서는 안 된다. 친구들의 의견이라고 무분별하게 옹호하는 일은 우리가 생각하는 이상으로 그들에게 잘못을 범하는 일임을 절대 간과해서는 안 된다. 전적으로 찬성을 보내면 친구들의 마음은 거만해지고 그들의 오류는 굳어지고 만다. 그들은 자기 잘못을 고칠 생각을 하지 않고 결국 자기들이 결코 오류라고는 범하지 않는 사람이 되기라도 한 것처럼 행동하고 결정한다.

가장 부유하고, 가장 힘이 강하고, 가장 고상하고, 일반적으로 다른 사람들보다 우월한 모든 사람들이 너무나 자주 자신은 오류를 범하지 않는다고 믿고, 그들의 생각 전체가 무관심하고 비굴하게 인정된 것은 아닐지라도 비천하거나 범용한 사람들보다 훨씬 더 옳은 것처럼 행동하는 것은 어떤 이유에서인가? 그래서 친구들이 우리의 인정을 받을 때마다 그들은 다른 사람들보다 더 우수하다고 조금씩 믿게 된다. 바로 이 때문에 그들은 오만해지고 대담해지고 신중하지 못하게 되고 부지불식간에 너무나 터무니없는 오류에 빠지게 된다.

바로 이런 이유로 우리의 적이 훌륭한 봉사가 되는 경우가 자주 있고, 우리의 친구들의 인정을 받는 것 이상으로 적들의 반박을 받을 때 우리의 정신이 훨씬 밝아지기도 한다. 우리의 적들에게 항상 방어 자세를 취하고 그들은 우리가 개진하는 문제들에 주의를 집중하지 않을 수 없으니 말이다. 그것만으로도 우리가 무엇을 잘못 생각했는지 충분히 알 수 있다. 그러나 우리의 친구들은 계속 우리를 안주 상태에 놓아두고 거짓 신뢰를 줌으로써 허영을 자극하고 무지하게 만들어 버린다. 그러므로 사람들은 우정으로 친구를 찬미하고 친구들의 생각을 따라서는 안 되는 것과 마찬가지로, 적의로써 적들의 생각을 반박해서도 안 된다. 공정하기 위해서는 기분 좋은 말이나 골라하는 사람은 쫓아버리고, 진리를 발견하는 어디에서나 명확성과 진리를 승인해야 한다.

또한 대부분의 사람들이 듣기 좋은 소리를 하고 찬사를 늘어놓는 경향이 있음을 머릿속에 분명히 새겨두어야 한다. 이는 재치 있는 사람으로 보이고, 보답을 기대하며 다른 사람들의 호의를 끌고자 하는 일종의 자연적 성향 때문이거나, 일종의 악의나 조롱을 일삼기 때문이기도 하다. 우리에게 들리는 모든 말에 절대로 취해서는 안 된다. 서로 처음 만나고 처음 대화를 나누는데 서로를 알지도 못하면서 입이 마르도록 칭찬하는 사람들을 우리는 다반사로 보지 않던가?

청중 앞에서나 심지어는 바로 얼마 전에 같이 조롱했던 사람들 앞에서 방금 말을 끝낸 사람에게 지나칠 정도로 감탄을 지어 보이고 과장된 찬사를 늘어놓는 사람들을 어디 한두 번 만나는가? 말을 듣고는 놀라기라도 한 듯 탄성을 질러대고 감탄으로 청중이 쓰러질 때마다 그것이 정확히 증언하는 바는 말하는 사람이 경이로운 이야기를 했다는 것이 아니라 그 사람이 아첨꾼에게 이야기를 했다는 것이다. 그 아첨꾼은 친구이거나 아마 그를 놀리고 있는 적이기도 하다. 그가 상냥스러운 태도로 말했고, 부자인 데다가 권력도 있기 때문이다. 혹은 이렇게 말할 수 있다면 그가 한 말이 모호하고 난해하지만 대단히 감동적이고 매력적인 개념에 근거하고 있거나 그가 멋진 상상력의 소유자라는 좋은 증거이기도 하다. 찬사는 우정, 부, 위엄, 사실임 직함에 다라붙지만 진리에 따라붙는 일은 거의 없다.

아마 다들 내가 정신의 성향들을 개괄한 뒤 선과 악을 만났을 때 정신이 느끼게 되는 개별적인 모든 움직임들을 정확하고 상세히 설명하기를, 다시 말하면 내가 사랑, 증오, 기쁨, 슬픔 및 개별적인 만큼 보편적이고, 복잡한 만큼 단순한 정신적인 모든 정념들의 본성을 설명하기를 기다리실 것이다. 그러나 나는 정신이 행할 수 있는 모든 다양한 움직임들을 설명하겠다고 약속한 적이 없다.

지금까지 진리의 탐구의 문제를 다루면서 썼던 도든 내용에 내가 담은 주된 의도가 사람들에게 그들이 얼마나 나약하그 무지한지 깨닫게 해주는 것에 있으며, 우리 모두가 얼마나 쉽게 오류와 죄악에 빠질 수 있는지 알게 되신다면 나로서는 대단히 만족이다. 나는 이미 그렇게 말했고, 지금 다시 한번 하고 있는데, 아마 기억들을 하시겠지만 내 의도는 결코 정신의 본성을 깊이 다루는 것이 아니었고, 나는 오류들을 그 원칙에 따라, 순서에 따라, 그러니까 한마디로 내가 이해할 수 있도록 설명하기 위해 무언가를 말하지 않을 수 없었던 것이다.

그리고 내가 설정했던 한계를 지나쳤다면 내 생각에 그것은 언급하지 않으면 안 될 새로운 문제들이 있었기 때문이었던 것 같다. 그런 문제들이 내게 중대해 보였고 나는 여러분이 그 점을 기쁘게 읽으셨으리라 믿는다. 내가 아마 잘못 생각한 것일지도 모르지만 나는 그 점을 다룰 용기를 내기 위해 그렇게 추정했다. 아무도 들으려고 하지 않을 때 말하는 방식이 그것이지 않은가? 영혼의 움직임들의 특수성만큼이나 내가 다루는 주제에 딱 들어맞지는 않아 보이는 많은 문제들을 내가 언급했음은 사실이다. 나도 그 점은 인정한다. 그렇지만 어떤 질서를 세우고자 할 때 내가 무엇에도 구속받지 않아야 한다고 주장하는 것은 아니다. 내가 순서를 세우는 것은 바른 길을 걷기 위함이므로, 내가 걸어 나갈 때 무언가 주목할 만한 가치가 있는 무언가를 발견한다면 머리를 잠시 돌릴 수도 있다고 주장하는 것이다.

또한 내가 따라야 하는 길을 시야에서 놓치지만 않는다면 어떤 외딴 곳에서 잠시 쉴 수도 있는 일이라고 나는 주장한다. 나와 함께 휴식을 취하고자 하는 마음이 전혀 없는 사람들이야 그냥 그대로 계속 갈 일이다. 그래도 된다. 페이지를 넘기기만 하면 되는 것이다. 그런데 그들이 화를 낸다면, 그들은 내가 쉬고자 고른 이 자리가 더욱 쾌적하고 유쾌한 길을 발견케 한다고 생각하는 많은 사람들이 있음을 아셔야 할 것이다.

5권

정념에 대하여

1장

일반적 정념의 본성과 기원에 대하여

인간 정신은 두 개의 관계를 맺는데, 이 관계들은 본질적이고 필수적인 것으로 서로 아주 다르다. 하나는 신과 맺는 관계이고, 다른 하나는 자기 신체와 맺는 관계이다. 인간 정신은 순수 정신이므로 본질적으로 신의 말씀, 지혜, 영원한 진리, 즉 지고한 이성과 결합되어 있으니 사유할 수 있다. 이는 제 3권에서 살펴본 것이다. 인간 정신은 신체와 또 하나의 본질적 관계를 맺는다. 느끼고 상상할 수 있는 것은 인간 정신과 신체가 결합되어 있기 때문이다. 이는 제 1권과 제 2권에서 살펴본 것이다. 신체가 사유의 자연적 원인이거나 기회원인일 때 정신의 이름은 '감각'이나 '상상력'이고, 정신이 스스로 움직이거나, 더 자세히 말하자면 신이 정신 속에서 움직이고, 신의 빛이 여러 상이한 방식으로 정신을 비출 때 정신의 이름은 '지성'이다. 이 경우 신체에서 일어나는 일과는 필연적 관계가 전혀 없다.

인간 의지도 마찬가지이다. 인간 의지는 본질적으로 신이 자기 자신에게 품는 사랑 및 영원한 법, 한마디로 말해서 신의 의지에 달렸다.

우리가 무엇인가를 사랑한다면 그것은 신이 자신을 사랑하기 때문이며, 신이 자신을 사랑하지 않았다면, 달리 말해 신이 인간의 영혼에 자신의 사랑과 똑같은 사랑, 즉 우리가 보편선에 느끼는 사랑의 움직임을 끊임없이 새기지 않았다면, 우리는 그 무엇도 사랑하지 않을 것이고, 그 무엇도 의지하지 않을 것이고, 결과적으로 우리는 의지 없이 살아갈 것이다. 의지는 우리를 보편선으로 이끄는 자연의 자극에 다른 것이 아니니 말이다. 우리는 이미 이 점을 여러 차례 말한 바 있다.

그런데 한 사람이 갖는 의지로서의 의지는 본질적으로 신체에 의존한다. 무엇이 되었든 감각의 동요로 의지가 자극을 받는 것은 피의 운동이나 더 정확히 말하자면 동물정기의 운동 때문이다. 그래서 나는 우리가 순수 지성과 공유하는 영혼의 모든 움직임들을 '자연적 성향'이라고 불렀던 것이다. 또 나는 제 4권에서 신체가 상당히 관계되어 있지만 간접적으로만 신체가 그 원인과 목적이 되는 몇몇 움직임들을 설명했다. 영혼이 동물정기의 특별한 움직임이 발생했을 때 자연적으로 느끼게 되는 모든 동요를 나는 여기서 '정념'이라고 부르고자 한다. 이 감각의 동요가 이번 제 5권의 주제가 된다.

정념과 성향이 분리될 수 없고, 사람들이 사랑이나 어떤 맹렬한 증오를 느끼는 것은 오직 사랑이나 정신적 증오를 느낄 수 있다는 이유에서이기는 하지만, 혼란을 피하기 위해 정념과 성향이라는 두 가지를 분리해서 다루는 것이 좋겠다고 생각했다. 정념이 자연적 성향들보다 훨씬 더 강하고 격렬하고, 보통 정념은 다른 대상들을 갖고, 항상 다른 원인들로부터 산출된다는 점을 고려한다면 본성상 분리될 수 없는 것이라고 해도 이를 분리해 보는 것이 의미 없는 일이 아님을 인정하게 될 것이다.

사람들이 감각할 수 있고 상상력을 발휘할 수 있다면 그 이유는 순수 지성을 가질 수 있기 때문일 뿐이다. 감각과 상상력은 정신과 분리될 수 없으니 말이다. 그렇지만 영혼이 갖는 이 두 능력이 당연히 분리될 수 없는 것인데 이를 분리해서 다룬다고 왈가왈부할 사람은 없을 것이다. 결국 감각과 상상력은, 정념이 성향과 다른 이상으로 순수 지성과 다른 것이 아니다. 그래서 감각, 상상력, 순수 지성이라는 이 세 가지 능력을 흔히 분리하는 것처럼, 정념과 성향을 분리했어야 했다. 그래야 영혼이 조물주로부터 신체와 관련해서 받은 것과, 신체와 관련되지 않고 조물주에게 직접 받은 것을 더 잘 구분할 수 있게 된다. 자연적으로 결합되어 있는 두 가지를 분리할 때 당연히 생겨나는 유일한 불편이 있다면 비슷한 경우에 늘 일어나듯이 이미 말한 것을 반복할 필요가 생긴다는 점일 것이다.

사람이 비록 여러 부분으로 이루어졌다고 하나 결국은 하나의 존재이다. 이 부분들이 대단히 밀접히 결합되어 있으므로 한 부위를 자극하게 되면 전체 모든 부위가 움직이게 된다. 모든 능력이 서로 연관되어 있고 또 밀접히 종속되어 있기에 어떤 능력을 다른 능력과 관련시키지 않고 설명하기란 불가능하다. 그래서 혼란을 방지하기 위해 질서를 유지하고자 노력하면서 어쩔 수 없이 반복하지 않을 수 없다. 그런데 쉽게 이해하기에는 혼동하는 것보다는 반복하는 것이 더 낫다. 이렇게 반복이 필요할 때 최고는 반복하되 지루해지지 않게 반복하는 것이다.

영혼의 '정념'은 조물주의 자극으로, 그 자극들이 우리의 신체와 신체의 보존에 필요한 모든 것을 사랑하도록 우리를 이끌어 준다. 자연적 '성향'은 조물주의 자극으로, 그 자극들이 특히 지고한 선으로서 조물주를 사랑하고, 신체와 무관하게 이웃을 사랑하도록 우리를 이끌어 준다.

이 자극들의 자연 원인 혹은 기회원인은 신체로 확산된 동물정기의 움직임으로, 이로써 지각된 대상에 적합한 배치를 산출하고 유지하게 한다. 그 결과 정신과 신체가 만나면서 서로 돕게 된다. 우리 의지 뒤에 의지를 수행하는 데 적합한 신체의 모든 움직임이 뒤따른다. 그리고 어떤 대상을 볼 때 우리 내부에서 기계적으로 자극이 되는 우리 신체의 움직임은 신체에 유용한 것으로 보이는 것을 의지하도록 이끄는 영혼의 정념이 동반된다. 우리에게 미치는 신의 효과적이고 연속적인 자극이 우리와 물질의 한 부분을 긴밀히 결합시키게 된다. 신의 의지의 자극이 한순간 멈춰 섰다면 그 순간부터 우리 신체에 일어나는 모든 변화에 대해 우리가 처해 있는 종속관계를 벗어나게 될 것이다. 어떤 사람들이 어떻게 정기와 피의 운동과, 영혼의 동요 사이에 절대적으로 필연적인 관계가 존재한다고 생각하는지 우리로서는 이해할 수 없으니 말이다.

쓸개즙을 이루는 어떤 작은 부분들이 얼마간의 힘으로 두뇌를 뒤흔든다. 그렇게 되면 영혼이 어떤 정념에 자극되고, 이 정념은 사랑보다는 분노일 것임이 틀림없다. 적의 결함에 대한 생각과 경멸이나 증오의 정념, 두뇌의 어떤 부분들에 충돌하는 피의 부분들의 신체적 운동 사이에 어떤 관계가 있다고 생각할 수 있을까? 어떻게 하나가 다른 하나에 종속되고, 정신과 물질만큼 관계가 멀고 양립할 수 없는 두 가지 사물의 결합 혹은 연합이 조물주의 연속적이고 전능한 의지가 아닌 다른 방식으로 야기되고 유지될 수 있음을 확신할 수 있는가?

신체는 필연적으로, 그리고 그들 스스로 마주치는 순간 운동을 교환한다고 생각하는 사람들은 사실임 직한 어떤 것을 생각하는 것이다. 결국 이 편견[1] 혹은 오류의 근거는 신체와 신체 사이에는 본질적 관계가 있는 것 같다는 점이다. 그러나 정신과 신체는 완전히 반대되는 두 가지로, 영혼의 동요가 필연적으로 정기와 피의 운동을 따른다고 생각하는 사람들은 전혀 근거 없는 일을 생각하고 있는 것이다. 우리가 우리 내부에서 정신과 신체라는 두 존재가 결합되어 있음을 느끼게 되는 경험과, 신이 피조물에게 연속적으로 가하는 작용들의 무지만이 존재한다는 것이 확실하다. 이러한 무지로 인해 우리는 영혼과 신체의 결합의 원인을 항상 유효한 신의 의지가 아닌 다른 것으로 상상하게 되는 것이다.

확실한 결정을 내리기 어려운 문제는 인간 정신의 사유와 인간 신체의 움직임 사이의 이러한 관계, 혹은 이러한 연합이 인간이 저지른 원죄로 인해 받게 된 형벌인지, 자연에게서 받은 선물인지에 대한 것이다. 어떤 사람들은 이런 의견들 중 하나를 다른 것보다 더 신봉하는 것이 입장을 지나치게 경솔하게 취하는 것이라고 생각한다. 인간은 원죄 이전에 자기 정념의 노예가 아니라 절대적 주인이었으므로, 정념을 일으킨 원인인 정기의 동요를 의지로 어렵지 않게 멈출 수 있었음을 다들 잘 알고 있다. 그런데 납득하기 힘든 일은 신체가 최초의 인간의 영

1 이후 6권에서 방법의 문제를 다루는 2부 3장을 참조.

혼을 자극하여 자기 보존에 적합한 사물들을 찾도록 하지 않았는가 하는 점이다. 성경 말씀에 따르면[2] 아담은 원죄 이전에 과일이 보기에 좋고, 먹기에 좋다는 것을 알지 못했다. 신체 보존을 위한 감각과 정념의 대단히 정당하고[3] 대단히 경이로운 이러한 구성이 신체의 최초의 조성이라기보다는 타락이라고 믿기 어려워들 한다.

분명 자연은 지금 타락한 상태이다. 신체는 지나치게 큰 힘으로 정신에 작용한다. 신체는 정신에 자신의 필요를 정중히 제시하는 대신 전횡을 가하고 신에게서 정신을 떼어낸다. 신과 정신은 떼려야 뗄 수 없이 결합되어야 하는데 말이다. 또한 신체는 자기 보존에 유용할 수 있는 감각적 사물들에 정신을 끊임없이 전념케 한다. 그렇게 정신은 원죄 이후에 물질적이고 세속적이게 되었고 정신과 신이 맺는 관계 및 둘의 밀접한 결합은 사라지고 말았다.

내 말은 신이 정신을 떠나 버렸다는 것이다. 정신을 버리거나 소멸시키지 않고도 신은 그렇게 할 수 있으니 말이다. 정신을 질서의 상태로 유지했던 존재의 부재와 멀어짐에 뒤이어 수많은 무질서가 따랐다. 우리가 겪는 비참을 오래 추론할 필요도 없이 나는 인간은 원죄 이후 그의 모든 부분에서 타락했음을 인정한다.

그러나 이렇게 전락했어도 신의 창조물이 파괴된 것은 아니다. 사람에게는 항상 신이 그에게 둔 것이 남아 있음을 알 수 있다. 그리고 각

---

2 [옮긴이] 〈창세기〉 2장 9절. "여호와 하나님이 그 땅에서 보기에 아름답고 먹기에 좋은 나무가 나게 하시니 동산 가운데에는 생명 나무와 선악을 알게 하는 나무도 있더라."

3 1권 5장을 참조.

각의 사물의 본질을 마련하는 신의 불변하는 의지는 아담의 불안정하고 가벼운 의지에도 변하지 않았다. 신이 원했던 모든 것을 신은 여전히 원한다. 신의 의지가 유효하므로 신은 그렇게 하는 것이다. 인간의 원죄는 정말이지 은총의 질서를 마련하는 신의 이러한 의지가 이루어진 경우였다. 그런데 은총은 결코 자연과 반대되는 것이 아니며, 은총은 자연을 파괴하지 않는다. 신은 자기 자신에 맞서 싸우지 않으니 말이다. 신은 결코 회한에 빠지지 않는다. 신의 지혜에는 한이 없으므로 신의 창조물도 끝이 없다.

그러므로 은총의 질서를 마련하는 신의 의지는 자연의 질서를 마련하는 의지에 더해지지만 그것은 의지를 변화시키기 위해서가 아니라 회복하기 위해서였다. 신에게는 이 두 일반의지만이 존재한다. 지상에서 규칙을 따르는 모든 것은 이 두 의지 중 어느 하나에 달렸다. 신체의 보존과 관계해서만 고려한다면 정념은 대단히 규칙을 따른다는 점을 곧 알게 될 것이다. 정념이 아주 드물고 특별한 경우에 우리를 속이는 일이 있기는 하다. 그 경우는 보편 원인이 고치지 않으려 했던 경우들이다. 그러므로 정념은 은총의 질서에 속할 수 없으므로 자연의 질서에 속한다는 결론을 내려야 한다.

최초의 인간의 원죄로 인해 영혼과 신체의 결합이 종속관계로 바뀌었으며, 항상 현전하면서 계속해서 우리를 보호할 준비가 되어 있는 신의 도움을 우리가 받지 못하게 되었다면, 우리가 감각적 사물에 집착하게 되는 원인이 원죄라고 말할 수 있음은 사실이다. 원죄로 인해 우리는 신과 멀어지게 되었고, 반면 오직 신만이 우리를 감각적 사물의 예속에서 벗어나게 할 수 있기 때문이다.

그러나 정념의 최초의 원인을 더 깊게 탐구하지 말고 정념의 범위, 본성, 목적, 용례, 결합 및 정념이 포함하는 모든 것을 검토해 보도록 하자.

2장

감각대상과 정신의 결합 혹은 일반적으로 정념의 힘과 영역에 대하여

이 책을 읽는 모든 사람들이 자기 자신 속에서 무엇을 느끼는지 깊이 생각을 해보고자 했다면 우리가 모든 감각대상들에 종속되어 있음을 여기서 집중적으로 논의해 볼 필요도 없을 것이다. 모든 사람이 생각만 해본다면 이 주제에 대해서는 나만큼 잘 알 테니 무슨 말을 할 수 있겠는가. 이런 이유로 나는 이 점에 대해 전혀 말하고 싶지 않다. 그러나 경험상 나는 사람들이 종종 자기 자신을 까맣게 잊곤 하고, 자기들의 정신 속에서 무언가가 일어날 때 그 이유가 무엇인지 전혀 찾는 법이 없음을 알고 있으므로 여기서 사람들이 그 점을 성찰해 보는 데 도움이 될 수 있는 몇 가지를 말해야 한다고 생각한다. 이 문제들에 훤한 사람들이 이 부분을 읽고 성가셔하지 않기를 바란다. 우리가 이미 알고 있는 내용을 그저 누가 말하는 것을 듣는 일이 크게 즐거운 일은 아니더라도 알고 있는 내용과 함께 느낀 내용을 누가 말하는 것을 듣는 일에서 항상 즐거움을 얻기는 하니 말이다.

철학자들 가운데 가장 존경할 만한 분파,[1] 많은 사람들이 그 분파의 주장을 신봉하여 높은 평판을 얻게 된 분파는 우리에게 가장 중요한 것은 행복해지는 것임을 설득하고자 한다. 스토아주의자들이 우리에게 끊임없이 가르치는 것은 우리가 의존할 사람은 우리 자신밖에 없다는 것이다. 즉 명예, 부, 친구, 부모를 잃었다고 상심해서는 안 되고, 무슨 일이 닥치더라도 조금도 불안해하지 않고 항상 변함없어야 한다는 말이다. 추방, 모욕, 모독, 질병, 심지어는 죽음조차 악이 아니니, 그것을 두려워하거나 피해서는 안 된다고 한다. 결국 그들은 이와 비슷한 무수히 많은 말들을 하고 우리는 그 말들을 믿어 버리는 경향이 있다. 만물이 질서를 유지하고 있었다면 실제로 우리를 상심케 하는 악의 대부분이 우리를 실제로 상심케 할 수 없으리라고 이성이 가르쳐 주기 때문인 만큼 그것은 우리가 오만으로 인해 자족을 사랑하게 되기 때문이다.

그러나 신은 우리에게 신체를 주었고, 그 신체로써 모든 감각적 사물들과 결합하게 했다. 원죄로 인해 우리는 신체에 예속되었고, 우리의 신체로써 모든 감각적 사물들에 종속되도록 했다. 신이 지은 모든 존재들이 서로 관계를 맺는다는 것이 자연의 질서이고 창조주의 의지이다. 우리는 말하자면 우주 전체와 하나이며, 신이 우리를 결합시킨 모든 존재에 종속하도록 만들어 버린 것은 최초의 인간의 원죄이다. 그래서 지금 어떤 방식으로든 자신의 신체에 완전히 결합되었고 예속

---

1 "네 자신을 복자로 생각하라. 그러면 모든 기쁨은 네게서 생기게 된다. 사람들이 서로 빼앗고 탐내고 보전하는 것에서는 아무것도 발견치 못하리라. 나는 네 선호를 말하는 것이 아니라 의지를 말하는 것이다."(Sen., Epost., CXXIV)(세네카, 루킬리우스에게 보내는 편지, 124, §24. — 옮긴이)

되지 않은 사람은 아무도 없고, 그 신체로써 부모, 친구, 도시, 군주, 조국, 의복, 집, 토지, 말, 개, 지구 전체, 태양, 별, 모든 천구에 완전히 결합되고 예속되지 않은 사람도 없다.

그러므로 사람들에게 행복과 지혜와 자유는 그들 자신에게 달렸다고 말하는 것은 우스꽝스러운 일이다. 그리고 친구나 재산을 잃은 사람들에게 심각하게 상심하고 있다고 타박하는 것은 그들을 조롱하는 일이다. 이는 사람에게 맞았는데 고통을 느끼지 말라고 하고, 맛있게 먹고 있는데 식도락을 느끼지 말라고 하는 것이 우스꽝스러운 일인 것과 마찬가지이다. 그래서 스토아주의자들이 아버지가 돌아가시고, 재산을 잃고, 유배를 떠나고, 감옥에 갇히거나 그 밖의 비슷한 일을 겪더라도 고통을 느끼지 말 것이며, 우리 사업에서 만족스러운 성공을 거두어도 기뻐하지 말라고 가르칠 때 스토아주의자들은 틀렸거나 아마 우리를 조롱하고 있는 것이리라. 우리는 지금 우리의 의지에 종속하지 않는 자연적 결합으로써 우리의 조국, 재산, 부모 등과 결합되어 있기 때문이다.

이성이 유배를 떠나도 슬퍼해서는 안 된다고 가르쳐 주었으면 좋겠다. 그러나 바로 그 이성은 팔 하나가 잘려도 고통을 느끼지 말고 견디라고 가르친다. 영혼은 신체보다 우월하며, 이성의 빛에 따라 행복 혹은 불행은 신체에 달린 것이 아니어야 하는 것이다. 그러나 우리는 우리 이성이 모든 일들이 그래야 한다고 말하는 것처럼 존재하지 않는다는 것을 경험을 통해 잘 알고 있다. 경험을 거슬러 철학하는 것은 우스꽝스러운 일이지 않은가.

기독교인들은 그렇게 철학하지 않는다. 그들은 고통이 악이며, 자연이 우리와 묶어 놓은 사물들과 떨어져 나가는 일에 아픔이 따르며, 원죄로 인해 노예 상태에 놓인 우리가 이를 벗어나기란 어려운 일임을 부정하지 않는다. 그들은 영혼이 신체에 끌려가는 일은 무질서라는 데 동의하지만, 영혼은 신체에 종속되고, 이 종속을 벗어날 수 있는 방법은 오직 예수 그리스도의 은총에 있다는 점에 동의한다. 사도 바울은 이렇게 말했다.

"내 지체 속에서 한 다른 법이 내 마음의 법과 싸워 내 지체 속에 있는 죄의 법 아래로 나를 사로잡아 오는 것을 나는 본다. 나는 불행한 사람이로다. 이 죽음의 몸에서 누가 나를 건져 내랴? 우리 주 예수 그리스도를 통한 신의 은총일 것이다."[2]

신의 아들, 그의 사도들, 그를 따르는 모든 진정한 제자들은 무엇보다 인내를 권한다. 우리가 선인으로 살아가고자 할 때 견뎌야 할 것이 많음을 알기 때문이다. 결국 진정한 기독교인 그러니까 진정한 철학자들은 양식과 경험에 부합하지 않는 말은 그 무엇도 하지 않지만, 이와는 반대로 온 자연이 끊임없이 스토아주의자들의 의견, 즉 그들의 오만에 저항하는 것이다

기독교도들은 말하자면 종속 상태를 벗어나기 위해 누리면 즐거움을 주고, 끊으면 고통을 받는 모든 것을 버리기 위해 노력해야 하고, 그것이 구세주의 은총을 통해 갖게 된 평화와 자유를 보존하는 유일한 방법임을 알고 있다. 반대로 스토아주의자들은 그들이 품은 공상적인 철학의 거짓 관념을 따라, 자신들이 현명하고 행복하며, 미덕을 갖추

---

2 [옮긴이] 〈로마서〉 7장 23~25절.

고 자족하기 위해서 미덕과 자족을 생각하기만 하면 된다고 상상한다. 양식과 경험만 있어도 가시針에 찔릴 때 고통으로 아프지 않기 위한 가장 훌륭한 방법은 찔리지 말아야 한다는 것임을 확신할 수 있다.

그런데 스토아주의자들은 이렇게 말한다.

"찔러 보시라. 그러면 나는 내 정신의 힘으로, 내 철학의 도움으로 나와 내 신체를 분리함으로써, 일어나게 될 일에 조금도 불안하지 않을 것이다. 내게는 행복은 그런 데 전혀 매이지 않으며, 고통은 악이 아니라는 설득력 있는 증거들이 있다. 내 얼굴 표정을 보고 내 몸 다른 부분의 단호한 태도를 본다면 내 철학이 나를 결코 상처 입을 수 없는 존재로 만드는 것을 보실 것이다."

그들의 용기를 굳건하게 만드는 것이 그들의 오만이다. 그렇지만 그들은 비참한 존재이고, 실제로는 불안하게 고통을 견디고 있다. 그래서 그들과 신체와의 결합은 무너지지 않고 고통도 사라지지 않는다. 그들은 다른 사람들과 결합하고 그렇게 결합한 사람들에게 존중받고자 하는 욕망이 그 결합을 강화한다. 말하자면 이 결합으로 그들이 자기 신체와 맺는 그것과는 다른 결합에 저항하는 셈이다.

그들을 바라보고, 그들과 결합한 사람들을 눈으르 바라보면 고통을 동반하는 정기들의 흐름이 중단되고 고통으로 인해 얼굴에 새겨지는 모습을 지운다는 것이다. 하지만 아무도 보지 않는다면 그들의 정신의 단호함과 자유의 기색은 당장에 사라져 버릴 것이다. 그래서 스토아주의자들이 말하자면 그들과 신체의 결합에 저항하는 경우는 영광을 얻고자 하는 정념으로 결합한 다른 사람들의 노예가 될 때뿐이다.

그러므로 자연이 모든 사람을 감각적 사물에 묶어 놓고, 원죄가 모든 사람들을 그 사물들에 종속시킨다는 것은 항구적 진리이다. 이성과 경험이 대립해 보일지라도 이 점은 경험상 충분히 인정되며, 거의 모든 인간의 행동이 이 점에 설득력 있고 뚜렷한 증거들을 제시한다.

이 결합은 일반적으로 모든 사람들이 갖지만 폭과 힘은 사람들마다 동일하지 않다. 이 결합이 정신의 지식을 따를 때 실제로는 우리가 모르는 대상들과는 결합되어 있지 않다고 말할 수 있다. 작은 초가집에 사는 농부는 군주와 조국의 영광에 관여하지 않지만 그가 사는 마을, 주변 사람들의 영광에는 관여하는데, 그의 지식의 범위가 거기까지이기 때문이다.

(1) 보고 맛본 감각대상과 영혼의 결합은 그저 상상한 것이며, 말하는 것만 들었던 대상과 영혼의 결합보다 더욱 강하다. 우리를 감각대상과 더욱 밀접하게 결합시키는 것은 감정이다. 감정은 거의 항상 단지 상상력이 하는 것 이상으로 두뇌에 더욱 커다란 흔적을 만들고 정기의 운동을 훨씬 더 강렬하게 자극한다.

(2) 이 결합은 정념의 움직임을 따르고 그저 정념에 순응할 뿐인 사람들만큼이나, 끊임없이 정념과 싸워서 이득을 얻고자 집착하는 사람들에게서 크지는 않다. 이 결합력을 높이고 강화하는 것은 강한 욕심이기 때문이다.

(3) 정신의 다양한 배치만큼이나 다양한 직업, 다양한 조건들이 사람들과 토지에서 나오는 부가 맺는 뚜렷한 결합에 엄청난 차이를 만들어 준다. 그래서 위대한 사람들은 그렇지 않은 다른 사람들보다 훨씬 더 얽매여 있으며, 그래서 노예 처지는 더욱 강화된다. 군대를 지휘하는 장군은 그를 바라보고 있는 병사들과 결합되어 있다. 이런 노예 처

지로 인해 종종 관대함을 발휘하는 것이다. 자신에게 주목하고 있는 모든 사람에게 존경을 받고자 하는 욕망 때문에 그는 더욱 뚜렷하고 더욱 이성적인 다른 욕망들을 희생하지 않을 수 없다.

상급자들, 세상에서 큰 존경을 받는 사람들도 사정은 같다 그들의 미덕을 자극하는 것은 종종 허영이다. 영광에 대한 사랑은 보통 진리와 정의의 사랑보다 더 강하기 때문이다. 나는 지금 영광에 대한 사랑을 단순한 성향이 아니라 정념이라고 말하고 있는데[3] 사실 이 사랑은 감각적인 것이고 종종 대단히 강렬하고 격렬한 동물정기의 등요를 동반하기 때문이다.

나이와 성별 차이 역시 사람들의 정념의 차이를 만드는 주요 원인이다. 아이들은 성인들과 노인들과 좋아하는 것이 같지 않다. 혹은 아이들은 똑같은 것이라고 해도 대단히 강력하고 지속적으로 좋아하지는 않는다. 여성은 종종 가족과 이웃에만 속하지만 남성은 조국 전체에 속한다. 그래서 남성이 조국을 지키는 것이며, 그들은 막중한 임무, 명예, 지휘권을 갖고 싶어 한다.

남성의 직업과 직무는 너무나 다양해서 이를 설명하기란 불가능하다. 기혼 남성의 정신의 배치는 미혼 남성의 그것과 같지 않다. 그는 종종 가족 생각에 푹 빠져 있다. 신앙심이 깊은 사람들은 다른 사교계 사람들이며, 심지어 성직자들과도 다른 방식으로 정신과 마음을 기울인

---

3 [옮긴이] "영광은 우리가 스스로에 대해 갖는 사랑에 근거한 기쁨의 일종이고, 다른 사람에 의해서 칭찬을 받고 있다는 견해나 기대에서 오는 것이다."(《정념론》, 204절)

다. 그래서 그들은 훨씬 더 적은 수의 것들과 결합되어 있고, 자연적으로 그것에 더욱 강한 애착을 느낀다. 그래서 이런 방식으로 인간이 처한 다양한 신분에 대해 전반적으로 말할 수 있겠으나, 각자 개별적으로 거의 완전히 다른 사소한 직무들까지 세부적으로 설명할 수는 없다. 사람들이 자기 신분과 관련해서 가져야 할 직무와 완전히 반대되는 개별적 직무들을 갖는 경우가 상당히 자주 있기 때문이다.

그러나 정신의 다양한 성격, 남녀노소, 가진 자와 못 가진 자, 배운 자와 못 배운 자, 성별, 나이, 직업 차이에 따른 다양한 성격을 전반적으로 설명할 수는 있다고 해도 이런 일들은 세상에서 살아가면서 거기서 보는 것을 생각하는 사람들은 너무 잘 알고 있으므로 이 책의 분량만 늘릴 것이다.

이런 일들을 쾌적하고 확실하게 알기 위해서는 눈을 크게 떠야 한다. 눈앞에 일어나는 일을 성찰함으로써 배우는 것보다 그리스어로 읽는 편을 더 좋아하는 사람들이라면 아리스토텔레스의 《수사학》 2권을4 읽어 보면 된다. 내가 생각하기에 그 책이야말로 이 철학자의 가장 훌륭한 책이다. 적어도 이 책에서 그는 잘못 생각할 수도 있는 것은 말

---

4 [옮긴이] 아리스토텔레스 수사학 2권 12~17장. 이 부분은 웅변가가 젊은이들, 노인들, 성숙한 남자들의 성격, 출생, 부, 권력의 상이함에 따라 자극하는 다양한 정념들을 다룬다. 베르나르 라미는 "아리스토텔레스가 《수사학》에서 각각의 정념의 특징, 각각의 세대, 각각의 조건의 풍속에 주목했기에 그는 대단한 찬사를 받았다. 나는 그가 이런 찬사를 받을 만하다는 데 동의하지만 자기 자신을 연구하고 각자의 말과 행동을 관찰하는 것이 더 유용하다는 의견에 힘을 보탠다"(*La Rhéorique ou l'Art de parler*, liv. II, chap. 1).

하는 법이 없고 위험을 무릅쓰고 자기가 개진하는 생각을 증명하는 일이 없기 때문이다.

그러므로 사람들의 정신과, 사람들의 생명 보존 혹은 자기 조국으로 생각하는 사회를 유지하는 데 관련된 모든 것의 이러한 결합은 사람마다 각자 다르다는 점이 명백하다. 지식이 더 많고, 더 중대한 직업을 갖고, 상상력이 더 확장된 사람들은 그 결합의 폭이 더 넓고, 이와는 반대로 더 민감하고, 상상력이 더 강렬하고, 정념의 움직임을 더 맹목적으로 따르는 사람들은 그 결합의 폭이 더 좁고 더 강하니 말이다.

사람들과 감각대상이 결합하는 거의 무한한 방식들을 성찰하는 일은 정말이지 종종 유용하다. 이 문제들을 아주 잘 알기 위한 가장 훌륭한 한 가지 방식은 자기 자신을 연구하고 관찰하는 일이다. 우리가 우리 내부에서 느끼는 것의 경험을 통해서 다른 사람들이 갖는 모든 성향들을 완전히 확실히 배우게 되고, 그들이 따르는 대부분의 정념을 확실히 알게 된다. 이 경험에 그 사람들이 수행하는 개별적 직무들에 대한 지식 및 이것이 다음에 언급할 문제인데 각각의 정념에 고유한 판단들의 지식을 더하게 되면 마치 천문학자들이 식을 예측하는 것만큼 그들의 행동 대부분을 짐작하는 데 아마 큰 어려움이 없을 것이다. 사람들이 자유롭다고는 하나, 그들의 자연적 성향과 강렬한 정념을 억제하면서 자유를 사용하는 일은 대단히 드물다.

이 장을 끝내기 전에 나는 또한 다음을 지적해야 한다. 영혼의 모든 성향들 및 심지어 영혼이 신체와 관계를 갖지 않는 이득에 대해 갖는 성향들에 동물정기의 동요가 동반된다는 점이 영혼과 신체가 결합하는 한 가지 법칙이라는 점이다. 동물정기가 동요됨으로써 이 성향들이 뚜렷해지는 것이다. 인간은 순수 정신이 아니므로 작거나 큰 어떤 정념이 섞이지 않은 완전히 순수한 성향은 불가능하다. 그래서 진리, 정의, 미덕, 신에 대한 사랑은 그 사랑을 뚜렷하게 만들어 주는 정기의 어떤 움직임을 항상 동반한다.[5]

물론 이 움직임을 우리는 알아보지 못하는데 그것은 거의 항상 그보다 더 강렬한 다른 감정들을 느끼고 있기 때문이다. 이와 마찬가지로 정신적인 것들의 지식은 항상 그 지식을 더욱 강렬하게 만들어 주는 두뇌의 몇몇 흔적을 수반한다. 그때 이 지식은 더 강렬하기는 해도 보통 더욱 모호해진다. 어떤 추상적 진리를 생각하고 있는 동안 우리는 거의 상상하지 않는다는 점을 종종 모르고 있다는 점은 사실이다. 그 이유는 이 추상적 진리에는 이미지도 없고, 그 이미지를 재현하기 위해 자연이 설정한 흔적들도 갖지 않으며, 그 진리를 일깨우는 모든 흔적은 사람들의 의지나 우연으로 인해 생긴 것과는 다른 관계를 갖지 않는다는 데 있다.

산술가들과 추상적 문제들만을 고려하는 해석학자들조차 정신의 눈을 관념에 고정시키기 위해 상상력을 강력하게 사용한다. 숫자, 알파벳 문자, 눈에 보이고 상상이 되는 다른 형상들은 항상 사물들에 대한 그들의 관념과 결합되어 있다. 이런 문자들이 만들어 내는 흔적들과 관념들 사이에 아무런 관련이 없고, 그래서 그 흔적들이 관념을 거

---

5 [옮긴이] 지적 기쁨이란 "영혼 자신에 의해 영혼 안에서 불러일으켜진 기분 좋은 동요라고 말할 수 있는데 이는 지성이 영혼에 영혼의 것으로 표상하는 좋은 것을 소유하는 향유로 이루어진다. 영혼이 몸에 결합해 있는 동안에는 이 지적인 기쁨이 정념으로서의 기쁨을 동반할 수밖에 없다는 것은 사실이다."(《정념론》, 91절)

짓으로도 모호하게도 만들지 않기는 한다. 바로 이 점 때문에 숫자와 문자들을 정확히 사용함으로써 그들은 대단히 어려운 진리를 발견하게 되며, 숫자와 문자들이 없이는 발견할 수 없게 된다.

그러므로 순수 정신을 통해서만 지각될 수 있는 사물의 관념들은 두뇌의 흔적과 결합될 수 있고, 좋아하고, 증오하고, 자연적 성향에 따라 두려워하는 대상들을 볼 때 정기의 움직임이 동반될 수 있으므로 영원의 사유, 지옥에의 두려움, 영원한 행복의 희망은 그것이 감각을 자극하지는 않더라도 우리 내부에 강렬한 정념을 자극할 수 있다.

그래서 우리는 생명 보존과 관계가 있는 모든 대상뿐 아니라, 정신이 즉각적으로 결합되어 있는 정신적 대상들에 뚜렷한 방식으로 결합되어 있다고 말할 수 있다. 심지어 신앙, 자비, 이기심이 우리를 모든 감각적 대상들에 묶는 결합보다, 정신적 대상들과의 결합을 더욱 강력하게 만드는 일이 자주 일어난다.

진정한 순교자들의 영혼은 신체 이상으로 신과 결합되어 있고, 자기들은 진실이라고 믿는 거짓 종교를 옹호하다가 죽는 사람들은 죽음의 두려움보다 지옥의 두려움이 그들에게 더 영향력을 미친다. 종교전쟁과 미신의 옹호는 양쪽 모두 대단히 뜨겁고 고집스러울 때가 많아서 정념의 존재를, 심지어 다른 모든 정념들보다 훨씬 더 단호하고 훨씬 더 끈질긴 정념의 존재를 의심할 수[6] 없다. 잘못 생각한 사람들만큼 다

6 [옮긴이] "원인이 정당하지 않을 때 (…) 많은 만족을 얻게 되는 행위가 커다란 중요성을 지니지 않을 때, 또는 그 행위가 그릇되기조차 할 때, 그 만족은 우스운 것으로서 오만과 무례한 거만을 생산하는 데 쓰일 뿐이다. 이것은 스스로의 신앙이 깊다고 믿으면서 단지 편협한 신앙심을 가지고 있는 미신적인 이들 안에서 특별

른 사람들에게도 그 정념은 이성의 외관에 따라 지탱되는 까닭이다.

그러므로 우리의 정념으로 인해 우리에게 신체의 선 혹은 악으로 보이는 모든 것처럼, 정신의 선 혹은 악으로 보이는 모든 것에 우리는 결합되어 있다. 우리를 자극할 수 없는 것으로 우리와 어떤 관계가 있다는 점을 알 수 있는 것은 아무것도 없으며, 우리가 아는 모든 사물들 중에 우리와 어떤 관계를 갖지 않은 것은 아무것도 없다. 우리가 추상적 진리들을 알 때 그 진리들에서조차 우리는 항상 어떤 이득을 얻는다. 적어도 그 진리들과 우리 정신 사이에는 우리가 그 진리들을 안다는 관계가 있기 때문이다. 그 진리들은 말하자면 우리의 지식에 의해 우리들의 진리인 것이다. 그 진리들을 누가 공격하면 우리는 상처를 입는다고 느끼고, 우리가 상처를 입을 때 누가 우리를 자극하고 불안해하게 한다는 것이 확실하다. 그래서 정념의 지배력은 대단히 넓고 광대하므로, 어떤 관점에서 본다면 모든 사람이 정념의 지배를 벗어나 있음을 확신할 수 있는 것을 생각하기란 불가능하다. 그렇지만 지금은 정념의 본성이 무엇인지 살펴보고, 정신이 포함하는 모든 것을 드러내 보도록 하자.

히 볼 수 있는 것이다. 다시 말해 그들은 교회에 자주 가고, 기도문을 많이 암송하고, 짧은 머리를 하고, 단식하고, 헌금하는 것을 빙자하여, 자신이 전적으로 완벽하고 신과 아주 친한 친구라고 생각한 나머지, 그들 자신은 신이 불쾌해하는 것을 전혀 하지 않고 그들의 정념이 그들에게 강요하는 모든 것은 좋은 열의라고 상상한다"(정념론, 190절)

3장

정념 속에서 신체와 영혼에 일어난 모든 변화들의 개별적 설명

감탄의 정념을 제외한다면 우리 정념은 일곱 가지로 구분할 수 있다. 사실 감탄은 불완전한 정념일 뿐이다.[1]

첫째는 정신이 어떤 대상에 내리는 판단으로, 더 정확히 말하자면 우리와 어떤 대상이 맺는 관계를 보는 뚜렷하거나 모호한 시각이다.

둘째는 그 대상이 선이거나, 선으로 보인다고 전제할 때 그 대상을 향한 의지의 움직임의 실제적인 확정이다. 이를 보기 전에 영혼의 자연적 움직임은 확정되지 않았거나 확정되었거나 둘 중 하나이다. 확정되지 않았다는 말은 보편선을 향하고 있다는 말이고, 확정되었다는 말은 어떤 다른 개별 대상의 지식으로 인해 다른 쪽을 향하게 되었다는 말이다. 그런데 정신이 이 새로운 대상과 자기 사이의 관계를 지각하는 순간 의지의 이러한 일반적 움직임은 정신이 지각하는 것에 비추어

1 [옮긴이] "모든 정념 가운데 첫째로 보인다. 그리고 결코 반대 정념을 지니지 않는다."(《정념론》, 53절)

바로 결정된다. 영혼은 사랑으로써 이 대상에 접근하여 그 대상을 맛보고, 즐거움의 감정으로써 그 대상의 선을 인정하게 된다. 이때 즐거움의 감정은 영혼이 선에 이끌릴 때 조물주가 자연적 보상으로 부여하는 것이다. 영혼은 이 대상이 추상적이고, 자신에게 자극을 가하지 않았다는 이유로 선이라고 판단했던 것이다. 그러나 영혼은 이 감정의 유효성을 통해 이 점을 납득한다. 이 감정이 격렬할수록 영혼은 그 감정을 산출하는 것처럼 보이는 선을 더욱 따르게 된다.

그런데 이 개별 대상이 그릇되었거나, 우리에게 어떤 이득을 제거할 수 있는 것으로 간주된다면 의지의 움직임에는 새로운 확정이 일어나는 것이 아니라 단지 그릇된 것으로 보이는 이 대상과 대립하는 선을 향한 움직임의 증가만이 일어난다. 이러한 증가는 악을 더욱 두려워해야 할 것으로 보게끔 하므로 그만큼 더 큰 것이다. 사실 우리의 증오는 사랑하기 때문에 생기고, 우리 외부에 존재하는 악은 우리가 갖지 않은 선과의 관계를 통해서만 그릇된 것으로 판단될 뿐이다. 그래서 악은 선의 결여처럼 고려되므로, 악을 피한다는 것은 선의 결여를 피하는 것, 즉 선을 목표로 하는 것이다.[2] 그러므로 우리에게 불쾌감을 주는 대상을 만났을 때 의지의 자연적 움직임에 새로운 확정이 생기는 것이 아니라, 단지 고통, 혐오, 쓰라림만이 생겨난다. 이것은 조물주가

---

2 [옮긴이] "통상 스콜라 철학에서는 좋은 것을 추구하는 경향이 있고 이것만을 욕망이라고 부르는데, 이 정념을 나쁜 것에서 도피하려는 경향이 있으며, 우리가 반감이라고 부르는 정념에 대립시킨다. 그러나 결여가 나쁜 것이 아닌 어떤 좋은 것도 없고, 결여가 좋은 것이 아닌 어떤 나쁜 것도 긍정적으로 고려되지 않는다."(《정념론》, 87절)

선을 결여한 영혼이 품게 되는 자연적 형벌로서 영혼에 새긴 것이다. 이성만으로는 영혼이 선을 갖게끔 하는 데 역부족이므로, 이를 깨우기 위에서는 슬프고 고된 이 감정[3]이 필요했다.

그래서 모든 정념에서 영혼이 선을 향하고자 하는 모든 움직임들은 오직 사랑의 움직임일 뿐이다. 그런데 선을 바라보고 영혼의 선을 향한 움직임을 동반하는 다양한 정황들에 따라 다양한 감정의 자극을 받게 되므로, 감정과 영혼의 동요를 혼동해서, 감정이 다양한 만큼 정념에도 다양한 움직임이 있다고 생각하게 된다.

그런데 여기서 고통은 실재하는 진짜 악이고, 즐거움이 고통의 결여인 이상으로 고통이 즐거움의 결여가 아니라는 점에 주목해야 한다. 즐거움을 느끼지 않거나 즐거움의 감정을 결여하는 것과, 실제로 고통을 견디는 일 사이에는 차이가 있기 때문이다. 그래서 모든 악이 악인 것은 선을 결여해서가 아니라, 내가 이미 설명했듯이 악은 우리 외부에 존재하고, 우리 내부에 존재하는 존재 방식이 아니므로 악인 것이다. 그럼에도 선과 악을 흔히 좋은 것과 나쁜 것이라고 하지, 즐거움의 감정과 고통의 감정이라고 하지 않는다. 그런 감정은 오히려 영혼이 선과 악을 구분하도록 해주는 자연적 표지들이다.

그런 것처럼 악은 선의 결여일 뿐이고, 악을 멀리하고자 하는 영혼

---

3 원죄 이전에 이 감정은 고통이 아니라 단지 경고 정도일 뿐이었다. 내가 이미 말했듯이(1권 5장 1절 — 옮긴이) 아담이 고통의 원인이었던 동물정기의 움직임을 멈추고자 했을 때 그는 그렇게 할 수 있었기 때문이다. 그래서 원죄 이전에 그가 고통을 느꼈다면 그것은 그가 그것을 원했기 때문이다. 더 정확히 말하면 그는 고통을 느끼고자 하지 않았기 때문에 느끼지 않았다.

의 자연적 움직임은 영혼을 선으로 향하게 만드는 움직임과 동일하다고 말할 수 있는 것처럼 보인다. 결국 무엇이든 자연적 움직임은 조물주가 새긴 자극으로서, 그 자극은 조물주만을 위해 작용하고 그것만이 우리의 관심을 조물주를 향해 돌릴 수 있도록 하는 것이다. 영혼의 진정한 움직임은 본질적으로 언제나 선의 사랑이고, 우연에 의해서만 악의 회피이기 때문이다.

고통이 악으로 간주될 수 있음은 사실이다. 이런 의미에서 고통이 자극하는 정념의 움직임이 실재적이지 않은 것이, 고통을 원하는 이는 없기 때문이다. 고통이 존재하지 않기를 정말로 바란다면 우리가 존재의 보존 혹은 완전성을 바라는 까닭이다.

우리 정념 하나하나마다 주목할 수 있는 셋째는 정념에 수반되는 감정, 즉 사랑, 혐오, 욕망, 즐거움, 슬픔의 감정이다. 이 감정들은 정념이 상이할 때 항상 상이하다.

넷째는 정기와 피가 신체의 외적 부분들과 내부 부분들을 향해 새로이 흐름을 확정하는 것이다. 정념의 대상을 보기에 앞서 동물정기가 신체 전체로 퍼져 있었고, 그래서 신체의 모든 부분들을 전반적으로 보존하고 있었다. 그런데 새로운 대상이 눈앞에 보일 때 이 구조 전체가 흔들린다. 대부분의 정기들은 팔, 다리, 얼굴 및 신체의 모든 외적 부분들 속으로 밀려가 지배적인 정념에 고유한 배치에 맞춰지고, 눈앞에 닥친 악을 회피하거나 선을 획득하는 데 필요한 움직임과 태도를 갖추게 한다. 사람의 힘이 필요를 채우는 데 충분하지 못하다면 이 정기들은 기계적으로 무슨 말이며 고함을 큰 소리로 지르도록 하고, 얼굴과 신체의 나머지 부분에 그를 동요시킨 바로 그 정념으로 다른 사람들을 자극할 수 있는 어떤 표정을 펼치도록 하는 방식으로 배치된다. 사람들과 동물들은 어떤 자가 자극되었을 때 눈과 귀를 통해 사로잡히므로 필연적으로 그를 바라보고 그의 말을 듣는 모든 사람들을 뒤흔들고, 사람들의 상상력에 그들을 동요시켜, 그의 생명의 보존에 관심을 갖도록 하는 자극을 만들어 낸다.

남은 동물정기는 심장, 폐, 간, 비장 및 다른 내장들 속으로 격렬하게 내려가서 이 모든 부분들에서 이득을 끌어내도록 하고, 짧은 시간 안에 서둘러 신체가 취해야 하는 특이한 행동으로 신체를 보존하고, 선을 획득하거나 악을 회피하는 데 필요한 정기를 공급하도록 한다.

다섯째는 예상치 않게 정기들이 폭발적으로 배출됨으로써 영혼이 자극을 받게 되면서 뚜렷이 보여 주는 동요이다. 영혼이 눈에 띄게 동요할 때 항상 정기의 움직임을 수반하여 영혼은 신체를 자극하는 모든 것에 참여하게 된다. 영혼이 어떤 대상을 향해 이끌리자마자 신체 속에 정기의 움직임이 자극되는 것과 마찬가지이다. 영혼은 신체와 결합되어 있고, 신체는 영혼과 결합되어 있으므로 이들의 움직임은 상호적이다.

여섯째는 사랑, 혐오, 기쁨, 욕망, 슬픔과 같은 상이한 감정인데, 이는 우리가 방금 말했던 것들처럼 선이나 악을 지성의 관점으로 보아서 생긴 것이 아니라 동물정기가 두뇌에 서로 다른 동요를 일으켜서 생긴 것이다. 이 후자의 감정이 더욱 강렬하다.

일곱째는 어떤 기쁨의 감정이거나 더 정확히 말하자면 내적 즐거움이다. 그것이 영혼을 정념에 집중시키고, 영혼이 그것이 주시하는 대상에 관계하여 갖게 될 상태에 있다는 점을 보여 주는 것이다. 이 내적 즐거움은 일반적으로 모든 정념들, 그러니까 기쁨처럼 슬픔을, 선을 볼 때 생기는 정념들만큼이나 악을 볼 때 생기는 정념들을 동반한다. 이 즐거움이 우리의 모든 정념을 쾌적한 것으로 만들고, 우리가 그 정념에 동의하고 그 정념에 빠져들도록 이끈다. 결국 은총의 기쁨과 신앙과 이성의 즐거움으로 극복해야 하는 것이 이 즐거움이다. 정신이 느끼는 기쁨은 언제나 우리가 지각하는 사물들과 관계하여 우리가 있을 수 있는 가장 훌륭한 상태에 있다는 확실하거나 명백한 지식에서 나오는 것처럼, 정념의 즐거움은 우리가 지각하는 사물들과 관계하여 우리가 있을 수 있는 가장 훌륭한 상태에 있다는 모호한 감정의 자연적 귀결이다. 그런데 정신의 기쁨과 은총의 즐거움으로써, 우리를 감각적 선善의 노예로 만드는 우리 정념의 거짓 즐거움을 극복해야 한다.

우리가 방금 언급한 일곱 가지 전제는 모호한 감정으로 자극될 때와, 그 감정들의 원인이 될 수 있는 선도, 악도 지각하지 못할 때를 제외한다면 모든 정념에서 항상 발견되는 것이다. 반면 첫 세 가지가 정념에서 발견되지 않는다는 것이 명백하다.

이 모든 일들이 전혀 자유롭지 않고, 우리 없이도, 심지어 원죄 이후에는 우리의 의사와는 상관없이 우리 안에 존재한다는 것을, 전적으로 우리에게 달린 우리 의지의 동의만이 존재한다는 것을 알 수 있었을 것이다. 이 모든 일들을 더 자세히 설명해 보고, 몇 가지 사례를 통해 그 일들을 더욱 분명하게 해보자.

그래서 어떤 사람이 지금 모욕을 받거나, 그 사람이 태생적으로 상상력이 강력하고 격렬하거나, 질병, 혹은 슬픔이나 멜랑콜리에 빠져 은둔에 이르는 것처럼, 어떤 사고로 격앙되었을 때 연구실에서 심지어는 자기 생각조차 하지 않고 자신을 해칠 수 있고 해치고자 하는 의지가 있다고 생각하게 된다. 감각적 시각, 혹은 적의 행동과 자기 의도의 관계에 대한 상상력이 그가 갖는 정념의 최초의 원인이다.

그 사람의 의지의 방향이 새로이 확정되기 위해서 반드시 그 사람이 모욕을 받거나 모욕을 받는다고 상상하고, 또 자기 의도에 반하는 걸림돌을 발견할 필요조차 없다. 단지 신체가 전혀 관여하는 일 없이도 정신을 통해서 그렇게 생각해 보는 것으로 충분하다. 그런데 이 새로운 확정이 정념의 확정이 아니라, 대단히 나약하고 무기력한 순전한 성향일 수 있듯이, 감각과 상상력이 지식에 전혀 혹은 거의 관여하지 않는 어떤 다른 사람을 가정하는 것보다, 그 사람이 자기 의도에 반하는 엄청난 걸림돌을 만났거나, 누가 자기에게 그런 걸림돌을 만들었음이 틀림없다고 강력하게 상상하고 있다고 가정해야 한다.

우리가 그 사람의 정념에서 고려할 수 있는 두 번째 것은 선을 향한 그의 의지의 움직임이 증가한다는 것이다. 실재하는 적이든 상상의 적이든 그 선을 획득하지 못하도록 방해하고 있다. 또한 그가 받는 걸림돌이 정말 엄청난 것으로 보이므로 의지의 움직임의 증가는 그만큼 더 커진다. 그 사람이 처음에 적을 증오한 것은 그가 선을 사랑하기 때문일 뿐이었다. 선에 대한 그의 사랑이 더 강력함에 따라 그의 증오도 그만큼 더 강해진다. 이 경우 증오를 할 때 의지의 움직임이 사랑의 움직임과 다른 것이 아니므로 선을 향한 영혼의 움직임과 선의 결여를 피하도록 하는 움직임은 다르지 않다. 이 점은 이미 언급한 것이다.

세 번째 것은 정념에 적합한 감정으로, 이 정념에서는 증오의 감정이다. 증오의 움직임은 사랑의 움직임과 동일한 것이지만, 증오의 감정과 사랑의 감정은 서로 아주 다르다. 이는 각자 자기 경험으로 알 수 있다. 움직임은 의지의 행위에 속하고 감정은 정신의 변형에 속한다. 의지의 움직임은 정신이 감정을 갖게 하는 자연적 원인들이다. 또한 정신의 이러한 감정은 이번에는 그 움직임을 확정하는 의지의 움직임을 유지하게 된다. 그 사람에게 증오의 감정은 악을 보았을 때 자극되어 움직이게 된 그의 의지의 자연스러운 귀결이다. 그리고 그다음으로 이 움직임은 그 원인이 된 감정으로 유지된다.

그 사람에 대해 방금 언급한 내용은 그가 신체를 갖지 않았다고 해도 일어날 수 있기는 하다. 그렇지만 그는 자연적으로 결합된 두 부분으로 구성되어 있기 때문에 정신의 움직임은 신체로 전해지고, 신체의 움직임은 정신에 전해진다. 그래서 의지의 움직임이 새롭게 확정될 때 자연적으로 동물정기의 움직임도 새롭게 확정된다. 영혼의 움직임은 거의 항상 변하지 않고 그대로이기는 하나, 이런 새로운 확정은 항상 정념들마다 다르다.

그러므로 동물정기가 팔, 다리, 얼굴 속으로 강력히 밀려들어가서 신체를 정념을 받아들일 수 있게끔 배치하고, 모욕을 받게 된 모든 상황들이며, 모욕을 가한 자와 모욕을 받은 자의 자질과 힘과 관련해서 그렇게 모욕당한 사람이 갖게 되는 표정을 얼굴에 나타낸다. 또 선이 더 크거나 그렇게 보이고, 걸림돌이 더욱 강하고, 두뇌에 격렬한 자극이 가해지므로 그만큼 더 정기의 표출은 더 강하고, 더 풍부하고, 더 신속하다.

그러므로 우리가 말하고 있는 사람이 모욕을 오직 상상력을 통해 받아들이거나, 실재하지만 가벼워서 두뇌에 상당한 동요를 일으키지 않는 모욕을 받는다면 동물정기의 표출은 약하고 무기력할 것이며, 아마 일상적이고 자연적 신체의 배치를 바꿀 정도로 대단한 것은 아닐 것이다. 그런데 모욕이 무참해서 상상력이 뜨거워지면 그 사람의 두뇌에 엄청난 동요가 생길 것이고, 정기가 엄청나게 강한 힘으로 확산되어 한순간에 그의 얼굴과 신체에 그를 압도하는 정념의 표정과 태도가 나타날 것이다. 그런 것쯤 극복할 정도로 강한 사람이라면 그의 태도는 험하고 오만하겠고, 나약하여 그를 압도하고 말 악에 저항할 수 없는 사람이라면 그의 태도는 공손하고 순종적일 것이다. 그래서 그가 탄식하고 눈물을 흘릴 때 모인 사람들이며, 심지어는 그의 적에게도 자연적으로 동정의 움직임을 일으켜 그들에게서 자신의 힘으로는 기대할 수 없었던 도움을 얻어낼 것이다.

그 비참한 자 앞에 모인 사람들이며, 그의 적의 정기와 두뇌 섬유가 벌써 마음에 동정심을 일으키기에는 참으로 불리한 강렬한 움직임에 자극되었다면 그 사람의 탄식을 들어도 그들의 강렬한 움직임은 계속 커지기만 할 뿐이며, 그 사람의 표정과 태도가 계속 변하지 않았다면 그는 불행을 피할 수 없을 것이다. 그러나 자연은 이 문제에 제대로 대비했다. 어떤 대단히 큰 선이 곧 사라지고 말겠다는 것을 보게 되면 얼굴에는 자연스럽게 격분과 절망의 표정이 생긴다. 그 표정이 얼마나 강렬하고 놀라운지 그보다 더 열정에 사로잡힐 수 없는 이들의 감정을 누그러뜨리고 그들을 꼼짝 못하게 만들어 버린다. 한 비참한 자의 얼굴에 자연의 손으로 그려진 죽음의 뚜렷한 모습이 예상치도 않고 끔찍하게 드러나는 것을 볼 때, 그의 적이라도 그 모습에 충격을 받으면 복수의 마음이 들게 했던 정기와 피의 움직임이 중단되고 만다. 바로 이렇게 호의와 지지를 얻어내는 순간 자연은 저 비참한 자의 얼굴에 공손하고 순종적인 태도를 그려내고, 그 사람은 자기 적이 표정에 변화가 생기고 꼼짝 못하는 것을 보고 희망을 갖기 시작한다. 그의 적의 동물정기의 흐름이 확정되는데 이는 이전에는 한순간도 가능하지 않았던 일이다. 그래서 적은 기계적으로 동정의 움직임을 얻게 되고, 그런 움직임으로 인해 적의 영혼은 자연적으로 애덕과 긍휼의 근거를 받아들이게 된다.

여기서 주목해야 할 점은 영혼이 이렇게 작동하는 기계와 무관하며, 그것은 오직 우리 신체의 지혜롭고 경이로운 구성에서 비롯한 자연적이고 필연적인 결과라는 것이다. 신은 무한한 지혜로써 신체의 보존에 반드시 필요한 태엽이며, 모든 원리들을 설치해 두었다. 신체에서 무슨 일이 일어나고 있는지 아무리 잘 안다고 해도 우리가 기울이는 경계와 배려의 문제였다면 신체는 바로 죽어 없어지고 말았을 것이다. 감정과 영혼의 움직임이 언제나 두뇌 섬유의 진동 및 동물정기의 흐름을 동반하는 것이 사실이지만, 그렇다고 해서 그 원인인 것은 아니다. 영혼이 품게 된 어떤 감정이 신체를 움직일 수 있으리라고 생각할 수 없기도 하지만 그 밖에도 어떤 정념에 영혼이 자극되었을 때 자기 신체에 동물정기, 근육, 신경이 있다고 생각하지 않으리라는 것이 확실하다. 영혼은 신체가 어떤 태도를 취하게 해야 하는지도, 자기 얼굴에 어떤 표정을 지어야 하는지도 모른다. 심지어는 그런 표정이 실제로 생겼대도 눈앞의 거울에 비춰보거나 친구가 알려주지 않는다면 그 점을 눈치채지도 못한다. 결국 영혼이 아무리 저항하더라도 종종 신체라는 기계가 그렇게 작동하지 못하도록 할 수 없을 뿐 아니라, 다른 방식으로 작동하도록 할 수도 없다.

그렇지 않은 유일한 경우는 영혼이 크게 벌어진 흔적으로 인해 동물 정기의 흐름을 다른 쪽으로 바꿀 수 있는 어떤 다른 대상을 강하게 상상할 수 있을 때뿐이다. 그것이 영혼이 정념의 결과들을 중단시킬 수 있는 유일한 방법이다.[4] 그러므로 영혼이 신체라는 기계가 작동하는 것을 반드시 바라보고 영혼과 신체의 결합 법칙의 결과 그것에 자극을 받을지라도, 다양한 운동에 전혀 관여하지 않거나, 그 운동의 진정한 원인이 아니라는 점이 명백하다.

내가 방금 말한 것으로부터 보통 짐승들도 영혼을 가졌음을 증명하기 위해 동원하는 근거들이 아무것도 증명하지 않거나 주장하는 것과는 반대 주장을 뒷받침한다는 결론이 나온다. 흔히들 개들은 상처를 입을 때 큰 소리로 짖는다고 한다. 그러므로 개들에게 영혼이 있다는 것이다. 내가 방금 말한 바에 따르면 그 주장으로부터 개들에게 영혼이 없다는 결론을 내려야 한다. 짖는다는 것은 기계 구성의 필연적 결과이기 때문이다. 아주 건강한 상태의 남자가 상처를 입고서도 고함을 지르지 않는다면 그것은 그의 영혼이 신체라는 기계의 작동에 저항하고 있다는 증거이다.[5] 그에게 영혼이 없고, 신체가 제대로 구성되었다

---

4 [옮긴이] "아주 멀리 있는 대상을 관찰하려고 단지 생각만 한다면 의지를 갖고 있어도 그런 식으로는 전혀 눈동자를 확대하지 못한다. (…) 자연은 눈동자를 확장하거나 축소하는 데 필요한 방식으로 시신경을 향해 정기를 밀어내는 샘의 운동을, 눈동자를 확장하거나 축소하려는 의지와 결합시키지 않고, 오히려 먼 사물이나 가까운 사물을 바라보려는 의지와 결합시켰기 때문이다.(《정념론》, 44절)

5 [옮긴이] 코드르무아는 《언어의 자연적 담화》 첫 머리에서 인간-기계의 가설을

면 분명 그는 상처를 입을 때마다 고함을 지를 것이다. 팔에 사혈할 때 바늘을 갖다 대는 순간 영혼이 이에 저항하지 않았다면 팔이 기계적으로 움츠려들게 되는 것은 누구나 느끼게 된다. 그런데 횡경막이며, 고함을 지르는 데 필요한 어떤 다른 근육들의 움직임은 팔의 운동만큼이나 부분적으로 영혼에 의존한다. 그래서 상처를 입고도 고함을 지르지 않고 몸을 움츠리지도 않는다면 그것은 영혼이 기계의 작용에 저항하기 때문이다. 그러므로 짐승들에게 일어나는 반대의 경우로는 그 점을 입증한다는 주장들을 입증하지 못한다.

그러나 동물은 먹이를 잡고 사람들만큼 능숙한 솜씨로, 심지어는 그 이상의 솜씨로 수많은 행동을 한다고 주장들을 하는 것이다. 동물이라는 기계가 우리 신체의 기계보다 더 잘 작동되기도 한다는 점은 나도 인정한다. 그러나 그 무엇도 기계의 작용을 방해하지 않는다. 동물들의 행동에는 영혼이 없고, 그러므로 대상들이 눈앞에 있을 때 동물들을 자극하는 움직임에 저항하는 움직임도 없다. 무한한 지혜를 가진 자가 동물들의 신체에 경이로운 조성을 만들어 준 결과로 말이다. 어떤 생각을 입증하는 증거를 그것을 확증하는 것보다 뒤집어버리는 데

논의하며 정신의 흔적을 발견한다. "나는 (인간-기계들이) 그들 자신 및 그들의 자기 보존과는 전혀 관련이 없는 사물들을 만드는 것을 종종 본다. 나는 그들 중에 마주치면 필시 자신을 죽일 수 있는 다른 신체들에게 범죄를 저지르는 것을 본다. 나는 그들 중에 필요한 양식과 그들을 해칠 수 있는 모든 것을 피할 수 있는 장소를 버리고 떠나서 죽음이 거의 확실한 곳으로 달려가는 것을 본다. (…) 내가 그들이 단호하게 그들을 죽게 만드는 것에 가까이 가거나 그들의 생명을 보존할 수 있을 것을 저버리는 것을 볼 때 나는 이 결과들의 원인이 그들과 대상들 사이의 기계적인 비율에 있다고 생각할 수 없다."(《작품집》, p.202)

더 적합한 사실로 간주하는 것은 편견이 만들어 낸 이상한 결과이다.

짐승도 영혼을 갖는다고 주장하는 사람들의 주장을 내가 계속 다뤘다면 내 주제에서 너무 멀리 멀어지고 말았을 것이다. 여기서 나는 그들이 편견의 원인을 깨닫게 하도록 노력하는 편이 낫겠다. 우리 두뇌가 어떤 부분들로 구성되었는지 우리는 정확히 모르고 앞으로도 모를 것이며, 그 부분들의 용도도, 그 부분들이 한편으로는 대상들의 자극을 받는 기관과, 다른 한편으로는 우리 신체의 모든 부분들과 갖는 다양한 관계도 더욱 모를 것이고, 더욱이 우리 영혼은 실제로 자신을 느끼지 않을 수 없으므로 영혼이 지금 모르고 있고 생각하지 않는 신체 구성을 실제로 그것에 의존하는 결과로 여기지 않는다. 또 영혼은 그 원인은 오직 자신뿐이라고 판단하는 경향이 있는데, 실제로 현전하는 것은 영혼뿐이고, 영혼이 존재할 수 있으려면 영혼 자신을 생각해야 하기 때문이다. 또한 이 편견을 더욱 굳히는 것은 우리 내부에는 우리 의지에 의존하고, 그 결과 진정한 원인이라고 우리가 생각하게 되는 여러 움직임들이 일어나기 때문이다. 이 점으로부터 우리는 신체의 생명을 보존하고, 일반적으로 신체 내부에서 생명 보존을 목적으로 하는 모든 움직임을 산출하는 것이 바로 우리의 영혼이라고 판단하게 된다. 그래서 동물들이 제 자신은 물론 자기 종을 보존하기 위해 우리 인간 자신이 행하는 일을 하는 것을 볼 때 동물에게도 영혼이 있다고 생각하게 된다. 우리가 행하는 모든 움직임들의 원리가 동물에게 존재한다고 공연히 믿는 것이다. 그리고 우리가 모든 원인들에 자연스럽게 인격을 부여하고, 더욱이 사유하지 않고, 의지하지 않고, 느끼지 않는 영혼이란 무엇인지 모르므로, 우리의 개가 우리를 알고, 우리를 사랑하고, 상처를 입게 되면 우리가 느끼는 고통과 동일한 고통을 느낀다고 판단한다.

신은 특별히 인간을 위해 개를 만드시고 인간이 개와 우정을 맺도록 했으므로 신은 개가 어떤 과장된 몸짓을 하고, 머리, 등, 꼬리를 움직일 수 있게끔 만든 것이다. 그런 몸짓과 움직임들은 본래 영혼의 사유와는 전혀 관계가 없지만 그것으로 인해 사람은 개가 자신을 사랑하고 있으며 자신을 즐겁게 하는 행동을 한다는 생각이 일어난다. 내가 보기에는 바로 이 점이 짐승들도 영혼을 갖는다는 편견을 조장하는 주요한 원인들인 것 같다. 결과를 놓고 본다면 정말 위험한 편견이다. 나는 다른 곳에서 이를 증명한 바 있다.[6]

신을 찬양하고 신의 지혜는 무한함을 인정하도록 하자. 신은 모든 동물에게 생명 보존과 종의 번식에 필요한 모든 원리들을 갖춰 주었다. 최초의 동물과[7] 최초의 식물에 무한히 작은 배아胚芽들을 넣었던 신은 운동 법칙의 결과로써 이 배아들이 자라고 성장하여 영원토록 종을 보존하도록 할 작정이었다. 그러니 창조주의 지혜를 경솔하게 제한해서는 안 된다.

우리는 신의 지혜가 무한하다고 입으로는 인정하지만 우리 정신은 창조주를 의인화하고, 우리가 이해할 수 없는 것은 신에게도 불가능하다고 판단해 버리는 자연적 성향 때문에 신을 깎아내리는 것이다. 그

6 《드 라 빌 씨의 반박에 대한 변론》(*Défense contre l'accusation de M. de La Ville*)과 앞의 2권 4장을 참조.

7 이 책의 마지막 주해 마지막 부분을 참조.

러므로 우리는 피조물의 속성일 수 없는 것을 피조물에게 돌리는 다른 잘못에 빠지지 말아야 한다. 사실 짐승들이 하는 행동에 기지와 재주가 보인다는 이유로 짐승에게도 영혼이 있다고 주장하는 것은 신이 이상하게도 깜박 잊는 바람에 피조물에 장인匠人의 지혜를 부여했다는 것이다. 인간 신체와 동물 신체에서 매 순간 어떤 일이 일어나고 있는지 상세하게 검토하면 신체 내에서 정확하고 규칙적으로 이루어지는 움직임들이 얼마나 다양하게 드러나는지, 유한한 정신으로는 한순간에 그 움직임을 알고 조정할 수 있으리라고 생각도 못할 것이다. 짐승에게 있다는 영혼이 대상들을 보며 신체라는 기계를 작동시키고 조종했다면 확실히 그들은 우리보다 무한한 정신을 가졌을 것이다. 우리 내부에서 우리 없이 이루어지는 무한한 움직임들을 고려하지 않는다면 우리 영혼은 우리 의지를 따르는 움직임들의 진정한 원인이 아니기 때문이다. 우리는 말하고자 하고 노래하고자 하지만 말하거나 노래하기 위해서 어떤 근육들을 움직여야 하는지 모른다.

신이 만든 모든 것에는 분명 지성의 표시가 나타난다. 밀알은 반대 방향으로 뿌린다. 뿌리는 자라나 땅 쪽으로 휘어지고, 줄기는 공중을 향한다. 여기에 정신의 흔적이 보인다. 줄기는 처음에는 바람의 힘을 막아야 하므로 굳어져 강해지니 여기에 앞으로 벌어질 일의 예지叡智가 보인다. 이 마디는 상부보다는 하부에서 서로 더 가까운데, 역학 법칙에 따라 막아야 하는 바람의 힘이 하부에서 더 크기 때문이고, 줄기 속이 비어 있다면 튼튼히 지탱하기 위해서는 자기 무게를 많이 줄여야 하는 동시에 자기 힘은 감소시키지 않거나 아주 적게만 감소시켜야 했기 때문이다. 이 모든 점으로 볼 때, 그리고 아마 순수 지성으로는 모르는 눈에 보이지 않는 무한한 다른 움직임들을 볼 때 무한한 정신이 드러나는 것이다.

그런데 확실히 밀알도, 공상에 가득 찬 상상력이 밀알을 자라도록 보탤 수 있는 그 무엇도 나중에 불어닥칠 바람의 힘을 예측하지 못하고, 자연적으로 역학을 알고 있는 것도 아니다. 이 밀알과, 밀알이 성장해서 그것과 닮은 똑같은 밀알을 산출하는 방식에 창조주의 무한한 지혜가 드러난다. 그러니 창조주의 지혜를 찬미하고 숭배하도록 하자. 창조물이나 영혼 및 공상적 형태들에 오직 장인만이 가진 아주 작은 부분도 부여하지 말도록 하자. 나는 이 주제로 다시 돌아오겠다.

열정에 사로잡혔더라도 대단히 풍부한 정기가 없는 사람이라면 신체가 인위적이고 기상천외한 태도를 띠게 될 만큼 강렬한 불행의 이미지도, 강력한 동요도 산출하고 보존할 수 없으므로, 그자의 신체 내부에 호응하는 신경들은 어떤 악을 보게 되면 심장으로 이어지는 모든 혈관에 정념이 필요로 하는 정기를 산출하기에 적합한 체액을 흘려보낼 정도로 충분한 동요와 충격을 받게 된다. 동물정기는 간, 비장, 췌장 및 전반적인 모든 장기臟器에 이르는 신경들 속에 퍼져나가므로 정기를 동요시키고 충격을 가하게 되며, 동물정기의 동요를 통해 이 부분들이 기계의 필요를 위해 보존하는 체액을 짜내게exprimer 된다.

그런데 이 체액이 계속 심장에 똑같은 방식으로 흘러갔고, 심장에서 여러 시기에 똑같이 발효하게 되었고, 이로부터 형성된 정기들이 똑같이 두뇌로 올라갔다면, 정념들의 움직임에 급격한 변화가 나타나는 것을 볼 수 없을 것이다. 예를 들어 행정관이 보는 앞에서 복수를 향해 달려 나가는 한 격노한 자는 분격을 멈출 수 없고, 피와 정기로 아주 뜨거워진 그의 얼굴이 무슨 형벌을 받게 될까 하는 두려움에 단번에 창백해지고 희미해지게 되지도 않을 것이다.

그래서 이 체액이 피와 섞여 동일한 방식으로 심장으로 들어가지 못하도록 심장의 동맥은 신경으로 둘러싸여 있다. 대상을 보고 상상력이 힘을 발휘하면 정기에 자극이 생기는데 이것으로 동맥이 죄여지거나 느슨해지면서 이 체액이 들어갈 길을 열거나 닫는 것이다. 그리고 이 체액이 심장 속에서 시시각각 같은 동요며 같은 발효를 일으키지 못하도록 심장 박동을 일으키는 다른 신경들이 있는데, 이 신경들은 정기가 다양하게 움직일 때 마찬가지로 동요하는 것은 아니어서 피가 앞서 말한 것과 같은 힘으로 동맥 속으로 밀려들어가지는 못한다. 폐에 퍼져 있는 다른 신경들은 호흡에 쓰이는 관의 지류들을 죄고 느슨하게 하면서 심장에 공기를 공급하는데, 이런 방식으로 지배적 정념이 발현되는 상황들과 관련해서 피의 발효를 조절한다.

마지막으로 정기의 흐름을 더욱 정확하고 신속하게 조절할 목적으로 두뇌로 올라가는 동맥만큼이나 피를 신체의 다른 모든 부분들로 운반하는 동맥을 둘러싸고 있는 신경이 있다. 그래서 어떤 상황에서 뜻밖의 무엇을 보게 되면 정념의 움직임 전체를 바꾸어야 할 때이므로 이에 동반하여 동요하게 된 두뇌는 갑작스럽게 정기의 흐름이 이 동맥 주위의 신경을 향하도록 바꾼다. 그렇게 신경이 수축하면 두뇌를 향해 피가 올라가지 못하게 통로를 막고, 신경이 이완되면 피의 통로를 열어 신체의 다른 모든 부분으로 퍼지도록 한다.

피를 두뇌로 보내는 이 동맥이 통제를 받지 않는 반면, 피를 신체의 다른 모든 부분으로 공급하는 동맥이 신경들로 단단히 묶여 있을 때 머리는 피로 가득 차게 되고 얼굴에도 피가 가득 쏠린다. 그런데 어떤 상황이 일어나 신경을 이렇게 배치시켰던 원인이 되었던 두뇌의 동요에 변화가 일어나게 된다면 묶여 있던 동맥이 느슨해지고 이와는 반대로 다른 동맥이 꽉 죄인다. 그렇게 되면 머리에 피가 사라지니 얼굴이 창백해진다. 심장에서 소량의 피가 나오는데 우리가 이미 말했던 신경이 그 피를 두뇌로 들여보내 생명을 유지하고, 거의 모든 나머지 피는 신체의 아랫부분으로 내려가게 한다. 그렇게 되면 두뇌에는 동물정기가 부족해지고, 신체의 나머지 모든 부분은 무력해지고 진전振顫을 겪게 된다.

지금 말한 사항들을 세부적으로 설명하고 입증하려면 자연학에 대한 일반 지식 및 인간 신체의 개별적이고 대단히 정확한 지식을 반드시 갖추어야 하고 제시해야 할 것이다. 그러나 이 두 학문은 내가 요구하는 정확성을 고스란히 보존하기에는 턱도 없이 불완전하며, 앞으로도 계속 그러할 것이다. 내가 이 분야를 더 깊이 파고들었다면 나는 금세 내 주제를 벗어나기도 하겠지만 말이다. 여기서는 이 생각이 틀리지 않은 이상 정념의 전반적이고 대략적인 관념을 전하는 것으로 내게는 충분하다.

이러한 두뇌의 동요와, 피와 정기의 이러한 움직임이 우리가 가진 모든 정념에 존재하는 네 번째 것이며, 이 두 가지로 인해 영혼의 감각적 동요émotion sensible라는 다섯 번째 것이 산출된다.

동물정기가 두뇌에서 나와 신체의 다른 나머지 부분으로 밀려들어가 정념을 유지하기에 적합한 움직임을 산출하는 순간, 영혼은 선을 알아차리고 그 선을 향해 밀려나간다. 두뇌의 동요가 영혼과 동물정기를 자극하므로, 정기는 두뇌에서 더욱 강한 힘으로 나오고, 그러므로 그만큼 더 강력하다.

영혼이 선을 향해 움직일 때 선을 더 뚜렷하게 보게 되므로 그만큼 더 그 움직임이 강력하다. 또한 두뇌에서 나와 신체의 나머지 부분으로 퍼져나가는 정기의 움직임은 대상이나 상상력으로 인한 자극이 원인이 될 때 두뇌 섬유가 더욱 강하게 동요하므로 그만큼 더 격렬하다. 그래서 두뇌가 이렇게 동요할 때 선을 더욱 뚜렷이 보게 되므로 정념에 사로잡힌 영혼의 동요는 정기의 움직임과 동일한 비율로 증가하게 되는 것임이 틀림없다.

영혼의 동요는 우리가 이미 말했던 선을 지성적으로 파악했을 때 즉각적으로 생기게 되는 동요와 다른 것이 아니다. 영혼과 신체는 결합되어 있으므로 이 동요를 산출하는 지성이 뚜렷이 파악하는 이상으로 동요는 더 강력하고 더 강렬하게 된다.

존재할 수 있는 여섯 번째는 사랑, 혐오, 욕망, 기쁨, 슬픔의 감정으로서의 정념의 감정이다. 이 감정은 우리가 이미 언급했던 감정과 전혀 다르지 않다. 신체가 그 감정에 상당 부분 관여하고 있으므로 그저 더욱 강렬하지만, 우리의 모든 정념들을 쾌적한 것으로 만들어 주는 어떤 즐거움의 감정이 항상 뒤따른다. 그리고 이것이 우리가 가진 모든 정념에서 발견되는 마지막 것으로서, 우리는 이미 이를 언급한 바 있다.

이 마지막 감정을 일으키는 원인은 이러하다. 정념의 대상을 볼 때나 어떤 새로운 환경에 처하게 되면 동물정기의 한 부분은 머리에서 나와서 신체의 바깥쪽 부분을 향해 밀려나가 신체는 정념이 요구하는 태도를 갖추게 된다. 또한 어떤 다른 정기들이 심장, 폐, 장기들로 힘차게 쏟아져 필요한 도움을 끌어낸다. 우리는 이 문제를 이미 충분히 설명했다. 그런데 신체가 반드시 존재해야 하는 상태에 있거나 영혼이 이로부터 많은 이득을 얻게 되는 일은 결코 일어나지 않는다. 그런 상태에서라면 신체에는 상당한 고통이 가해지게 될 테니 말이다. 그래서 우리가 정념의 운동을 따르고, 정념의 대상을 볼 때 신체가 그 대상에 대해 어떤 상태를 취하도록 신체에 일어나는 정기의 흐름을 멈춰 세우지 않아, 이 대상과 관련하여 존재해야 할 상태로 두게 될 때, 자연의 법칙에 따라 영혼은 신체가 있어야 할 상태에 있으므로 생기게 되는 즐거움과 내적 만족의 감정을 받아들이게 된다. 이와는 반대로 이성의 규칙에 따라 영혼이 이러한 정기의 흐름을 멈춰 세우고 이들 정념에 저항할 때 그로 인해 신체에 가해질 수 있는 악에 비례하여 영혼은 고통을 견디는 것이다.

영혼의 자기 성찰이 필연적으로 정신의 기쁨이나 슬픔을 수반하고, 그다음에는 감각의 기쁨이나 슬픔을 수반하는 것과 마찬가지로, 영혼이 자신의 의무를 다하고 신의 명령에 복종할 때 자기가 있어야 하는 상태에 있음을 깨닫게 되고, 정념에 빠지게 되면 회한을 느끼게 되는데, 그것으로써 영혼은 자신이 올바르지 않은 상태에 놓여 있음을 알게 된다. 그래서 신체의 선을 얻기 위해 정기의 흐름이 자극되었을 때 우선 감각적 기쁨이나 슬픔이, 다음으로는 정신적 기쁨이나 슬픔이 동반된다. 이는 동물정기의 흐름이 의지로 억제되느냐 촉진되느냐에 달렸다.

그런데 영혼이 올바른 상태에 있다는 명확한 지식을 수반하는 지성적인 기쁨과, 신체의 배치가 올바른 상태에 있다는 모호한 감정을 수반하는 감각적 즐거움 사이에는 다음과 같은 주목할 만한 차이가 있다. 지성적 기쁨은 견고하고, 회한이 없고, 그 기쁨의 원인인 진리만큼 확고부동한 반면, 감각적 기쁨에는 거의 항상 정신의 슬픔이나 양심의 회한이 수반되고, 그 기쁨을 산출한 정념이나 피의 자극만큼 불안정하고 불안하다는 점이다. 마지막으로 지성적 기쁨은 영혼이 가진 위대한 선의 지식의 결과일 때 감각에서 오는 대단히 커다란 기쁨이 거의 항상 수반되는 반면, 감각적 기쁨은 엄청난 선의 결과라고 할지라도 정신의 기쁨을 수반하는 경우가 거의 없다. 그때 감각적 기쁨은 오직 신체에서만 발생하는 것이고, 영혼의 선과는 대립하기 때문이다.

그러나 예수 그리스도의 은총이 없이 영혼이 정념에 빠졌을 때 맛보는 즐거움은 영혼이 이성의 규칙을 따르면서 느끼는 것보다 더 쾌적하다는 점은 사실이다. 그래서 이 즐거움은 원죄 이후에 생겨난 모든 타락의 기원이며, 신의 아들이 은총의 희열로써 그 예속에서 우리를 해방시켜 주지 않았다면 그 즐거움으로 인해 우리 모두는 정념의 노예가 되었으리라. 내가 감각의 기쁨 대신 정신의 기쁨을 옹호하며 방금 언급한 문제들은 오직 기독교도들 사이에서만 진실이고, 세네카며, 심지어는 에피쿠로스, 그리고 그 이상 이성적일 수 없어 보이는 모든 철학자들의 입에서 나올 경우에는 절대로 거짓이다. 예수 그리스도가 채운 족쇄는 예수 그리스도에 속한 사람들에게만 다정하고,[8] 그가 지운 짐은 은총이 그 짐을 우리에게 덜 때에만 가벼워 보이는 것이다.

---

8 [옮긴이] "내 멍에는 쉽고 내 짐은 가벼움이라."(〈마태복음〉, 11장 30절)

4장

방종과 투쟁하는 방식: 정념의 즐거움과 운동이 선의 관점에서 우리를 오류에 빠지게 하므로, 끊임없이 이에 저항해야 한다

우리가 방금 정념 일반에 대해 설명했던 모든 일들이 자유로운 것은 아니다. 그것들은 우리 없이도 우리 내부에 존재하는 것이며, 절대적으로 우리에게 의존하는 우리 의지의 동의만이 있을 뿐이다. 선을 보게 되면 자연스럽게 사랑의 움직임, 사랑의 감정, 두뇌의 동요, 정기의 움직임, 사랑의 첫 움직임을 키우는 영혼의 새로운 동요, 신체가 반드시 있어야 하는 상태에 놓여 있을 때 영혼에게 보상이 되는 즐거움의 감정이 뒤를 잇는다. 이 모든 일들은 영혼과 신체에서 자연적으로 그리고 기계적으로 일어난다. 여기서 기계적이라는 말은 영혼이 관여하지 않는다는 뜻이며, 실제로 우리에게 달린 것은 동의밖에 없다는 뜻이다. 이 동의는 반드시 조절되어야 하며, 정념의 힘에도 불구하고 그 동의만은 구속 없이 보존해야 한다.

자유는 오직 신에게만 위임해야 한다. 조물주의 목소리만을, 내적 명백성만을, 이성의 은밀한 비난만을 따라야 한다. 동의하고자 하지 않았다면 자유를 그릇되게 사용하게 되리라는 점을 뚜렷이 알게 될 때에만 동의해야 한다. 이것이 오류와 죄악을 피하기 위해 준수해야 하는 제일 규칙이다.

우리에게 신이 바라는 것을 따라야 한다는 점을 명백히 가르쳐 주는 존재는 오직 신뿐이다. 오직 신의 노예가 되어야 한다. 정념이 원인이 되어 우리 내부에 일으키는 매력과 애정, 위협과 공포에는 확실성이 전혀 없으니, 그것은 우리가 절대 따라서는 안 되는 모호하고 희미한 감정들일 뿐이다. 더 순수한 빛이 우리를 비추기를, 정념의 저 거짓의 빛이 사라지기를, 신이 말씀하기를 기다려야 한다. 우리 내부로 들어가서 우리 내부에서 우리를 결코 떠나지 않고 언제나 우리에게 빛을 비추는 이를 찾아야 한다. 그 존재는 낮게 말하지만 그의 목소리는 분명하며, 그 존재는 거의 빛을 비추지 않지만 그 빛은 순수하다. 아니다. 그렇지 않다. 그 존재의 목소리는 분명한 만큼 강하고, 그 존재의 빛은 순수한 만큼 강렬하고 눈부시다.

그러나 우리의 정념은 항상 우리를 우리 외부에 붙잡아 두고, 정념은 소음과 어둠으로 우리로 하여금 그의 목소리에서 배우지 못하게 하고 그의 빛으로 밝혀지지 않도록 한다. 그 존재는 그의 목소리에 귀 기울이지 않는 자들에게도 말하고, 정념으로 그 이상 더 멀어져 버릴 수 없었던 사람들조차 그 존재의 몇 마디는 듣는 것이다. 그렇지만 그들이 듣는 말은 강력하고 위협적이고 끔찍하다. 그 말은 영혼 저 깊은 곳까지 파고들어 마음의 사유와 움직임을 구분하는 양날 검보다 더 날카롭다.[1] 그의 눈앞에는 모든 것이 백일하에 드러난다. 그 존재는 죄악에

1 Hébr., IV.〔"하나님의 말씀은 살아 있고 활력이 있어 좌우에 날선 어떤 검보다도

빠진 사람들의 타락한 행동을 볼 때면 그들 마음속에 통렬한 비난을 듣게 만드는 것이다. 그러므로 우리 자신 안으로 들어가, 그 존재에 다가가야 한다. 그 존재에게 묻고, 그의 말을 듣고, 그에게 복종해야 한다. 우리가 항상 그 존재의 말에 귀 기울인다면 우리는 결코 잘못 생각할 수 없을 것이고, 우리가 항상 그 존재에게 복종한다면 불안정한 정념에도 원죄로 인한 비참에도 예속될 일이 없을 것이다.

정념의 영향력 때문에 짐승의 조건에 놓이게 되었고, 오랫동안 신의 율법을 무시했기에 결국 자기들의 천한 정념과는 다른 율법을 더 이상 알지 못하게 된 몇몇 자유사상가들처럼 상상해서는 안 된다. 내 말은 피와 살로 된 저들처럼 정념의 움직임을 따르고 자기 마음의 은밀한 욕망에 복종하는 것이 신을 따르는 일이고, 조물주의 목소리에 복종하는 일이라고 상상해서는 안 된다는 것이다. 그것 이상으로 더 무분별한 일이 없다.

사도 바울에 따르면2 그것은 불경과 우상 숭배의 세속적인 형벌, 즉 가장 큰 죄악에 대한 처벌이다.3 사실 이 형벌은 이 세상의 모든 다른 처벌처럼 신의 분노를 누그러뜨리는 대신, 신의 정당한 분노가 죄지은 자들에게 확실히 나타나게 되는 저 끔찍한 날까지 그의 분노를 자극하고 끊임없이 증대시키므로 그만큼 더 엄청난 것이다.

예리하여 혼과 영과 및 관절과 골수를 찔러 쪼개기까지 하며 또 마음의 생각과 뜻을 판단하나니."(〈히브리서〉, 4장 12절) — 옮긴이〕

2 〈로마서〉 1장.

3 [옮긴이] "하나님의 진노가 불의로 진리를 막는 사람들의 모든 경건하지 않음과 불의에 대하여 하늘로부터 나타나나니."(〈로마서〉, 1장 18절)

그러나 그들의 추론도 사실임 직한 데가 있기는 하다. 상식에 대단히 부합하는 것 같아 보이니 말이다. 그들은 정념을 타고난 이들이니 제논의 철학을 모두 동원하더라도 분명 그들을 무너뜨릴 수 없을 것이다. 그들은 선을 사랑해야 한다고 말한다. 즐거움은 자연이 선에 결부시켜 놓은 성격이고, 신으로부터 왔기에 거짓될 수 없는 이 성격을 통해 우리는 선과 악을 구분하는 것이란다. 그들은 또 악을 피해야 한다고 말한다. 고통은 자연이 악에 결부시켜 놓은 성격이고, 신으로부터 왔기에 거짓될 수 없는 이 성격을 통해 선과 악을 구분하는 것이란다. 정념에 빠질 때 즐거움을 느끼고 정념에 저항할 때 고통과 고뇌를 느끼는 것이란다. 그러므로 조물주는 우리가 정념에 빠지고 결코 정념에 저항하지 않기를 바라는 것이란다. 이 경우에 신이 우리에게 느끼게 하는 즐거움과 고통은 신이 우리에게 의지를 행사한다는 확실한 증거라는 것이다.

그러므로 자기 마음의 욕망을 따르는 것은 신을 따르는 것이고, 우리의 감각과 정념을 만족시키도록 이끄는 자연의 저 본능에 복종하는 것은 신의 목소리에 복종하는 것이란다. 그들은 이런 식으로 추론하면서 자신들의 사악한 의견을 굳힌다. 그들은 이런 방식으로 이성의 은밀한 비난을 피하는 것이다. 또한 신은 그들의 죄악을 벌할 목적으로 이 그릇된 빛에 눈이 부시도록 만든다. 이 거짓된 빛은 그들을 밝히는 것이 아니라 앞을 보지 못하게 만든다. 그 거짓된 빛이 그들이 느끼지 못하는 무분별함으로 그들을 청맹과니로 만들어 버리고 그들은 치유될 기대조차 하지 않는다. 신은 그들을 오류를 범하는 감각에 빠지도록 버려두고 성경 말씀대로 마음에 일어나는 욕망이며, 수치스러운 정념이며, 인간으로서 해서는 안 되는 행동들을 따르고 행하도록 방기한다. 그렇게 방탕의 행동으로 뒤룩뒤룩 살을 찌운 뒤 영원히 신의 분노의 희생 제물로 만들어 버리는 것이다.

어쨌든 그들이 제시한 핵심적 난점을 해결해야 한다. 제논 학파는 그 난점을 풀 수 없었기에 즐거움이 선이고 고통이 악임을 부정하면서 그냥 그 난점을 끊어버렸다. 그렇지만 어떤 철학자들이 보기에는 이런 실패도 당당해 보인다. 또한 나는 엄청난 고통이 엄청난 비참임을 경험으로 알고 있는 사람들의 마음을 바꿀 수 있으리라고는 생각하지 않는다. 그래서 제논 및 모든 이교도 철학은 에피쿠로스학파 사람들이 제시한 난점을 해결할 수 없으니, 보다 견고하고 보다 훤히 밝혀진 철학의 도움을 필요로 한다.

즐거움이 좋은 것이고, 고통은 나쁜 것이고, 조물주는 우리가 어떤 사물들을 사용할 때 즐거움과 고통을 반드시 느끼도록 했고, 우리는 즐거움이나 고통을 통해 그 사물들이 좋은 것인지 나쁜 것인지 판단하게 되었으며, 좋은 것은 사용하고 나쁜 것은 피하고, 거의 항상 정념의 움직임을 따르게 되었음이 사실이다. 이 모든 것이 사실이다. 그렇지만 이는 신체만의 문제이다. 신체를 보존하고 오랫동안 짐승과 비슷한 삶을 계속 영위하기 위해서는 거의 항상 정념과 욕망을 따라야 하는 것이다.

우리가 감각과 정념을 갖게 된 것은 오직 신체의 선을 위해서일 뿐이다. 감각적 즐거움은 자연이 어떤 사물들을 사용할 때 반드시 느끼지 않을 수 없도록 한 성격이다. 그 사물들을 수고스럽게 이성을 통해 검토하지 않고도 우리가 그것들을 신체 보존을 위해 사용할 수 있도록 한 것이지 우리로 하여금 그것들을 사랑하도록 한 것이 아니다. 우리는 이성을 통해서 확실히 우리의 선이자, 행복의 진정한 원인임을 인정하게 되는 것만을 사랑해야 하는 것이니 말이다.

우리는 이성적 존재이다. 신은 우리의 선으로서 우리의 맹목적 사랑, 본능적 사랑, 말하자면 강요된 사랑이 아니라, 최고의 사랑, 훤히 밝혀진 사랑, 우리의 정신과 마음이 고스란히 신을 따르도록 하는 사랑을 바라신다. 신은 은총의 열락을 동반하는 빛을 내려 신 자신이 우리의 선임을 깨닫게 하면서 우리가 자신을 사랑하게끔 한다. 그런데 신이 우리가 신체의 선을 사랑하게끔 한다면 그것은 단지 본능이며, 즐거움의 모호한 감정에 의해서이다. 신체의 선은 우리 정신이 노력하고 우리 이성을 사용해서 얻을 자격이 없는 것이니 말이다.

더욱이 우리 신체는 우리 자신이 아니라, 우리에게 속한 어떤 것으로, 우리는 엄격히 말해서 신체 없이도 존속할 수 있다. 그러므로 우리 신체의 선은 우리의 선이 아니다. 신체들의 선은 신체들만의 선일 뿐이다. 그 선은 신체를 위해서 쓸 수 있지만 그 선에 열중해서는 안 된다. 우리 영혼 또한 자신의 선을 갖는다. 그 선만이 우리 영혼보다 우월하고, 영혼을 보전하고, 영혼 내부에서 즐거움이나 고통의 감정을 산출한다. 우리 감각의 모든 대상은 대상 그 자체로는 느껴질 수 없고, 오직 신만이 우리에게 부여한 대상들의 감정을 통해 그 대상들이 우리 눈앞에 있음을 가르쳐 주기 때문이다. 그리고 이교도 철학자들이 이해하지 못했던 점이 바로 이것이다.

우리는 즐거움의 감정을 느끼게 해줄 수 있는 것을 사랑할 수 있고 또 사랑해야 한다. 나는 이 점을 인정한다. 하지만 바로 이런 이유로 우리는 오직 신만을 사랑해야 한다. 우리 마음속에서 작용할 수 있는 존재는 오직 신뿐이며, 감각대상으로는 고작해야 감각기관만을 동요시킬 수 있을 뿐이다. 그렇지만 여러분은 이렇게 말할 것이다. 나는 쾌적한 감정을 맛보고 싶은데 그렇다고 그 쾌적한 감정이 어디에서 온 것인지가 뭐 그리 중요한가? 정말이지 배은망덕한 여러분이여, 여러분을 선으로 가득 채우는 그 손에 감사하라. 여러분은 정의로운 신에게 부당한 보상을 요구하고 있다. 여러분은 정의로운 신이 여러분이 자신을 거역하여 범한 죄악을 보상하기를 바라는 것이다. 당신이 그 죄악을 범하는 바로 그 순간에 말이다.

여러분은 신의 불변의 의지를, 자연의 질서이자 자연의 법칙인 신의 의지를 사용하여 여러분이 받을 가치가 없는 호의를 끌어내고자 한다. 여러분은 사악한 솜씨로 신이 확립한 영혼과 신체의 결합의 법칙들의 결과, 신으로 하여금 여러분의 신체가 모든 종류의 즐거움을 맛보게 하지 않을 수 없는 움직임을 산출하기 때문이다. 그렇지만 여러분이 죽고 나면 신체는 부패할 것이다. 여러분의 부당한 욕망에 소용이 되게끔 했던 신은 그의 정당한 분노에 여러분이 소용이 되게끔 할 것이고 그렇게 되면 이번에는 신이 여러분을 조롱할 차례이다.

신체의 선을 갖게 되면 즐거움이 수반되고, 영혼의 선을 갖게 되면 종종 고통과 고뇌가 동반된다는 것이 참으로 난처한 일임이 사실이다. 고통이 악의 성격이듯, 즐거움이 선의 성격이므로 감각적 사물을 사용하는 것 이상으로 신의 사랑에서 무한히 큰 즐거움을 느껴야 한다는 그런 이유로 그것이 타락이라고 믿을 수 있겠다. 신은 진실한 존재, 더 정확히 말하자면 정신의 유일한 선이니 말이다. 그런 일이 언젠가 확실히 일어날 수 있을 것이고, 원죄 이전에는 분명 그러했던 것 같다. 적어도 원죄 이전에는 자기 의무를 수행하면서 고통을 느끼지 않았음이 확실하다.

그러나 신은 최초의 인간의 타락 이후에 우리를 떠나고 말았다. 신은 이제 본성상으로는 더 이상 우리의 선이 아니며, 은총에 의해서만 우리의 선일 뿐이다. 우리는 더 이상 자연적으로는 신을 사랑하면서 즐거움을 느끼지 못한다. 신은 우리를 사랑으로 이끌기는커녕 우리에게서 멀어지고 있는 것이다. 우리가 신을 따른대도 신은 우리를 뒬리친다. 우리가 신을 찾고자 애쓴대도 신은 우리를 후려친다. 우리가 고집스럽게 신에 집착한대도 신은 계속 우리를 냉대하고 너무도 강렬하고 너무도 아픈 고통을 견디도록 한다. 그러나 선의 취향의 뒷받침을 받지 못하고 어떤 양식糧食으로 강화되지도 못하면서 모질고 고통스러운 미덕의 길을 걷는 데 그만 싫증이 나면 우리는 감각적 선을 즐기게 된다. 신은 우리를 즐거움을 누리고자 하는 취향을 통해 감각적 선에 묶어 놓는 것이다. 우리가 이 거짓된 선을 열심히 뒤쫓고자 신을 등지는 것에 보상이라도 해주고자 하는 것 같다. 결국 원죄 이후 신은 더 이상 우리가 그를 사랑하기를 바라지 않고, 우리가 그를 생각하기를 바라지 않고, 신을 우리의 유일하고 단 하나의 선으로 보는 것을 바라지 않는 것 같다. 우리는 중개자 예수 그리스도가 내린 은총의 즐거움에 의해서만 신이 우리의 선임을 느끼는 것이다. 즐거움은 선의 감각적 표시이므로 우리는 신이 우리의 선임을 느낀다. 예수 그리스도가 내린 은총에 의해 우리는 기꺼이 신을 사랑하는 까닭이다.

그래서 영혼은 예수 그리스도의 은총이 없이는 명철한 시선으로도,

감정으로도 선을 깨달을 수 없으므로, 신체의 선을 자신에게 고유한 선으로 간주하고, 이를 사랑하고, 애초에 자연이 설정했기에 신체의 선에 묶여 있었던 것 이상으로 더 밀접히 그 선에 묶이게 된다. 신체의 선이 지금 느껴지는 유일한 선으로 남았으므로 그것은 틀림없이 인간에게 더욱 큰 힘으로 작용하니 말이다. 두뇌가 신체의 선에 더욱 강렬하게 자극되면, 그 결과 영혼은 그 선을 더욱 자극적으로 느끼고 상상하게 되고, 그 선이 동물정기를 더욱 강력하게 자극하므로 그 결과 의지는 더욱 맹렬하고 즐겁게 그 선을 사랑하게 된다.

원죄 이전의 영혼은 신체의 선의 지나치게 강렬한 이미지를 두뇌에서 지우고, 그 이미지를 수반하는 감각적 즐거움을 소거할 수 있었다. 신체는 정신을 따르므로 영혼은 자신이 수행해야 할 의무를 생각하기만 해도 두뇌 섬유가 받는 타격과 정신의 동요를 멈춰 세울 수 있었다. 그러나 원죄 이후 더 이상 영혼은 이 능력을 가질 수 없게 되었다. 상상력이 새긴 저 흔적들이며, 정기의 움직임들이며 하는 것은 더 이상 영혼과 무관하게 되었다. 또한 이에 수반되는 필연적인 결과, 이들 흔적이며 움직임들에 자연의 질서에 따라 결부된 즐거움만이 마음의 주인이 되어 버렸다. 인간은 자기만의 힘으로는 이 즐거움에 오래도록 저항할 수 없다. 그 즐거움을 극복할 수 있도록 해주는 것은 오직 은총뿐이며, 이성만으로는 극복이 불가능하다. 한마디로 말해서 조물주처럼 자신을 극복할 수 있거나, 더 정확히 말하자면 아담의 불복종의 징벌자로서 분노를 누그러뜨릴 수 있는 존재는 은총을 베푸시는 신뿐이다.

원죄의 타락에 대해 모호한 지식밖에 갖지 못했던 스토아주의자들은 에피쿠로스주의자들에 답변할 수 없는 것이, 즐거움 없는 지복至福

이 없고, 견고한 미덕에 따라 행동하면서 즐거움을 맛볼 수 없다니 그때 그들에게 지복이란 한낱 관념에 불과하기 때문이다. 스토아주의자들은 자기들이 상상으로 세운 미덕의 규칙들을 따르면서 기쁨을 느꼈다. 기쁨은 우리 영혼이 존재할 수 있는 가장 훌륭한 상태에 있다는 것을 아는 데서 나오는 자연스러운 귀결이니 말이다. 정신이 느끼는 이 기쁨으로 잠시 용기를 북돋울 수 있었지만, 그 기쁨은 고통에 맞서고 즐거움을 물리칠 정도로 강하지는 못했다. 웃는 낯을 하고 있는 것은 기쁨이 아니라 은밀한 오만이다. 극장 무대의 왕들이 한순간 권세를 모조리 잃는 것처럼 더 이상 눈에 보이지 않을 때 지혜도, 힘도 모두 사라진다.

복음서에 제시된 율법을 올곧게 따르는 기독교인들은 이와 같지 않다. 기독교인들의 기쁨이 견고한 것은 그들이 존재할 수 있는 가장 훌륭한 상태에 있음을 너무도 확실하게 알기 때문이며, 그들의 기쁨이 위대한 것은 신앙과 희망을 통해 맛보게 되는 선이 무한하기 때문이다. 위대한 선을 갖고자 하는 희망에는 항상 커다란 기쁨이 따른다. 희망이 더욱 강할수록 그만큼 더 기쁨도 크다. 강한 희망은 선이 눈앞에 있듯 상상하게 해주므로 필연적으로 기쁨은 물론 심지어는 선이 눈앞에 있을 때 항상 따르는 감각적 즐거움도 생긴다. 기독교인들의 기쁨은 불안하지 않은 것이, 신의 약속에 근거하고 신의 아들이 흘린 피로 확인되고, 성령이 기독교인들의 마음에 일으킨 내적 평화와 무엇이라고 설명할 수 없는 애덕의 즐거움을 통해 유지되기 때문이다. 기독교인들이 그들의 진정한 선을 맛보고, 자기 내부에서 은총의 열락으로 기뻐할 때 그들과 그들의 선을 떼어놓을 수 있는 것은 아무것도 없다.

신체의 선이 마련하는 즐거움은 그들이 신을 사랑하면서 느끼는 즐거움만큼 대단한 것도 아니고, 그만큼 견고하지도, 순수하지도 않은 것이다.

기독교인들은 경멸을 당하고 고통을 겪어도 이를 사랑하고, 치욕을 양식으로 삼는다. 그들이 신과의 합일을 위해 그 나머지 모든 것을 무시하면서 신 속에서 즐거움을 찾을 때 그들의 즐거움은 너무도 강렬해서 그들을 흥분케 하고 아주 새로운 언어를 말하게 하고 자기들이 처한 비참에서, 그들이 겪어야 했던 모욕에서 사도들처럼 긍지를 갖는다. 성경은 "사도들은 예수의 이름을 위하여 능욕받는 일에 합당한 자로 여기심을 기뻐하면서 공회 앞을 떠나니라"[4]라고 했다. 진정한 기독교인들이 진리를 옹호하면서 극도의 수치심을 받게 될 때 그들의 정신이 갖춘 자질이 이와 같다.

예수 그리스도가 오신 것은 원죄로 인해 뒤집혀진 질서를 바로잡기 위함이고 그 질서는 가장 위대한 선에는 가장 견고한 즐거움이 수반되어야 한다는 것이므로 모든 일이 우리가 방금 말한 대로 이루어지리라는 점이 명백하다. 그런데 우리는 이성도 갖지만 경험도 갖는다. 어떤 이가 신을 위해 모든 것을 경멸하겠다고 결심하자마자 그는 흔히 즐거움이며 내적 기쁨을 갖게 된다. 그 기쁨으로 그는 신이 자신의 선이요, 그 선을 뚜렷이 알고 있다는 점을 강렬하게 느끼게 된다.

진정한 기독교인들이 우리에게 매일같이 단언하는 바는 자신들이 신만을 사랑하고 신에게만 봉사하면서 갖는 기쁨은 표현될 수 없다는

---

4 〈사도행전〉, 5장 41절.

점이다. 그들 마음속에서 일어나는 일에 관해서는 그들을 믿는 것이 정당하다. 이와는 반대로 불경한 자들은 항상 끔찍한 불안 속에 있다. 세상이 신과 나누는 것들은 정의로운 자들의 기쁨과 불경한 자들의 불안이다. 그들은 자기들이 처한 비참에 불평하는 것인데 그들의 불평이 근거 없는 것이 아니라고 믿는 일도 정당하다. 신은 사람들이 신이 아닌 다른 것을 사랑할 때 그들 마음 깊은 곳에 상처를 준다. 그리고 바로 이 상처로 인해 진정으로 비참한 상태에 놓이게 된다. 신은 사람들이 오직 자신을 열렬히 사랑할 때 그들의 정신을 넘쳐흐르는 기쁨으로 가득 채우며, 바로 이러한 기쁨이 견고한 지복이 된다. 부가 넘치고, 명예가 하늘을 찌른대도 그것은 우리 밖에서 일어나는 일이다. 그런 것들이 있대도 신이 상처를 준다면 우리를 치유해 줄 수 없다. 빈곤과 경멸 역시 우리 밖에서 일어나는 일이다. 그런 상태에 있대도 신이 보호한다면 우리에게 상처가 될 수 없다.

방금 우리가 말한 모든 일들을 생각해 본다면 우리 정념의 대상은 우리의 선이 아니고, 우리 생명의 보존을 위해서만 정념의 움직임을 따라야 하고, 감각적 즐거움과 우리 선의 관계는 우리의 감각작용과 진리의 관계와 같으며, 이는 우리 감각이 진리에 대해 우리를 속이고 우리 정념은 우리의 선에 대해 우리를 속이는 것과 같고, 은총은 우리를 명백히 진정한 선의 사랑으로 이끌고, 맹목적 본능이나 정념의 모호한 즐거움처럼 이성의 은밀한 비난이 뒤따르지 않고, 항상 우리 현재의 상태에 부합하는 은밀한 기쁨을 수반하므로 우리는 은총의 환희에 순종해야 하고, 인간은 자기 정신에 작용할 수 있는 존재로 신만을 가지므로 신 외부에서 지복을 찾을 수 없음이 확실하다. 신이 불복종을 보상하거나 사랑받을 가치가 가장 적은 것을 더욱 사랑하도록 명령한다고 가정하지 않는 한 말이다.

5장

정신의 완전성은 진리와 미덕을 향한 사랑에 의한 신과의 결합이며, 정신의 불완전성은 감각과 정념의 혼란 때문에 신체의 종속에서만 나오는 것이다

정말 조금만 성찰해 봐도 정신의 선이란 틀림없이 정신적인 무언가라는 점을 충분히 인정하게 된다. 신체는 정신보다 아주 못하고 신체의 힘으로는 정신에 아무런 작용도 할 수 없고, 심지어 정신과 즉각 결합할 수도 없고, 신체 자체만으로는 지성적이지도 못하다. 그러므로 신체가 정신의 선일 수 없다. 그와는 반대로 정신적인 것들은 본성상 지성적이라서 정신과 합일할 수 있다. 그러므로 정신적인 것들은 정신보다 우월하다고 가정한다면 정신의 선일 수 있는 것이. 그렇게 되면 어떤 사물이 정신의 선이기 위해서는 정신처럼 정신적이라는 것으로는 충분하지 않고, 반드시 그것이 정신보다 우월해야 하고, 정신에 작용하여 정신을 훤히 밝혀 보상해 줄 수 있어야 한다.

다른 식으로 말하자면 그 사물은 정신을 더욱 완전하게도, 더욱 행복하게도 만들 수 없으며, 그 결과 정신의 선이 될 수도 없는 것이다. 지성적이거나 정신적인 일들 가운데 이런 방식으로 정신보다 우월한 존재는 오직 신뿐이고, 따라서 우리의 진정한 선이고 그러한 선일 수 있는 존재는 신뿐이다. 그러므로 우리가 더욱 완전하고 더욱 행복해지기 위해서는 오직 신을 소유하는 방법밖에는 없다.

진리를 알고 미덕을 사랑하게 되면 정신이 더욱 완전해지고, 무분별한 정신과 타락한 마음을 갖게 되면 정신은 더욱 불완전해진다는 점을 확신하지 않는 사람은 없다. 그러므로 진리를 알고 미덕을 사랑하는 일은 다름 아니라 신과 정신의 합일이며, 일종의 신의 소유일 수 있다. 마찬가지로 무분별한 정신과 타락한 마음은 다름 아니라 신과 정신의 결별이며, 정신과, 정신보다 못한 무엇, 다시 말해 신체의 결합일 수 있다. 정신을 불완전하고 불행하게 만들 수 있는 것은 오직 이러한 정신과 신체의 결합뿐인 까닭이다. 그래서 진리를 안다는 것이나 진리에 따라 사물들을 안다는 것은 신을 안다는 것이고, 미덕을 사랑하거나, 사물들이 사랑스러움에 따라서, 혹은 미덕의 규칙에 따라서 사물들을 사랑하는 것은 신을 사랑하는 것이다.

정신의 위치는 신과 신체들, 선과 악, 정신을 훤히 밝혀 주는 것과 정신을 청맹과니로 만드는 것, 정신이 바른 규칙을 따르게 하는 것과 그렇게 하지 못하게 하는 것, 정신을 완전하고 행복하게 만들어 줄 수 있는 것과 불완전하고 불행하게 만들어 줄 수 있는 것 사이에 있다. 정신이 어떤 진리를 발견하거나 사물들이 그 자체로 무엇인지에 따라 그 사물들을 보게 될 때 정신은 그것들을 신의 관념 속에서, 즉 그것을 재현하는 것을 명석판명한 관점을 통해 보는 것이다. 이미 내가 말했듯이[1] 인간 정신은 그것이 볼 수 있는 모든 존재들의 완전성 혹은 관념들

1 [옮긴이] 3권 2부 4, 5, 8장.

을 제 자신 속에 포함하지 않는다. 즉 정신은 보편적 존재가 아닌 것이다. 그래서 정신은 자기 내부에서 자신과 구분되는 사물들을 전혀 보지 못한다. 정신이 스스로 숙고해서 배우고 자신을 훤히 밝히는 것이 아닌 것은, 정신의 완전성과 정신의 빛은 제게 속한 것이 아니기 때문이다. 정신이 훤히 밝혀지려면 저 영원한 진리의 무한한 빛이 필요하다. 그래서 정신이 진리를 알게 될 때 정신은 신과 합일하는 것이고, 어떻게 보면 신을 알고 소유하는 것이다.

그런데 진리를 아는 정신은 어떤 방식으로 그 진리를 포함하는 신을 안다고 말할 수 있을 뿐 아니라, 어떤 방식으로 신이 사물들을 알듯이 정신도 그 사물들을 안다고 말할 수도 있다. 사실 이 정신은 사물들의 진정한 관계를 아는 것이고, 신 역시 그러한 방식으로 그 관계들을 안다. 즉 정신은 그 사물들을 재현하는 신의 완전성의 시각으로 그 사물들을 아는 것이고, 신 역시 이러한 방식으로 그 사물들을 아는 것이다. 신은 감각하지도, 상상하지도 않는다. 신은 자기 자신 속에서, 자신이 포함하는 지성적 세계 속에서 그가 창조한 물질적이고 감각적 세계를 본다. 진리를 아는 정신의 경우도 이와 마찬가지이다. 정신은 진리를 느끼지 않고, 상상하지도 않는다. 감각작용과 환영幻影이 정신에 제시하는 관계는 그저 거짓이다. 정신이 진리를 발견한들 그것을 볼 수 있는 곳은 정신 자신이 결합해 있는 지성적인 세계 및 신 자신이 그 진리를 보고 있는 세계뿐이다. 물질적이고 감각적인 세계가 그 자체로 지성적이지는 않으니 말이다. 그러므로 정신은 신이 발하는 빛 속에서 그 자체로 지성적이지 않으며, 그래서 정신은 신 자체처럼 신의 빛 속에서 정신이 뚜렷하게 보는 모든 것을 본다. 물론 정신이 바라보는 방식은 대단히 불완전하고, 이런 점에서 신이 바라보는 방식과는 아주 다르기는 하지만 말이다. 그래서 정신이 진리를 볼 때 정신은 신과 결합할 뿐 아니라, 신을 소유하고, 말하자면 신을 보고, 또한 어떤 의미에서 신이 진리를 보듯 진리를 보는 것이다.

마찬가지로 미덕의 규칙을 지키며 사랑하는 것은 신을 사랑하는 것이다. 미덕의 규칙을 지키며 사랑할 때 신이 우리로 하여금 자기를 향하도록 할 목적으로 우리 마음속에 끊임없이 만들어 내는 사랑의 자극은 자유의지를 통해 멀어지지 않고 이기심으로 변하지도 않는다. 그때 정신은 신이 부여한 그 자극을 자유롭게 따를 뿐이다. 그런데 신은 오직 자신을 위해서 행동하므로 자기를 향하게 하지 않는 자극을 정신에 허여하지 않으므로 미덕의 규칙을 지키며 사랑한다는 것은 곧 신을 사랑하는 것임이 확실하다.

그런데 그것은 신을 사랑하는 것일 뿐 아니라, 신이 사랑하듯 사랑하는 일이다. 신은 오로지 자신만을 사랑한다. 신이 자신의 창조물을 사랑한다면 그것은 그 창조물이 신의 완전함과 관계되어 있을 때뿐이다. 창조물이 신과 맺는 관계에 비례하여 신은 그의 창조물을 사랑한다. 바로 그 사랑을 통해 신은 자신을 사랑하고 자신이 지은 창조물을 사랑한다. 미덕의 규칙을 지키며 사랑하는 것은 오로지 신만을 사랑하는 것이고, 세상 만물 속에서 신을 사랑하는 것이고, 만물이 신의 선과 완전함에 분유하는 정도에 비례하여 만물을 사랑하는 것인데, 그 이유는 만물을 그것이 사랑스러운 정도에 따라 사랑하는 일이기 때문이고, 신이 자신을 사랑하게 되는 사랑의 자극을 통해 사랑하는 것인데, 그 이유는 바로 그 사랑을 통해 신은 자신을 사랑하고 자신과 관계된 만물을 사랑하는 것이다. 우리가 사랑해야 할 때 사랑하는 것은 그 사랑이 우리를 살아 움직이게 만드는 까닭이다. 그러므로 우리는 신이 사랑하듯 사랑하는 것이다.

그러므로 진리의 지식과 미덕의 규칙을 지키는 사랑으로 우리는 완전해지는 것이 분명하다. 그것은 우리가 신과 결합할 때 얻게 되는 흔한 결과이며, 그 두 가지로 인해 이 삶에서 우리는 가능한 만큼 신을 소유할 수도 있으니 말이다. 이와는 반대로 맹목적인 정신과 타락한 정신은 우리를 불완전하게 만드는데 이는 우리가 정신과 신체의 결합으로 된 결과이다. 우리가 감각, 상상력, 정념의 자극을 따를 때 우리는 결코 진리를 알 수 없으며, 진정한 선을 사랑할 수 없음을 보여 주면서 이 점을 나는 여러 차례 입증한 바 있다.

이 점들은 명백하다. 그렇지만 자기 존재가 완전해지기를 강렬히 욕망하는 사람들은 신과 맺는 결합의 정도를 높일 생각은 거의 하지 않고 감각적 사물들과 갖는 결합을 끊임없이 강화하고 확장하고자 노력한다. 그렇게 이상한 타락의 원인이 무엇인지는 잘 설명하기 어렵다.

선을 소유하게 되면 이를 소유한 자에게 자연스럽게 다음의 두 가지 결과가 생긴다. 더 완전한 존재가 되고 더 행복해지는 것이다. 그렇지만 이 결과가 항상 나타나는 것은 아니다. 정신이 실제로 어떤 선을 소유하고서 더 완전해지지 않기란 불가능하다는 점을 나는 인정한다. 그러나 실제로 어떤 선을 소유하고서 더 행복해지지 않을 수도 있는 것이다. 진리를 가장 잘 알고 가장 사랑스러운 선을 더욱 사랑하는 사람들은 맹목과 타락에 빠져 있는 사람들보다 실제로 항상 더 완전한 사람들이지만 그렇다고 그들이 실제로 항상 더욱 행복한 것은 아니다.

그런데 악의 경우도 이와 같다. 악은 사람들을 동시에 불완전하고 불행하게 만들어 버린다. 물론 악이 사람들을 항상 더욱 불행하게 하거나 악으로 인해 불완전해지는 것에 비례하여 항상 불행해지는 것은 아니다. 미덕은 종종 가혹하고 씁쓸하며, 악덕은 달콤하고 쾌적하다. 악인들이 즐거움과 감미로움에 젖어 있는 동안 선인들이 진정으로 행복한 것은 무엇보다 신앙과 희망이 있기 때문이다. 그래서는 안 되겠지만 사실이 그렇다. 앞 장에서 말했듯이 원죄가 이 무질서를 낳은 원인이었다. 또한 이 무질서가 원인이 되어 우리 마음을 고스란히 타락시킬 뿐 아니라 우리 정신을 맹목과 무지에 빠뜨리게 된다.

바로 이 무질서가 신체도 정신의 선이 될 수 있다고 우리를 설득한다. 내가 여러 차례 말했듯이 즐거움이 선의 뚜렷한 성격이나 특징이 되기 때문이다. 그런데 우리가 지상에서 향유하는 모든 즐거움 가운데 가장 감각적 즐거움이란 우리가 신체를 통해 받아들인다고 상상하는 즐거움이다. 그러므로 우리는 깊이 성찰하지 않고도 신체는 우리의 선일 수 있고 실제로 선이기도 하다고 판단하는 것이다. 자연의 본능에 맞서 싸우고, 감정이 제시하는 증거들에 저항하기란 대단히 어렵고, 우리는 그럴 생각조차 하지 않는다. 원죄가 초래한 무질서에 대해서는 누구도 생각하지 않고, 신체가 정신에 작용할 수 있기 위해서는 오직 기회원인이 필요하다는 점을 성찰하지 않는다. 정신은 즉각적으로 혹은 자기 스스로 신체적인 어떤 것을 소유할 수 없고, 자신의 지식과 자신의 사랑을 통해서가 아니라면 어떤 대상과도 결합할 수 없고, 정신보다 우월한 존재는 신뿐이고, 즐거움이나 고통의 감정으로 보상이나 처벌을 할 수 있는 자는 신뿐이고, 정신을 훤히 밝히고 움직이도록 할 수 있는 자는 신뿐이고, 한마디로 말해서 정신 속에서 작용할 수 있는 자는 신뿐이다. 주의 깊은 정신을 가진 이들이라면 이 진리가 대단히 명백하지만 감각 자극의 거짓 경험만큼 우리를 설득하기에 강력하지는 않다.

우리가 어떤 사물을 우리 자신의 일부분으로 간주하거나, 우리 자신을 그 사물의 부분으로 간주할 때 우리는 그 사물에 결합하는 것이 우리의 선이라고 판단한다. 그때 우리는 그 사물을 사랑하게 되는 것이다.[2] 또한 이 사랑은 우리 자신이 결합되었다고 간주한 사물이 우리가 그 사물과 이루는 전체보다 더 상당한 부분으로 보이므로 그만큼 더 대단한 것이다. 그런데 어떤 사물이 우리 자신의 일부임을 확신케 해주는 두 가지 증거가 있는데, 감정의 본능과 이성의 명백성이 그것이다.

내 영혼이 내 신체와 결합되어 있다거나, 내 신체가 내 존재의 일부를 이룬다는 점을 확신하는 것은 감정의 본능에 의해서이다. 나로서는 이 점이 확실치 않다. 내가 그 점을 아는 것은 이성의 빛을 통해서가 아니라 대상이 나를 자극할 때 내가 느끼는 고통이나 즐거움에 의해서이다. 손이 찔리면 고통스럽다. 그러므로 손은 우리 자신의 일부이다. 옷이 찢어질 때는 고통이 느껴지지 않는다. 그러므로 옷은 우리 자신이 아니다. 머리를 자를 때 고통이 느껴지지 않지만 쥐어뜯을 때는 고통

2 [옮긴이] "동의를 하는 순간부터 우리 자신은 우리가 좋아하는 것과 결합된 것으로 간주된다. 그래서 우리는 우리가 단지 그것의 한 부분이고 좋아하게 된 것은 또 다른 한 부분이라고 생각되는 어떤 전체를 상상한다."(《정념론》, 80절)

스럽다. 철학자들은 이 점이 난처하다. 어떤 결정을 내려야 할지 모르는 것이다. 그러나 철학자들이 난처해한다는 것을 보면 가장 현명한 자들도 그런 일들이 자기 자신의 일부인지 아닌지 판단할 때 이성의 빛보다는 감정의 본능에 의존한다는 점이 입증된다. 이성의 명백성과 빛으로 판단했다면 정신과 신체는 완전히 대립된 두 가지로, 정신은 그 자체로는 신체와 결합될 수 없고, 신체가 자극을 받을 때 영혼에 상처를 입히는 것은 오직 우리와 신과의 결합에 의해서라는 점을 금세 알게 될 테니 말이다. 이 점은 이미 내가 말한 바 있다.[3] 그러므로 자기 신체며, 자기와 결합해 있는 모든 감각적 사물을 자기 자신의 일부로, 그러니까 사유하는 존재와 우리 내부에서 감각하는 존재의 부분들로 간주하도록 하는 것은 오직 감정의 본능에 의해서일 뿐이다. 사실 존재하지 않는 것을 이성의 명백성을 통해 알 수 없으니 말이다. 이성의 명백성만이 진리를 발견하는 것이다.

그런데 지성적인 사물들은 사정이 완전히 반대이다. 우리가 이들 사물과 갖는 관계를 깨닫는 것은 이성의 빛에 의해서이다. 우리 신체보다 훨씬 더 밀접하고 훨씬 더 본질적으로 우리가 신과 결합되어 있다는 점은 정신의 맑은 시선을 통해서 알아야 한다. 신 없이는 우리는 아무 존재도 아니며, 신 없이는 우리는 아무것도 할 수 없고, 아무것도 모르고, 아무것도 의지하지 않고, 아무것도 느끼지 않는다. 신이 우리의 전체이거나 우리와 신이 결합해 이렇게 말할 수 있다면 우리가 무한히 작은 부분을 이루는 전체를 이루게 된다. 이성의 빛으로 우리는 오직

3 [옮긴이] 1권 17장 2절.

신을 사랑하고, 우리의 사랑을 받을 가치가 없는 신체를 무시하기 위해 수만 가지 동기를 알게 된다. 그러나 우리는 신과 결합되어 있음을 자연적으로는 느끼지 못한다. 예수 그리스도의 은총을 통해서가 아니라면 신이 우리의 전체임을 확신시켜 주는 것은 감정의 본능에 의해서가 아니다. 그 은총이 몇몇 사람들에게 이런 감정을 일으켜 그와는 반대로 신체와 결합하도록 하는 감정을 극복하도록 돕는 것이다. 조물주로서 신은 본능의 지식이 아니라 빛의 지식이며 정신으로 하여금 그를 사랑하도록 이끈다. 그리고 필시 원죄 이후에 신은 은총의 저자로서 본능, 빛에 선행하는prévenant 열락을 더한다. 우리의 빛은 현재 훨씬 약해졌으므로 우리를 신을 향해 인도할 수 없고 즐거움의 힘이나 반대 방향으로 이끄는 본능의 힘이 끊임없이 그 빛을 약화시키고 무능하게 만들어 버리는 까닭이다.

그러므로 우리는 정신의 빛을 통해 우리가 신과, 신이 포함한 지성의 세계와 결합되어 있음을 알아야 한다. 또한 감정을 통해 우리가 우리의 신체와 결합되어 있으며, 우리의 신체를 통해 신이 창조한 물질적이고 감각적 세계와 결합되어 있음을 확신하는 것이다. 그런데 우리의 감정이 우리의 빛보다 더 강렬하고, 더 자극적이고, 더 빈번하고, 심지어 더 지속적이므로 우리의 감정이 우리를 자극하고 모든 감각대상들에 대한 우리의 사랑을 일깨우며, 우리의 빛이 우리 내부에 진리에 대한 어떤 열정도 만들어 내는 일 없이 낭비되고 자취를 감춘다는 점에 놀라서는 안 된다.

많은 사람들이 신이 그들의 진정한 선임을 확신하고, 신을 그들의 전체로 사랑하고, 그들과 신의 결합을 열렬히 높이고 강화하고자 열망한다는 점은 사실이다. 그러나 진리를 안다는 것은 자연적 힘에 따라 신과 합일하는 것이며, 사물들의 진정한 관념들을 응시하는 것은 신 자체를 소유하는 것이라고 할 수 있으며, 개별적인 모든 진리들을 지배하는 어떤 일반적이고 불변하는 진리들을 바라보는 이런 추상적인 시각이 신과 결합하고 신체와 결별하는 정신의 노력임을 명백히 아는 이들은 극히 적다. 형이상학, 순수 수학, 개별적 학문을 포함하고 규제하는 보편 학문 전체는 거의 모든 사람들, 신에 대해 아무런 사랑도 갖지 않은 신사들에게는 공상적으로 보인다. 그래서 나는 이 학문들에의 전념은 자연적으로 신에 대해 정신이 할 수 있는 가장 순수하고 가장 완전한 전념이며, 신은 이 학문들이 대상으로 삼는 지성적 세계를 바라보면서 신체에게 생명을 마련하고 정신에게는 다른 생명을 마련한 이 감각 세계를 알고 산출할 수 있으리라는 말을 감히 할 수 없으리라.

감각 자극 및 정념의 움직임만을 따를 뿐인 사람들이 진리를 누릴 수 없는 것은 진리로는 그들의 감각을 만족시킬 수 없기 때문이다. 정념이 거짓 선을 제시할 때 끊임없이 그 정념에 저항하는 신사들이라도 정념이 진리를 숨겨 버리거나 하찮게 여기도록 했을 때 항상 그런 정념에 맞서는 것은 아니다. 우리는 빛으로 환히 비춰지지 않고도 신사일 수 있으니 말이다. 우리의 감각, 상상력, 정념이 사물을 실제와는 다른 방식으로 재현한다는 점을 정확히 알기 위해 신의 마음에 들어야 할 필요는 없다. 결국 예수 그리스도와 사도들이 데카르트가 이 주제와 관련해서 발견했던 많은 오류들을 우리가 벗어나도록 할 의도가 있었는지의 여부는 알 수 없기 때문이다.

신앙과 지성, 복음서와 철학 사이에는 큰 차이가 있다. 교양이라고는 전무한 사람들도 신앙을 가질 수 있다. 명백한 진리들의 순수한 지식을 가질 수 있는 사람들은 극히 적다. 신앙은 소박한 사람들에게 신을 하늘과 대지의 창조주의 모습으로 제시한다. 그것만으로도 충분히 소박한 사람들이 신을 사랑하고 신에 봉사하도록 이끌 수 있다. 이성은 신을 단지 창조물에서 고려할 뿐인 것은 아니다. 신은 창조주이기 이전에 이미 존재했다. 이성은 신을 그 자체로, 혹은 신이 포함한 무한히 완벽한 존재라는 위대하고 원대한 관념을 통해 고려하고자 애쓴다. 성부聖父의 지혜, 혹은 영원한 진리로서 성자聖子는 인간이 되었고 무지하고 신체적인 인간들에게 자신을 알리고자 감각적 존재가 되었다. 성자는 사람들을 눈멀게 했던 그것으로 사람들을 가르치고자 했다. 즉 그는 사람들로 하여금 그를 사랑하는 마음을 갖도록 하고 사람들을 사로잡는 바로 그 사물들로써 그들을 감각적 선에서 벗어나게끔 했다. 그는 광인들과 어울려 그들을 현명하게 만들고자 일종의 광기를 사용했다.[4] 그러므로 신사며 가장 신앙심이 돈독한 사람들이 항상 가장 지성적인 이들인 것은 아니다. 그들은 철학자들이 이해할 수 있는 방식으로 신이 그들의 전체임을 알지 못하고, 진리의 추상적인 지식이 일종의 신과의 합일이라고 생각하지도 않지만 신앙으로서 신을 알 수 있고 은총의 도움으로 사랑할 수 있다. 그러므로 신과 그들의 자연적 결합을 진리의 지식을 통해서 강화하고자 노력하는 사람들이 극히 적다

4 [옮긴이] "오직 부르심을 받은 자들에게는 유대인이나 헬라인이나 그리스도는 하나님의 능력이요 하나님의 지혜니라. 하나님의 어리석음이 사람보다 지혜롭고 하나님의 약하심이 사람보다 강하니라."(〈고린도전서〉, 1장 24~25절)

고 해도 놀라서는 안 된다. 이를 위해서는 가장 덕성스러운 사람들에게 익숙한 것과는 완전히 다른 방식으로 감각과 정념의 자극에 맞서 싸울 필요가 있기 때문이다. 더없는 신사들이라고 항상 감각과 정념이 허위임을 납득하는 것은 아니다. 이런 방식으로 우리는 이 점을 앞에서 설명했다.

신체가 관여하고, 즉각적으로 정념의 원인이 되는 감정이나 사유만이 있을 뿐인 것은, 동물정기에 어떤 특별한 동요를 일으키는 두뇌 섬유의 진동만이 있을 뿐인 까닭이다. 그러므로 사랑을 일으키는 어떤 대상에 집착한다는 점을 뚜렷이 설득하는 감정들이 있을 뿐이다. 그런데 진리를 알 때에는 신과 맺는 자연적 결합이 느껴지지 않는다. 우리는 신을 생각조차 하지 않는데 이는 신은 우리 내부에서 우리로서는 알아차리지도 못하는 대단히 은밀하고 전혀 감각적이지 않은 방식으로 존재하고 작용하기 때문이다. 그러나 감각적 사물들과 맺는 관계는 이와 같지 않다. 우리가 느끼는 모든 감정이 이 결합을 입증한다. 물체가 우리 내부에서 작용할 때 우리의 시각을 자극하고, 물체의 행동에는 아무것도 감추는 것이 없다.

우리 자신의 신체는 정신보다 더욱 뚜렷이 나타나므로 우리는 신체를 우리 자신에서 가장 중요한 부분으로 간주하고 말 것이다. 그래서 우리가 신체로, 우리의 신체를 통해 모든 감각대상들과 맺는 결합은 우리 내부에서 강렬한 사랑을 일으키고, 그 사랑이 이 결합의 정도를 증가시키고 우리보다 무한히 열등한 사물들에 종속시키는 것이다.

6장

정념의 가장 일반적인 오류들에 대하여
특별한 몇 가지 사례들

선善과 관련해서 우리 정념이 범하게끔 만드는 특별한 모든 오류를 발견하는 것이 도덕이다. 타락한 사랑과 맞서고 다시 곧은 마음을 세우고 풍속을 바로잡는 것이 도덕인 것이다. 그러나 여기서 우리의 주된 목적은 정신을 바로잡고, 진리와 관련해서 우리 오류의 원인들을 발견하는 데 있다. 그래서 우리는 방금 말한 진정한 선의 사랑에단 관련된 문제들을 더 자세히 설명하지 않을 것이다. 우리는 정신의 문제로 넘어가고 마음을 다룰 텐데 그 이유는 오로지 마음이 정신의 주인인 까닭이다. 우리는 진리를 그 자체로, 우리와는 무관하게 탐구한다. 우리가 진리와 맺는 관계를 고려한다면 그 이유는 이기심이 우리에게 진리를 감추고 위장하기 때문이다. 우리는 정념에 따라 모든 일들을 판단하며, 그 결과 무슨 일이 되었든 잘못 생각하기 때문인데, 정념의 판단은 진리의 판단과 일치하는 법이 없으니 말이다.

저 훌륭한 성 베르나르는 너무도 아름다운 말로써 우리에게 이 점을 가르친다. 그는 이렇게 말했다.

"사랑과 증오는 진리에 따라 판단할 수 없다. 그러나 여러분이 진리의 판단을 원한다면 '나는 내가 이해한 바에 따라 판단한다.' 그것은 증오에 의한 것도 아니요, 사랑에 의한 것도 아니요, 두려움에 의한 것도 아니다. 증오의 판단은 '우리에게는 법이 있고 우리의 법에 따라 그는 죽어야 한다'와 같다. 두려움의 판단은 '우리가 그가 그런 식으로 행동하도록 방치한다면 로마인들이 우리의 도시며 우리의 국가에 들어와 모두 파괴할 것이다'와 같다. 사랑의 판단은 다윗이 존속살해를 저지른 아들에 대해 말하면서 '내 아들 압살론을 용서하시오. 우리의 사랑, 우리의 증오, 우리의 두려움은 우리로 하여금 거짓 판단만을 하도록 할 뿐입니다. 우리 정신을 밝혀 주는 것은 오직 진리의 순수한 빛뿐이고, 견고한 판단을 하도록 해주는 것은 오직 우리 모두의 주님의 분명한 목소리뿐입니다. 우리는 주님의 말씀에 따라서만 판단하고 우리가 그분에게 들은 것에 따라 판단할 뿐입니다. '듣는 대로 심판하는 것입니다sicut audio, sic judico.'"[1]

우리가 더욱 수월하게 정념에 저항할 수 있기 위해 정념이 우리를 어떤 식으로 유혹하는지 살펴보도록 하자.

---

1 "사랑도 증오도 진리의 판단을 알지 못한다. 진리의 판단을 듣고 싶은가? 내가 옳다 하면 나는 그렇게 판단하는 것이다. 내가 증오해서가 아니고, 사랑해서가 아니고, 두려워해서가 아니다."(Joan., V, 30) "말해진 대로 그것은 증오의 판단이다. 우리에게는 율법이 있고 두 번째 율법은 죽어야 한다."(Joan., XIX, 7) "만일 그를 이대로 두면 로마인들이 와서 우리 땅과 민족을 빼앗아 갈까 두려우니."(Joan., XI, 48) "사랑의 판단은 아들에 대한 다윗의 살해와 같다. 압살롬 사람이 그치라고 말했다."(II Reg., XVIII, 5): S. Bern., De grad. humilitatis (Saint Bernard, Des degrés de l'humilité et de l'orgueil, liv. I, chap. IV, §14 — 옮긴이).

정념과 감각의 관계는 대단히 밀접해서 우리가 제 1권에서 설명한 내용을 봤으니 정념이 어떤 식으로 우리를 오류에 빠뜨리게 하는지 설명하기란 어렵지 않을 것이다. 우리 정념이 오류를 일으키게 하는 일반 원인과 우리 감각이 오류를 일으키게 하는 원인은 완전히 동일하니 말이다.

우리 감각이 오류를 범하게 하는 가장 일반적인 원인은 이미 제 1권에서 설명했듯이 우리가 외부 대상이나 우리 신체에, 우리 영혼에 적합한 감각작용을 부여하고, 물체 표면에 색을 입히고, 대기에 빛, 소리, 냄새를 퍼뜨리고, 우리 신체의 모든 부분에 그 부분들과 마주치는 물체들의 움직임을 통해 어떤 변화를 수용하는 고통과 가벼운 자극을 지정하는 것이다.

우리 정념도 대동소이하다고 말해야 한다. 정념의 원인이 되거나 정념의 원인이 되는 것으로 보이는 대상들에 경솔하게도 우리 마음의 모든 성향을 부여한다. 그러니까 우리의 선, 우리의 즐거움, 우리의 악의, 우리의 앙심 및 우리 정신이 가진 모든 다른 특질들을 말이다. 우리 내부에서 어떤 정념을 일으키는 대상은 그 내부에 어떻게 본다면 우리 내부에서 깨어나게 되는 것을 포함하는 것 같아 보인다. 감각대상들이 우리 앞에 제시되었을 때 일깨우는 감각작용을 그 대상들 내부에 포함하는 것 같아 보이는 것과 마찬가지이다. 우리가 누군가를 사랑한다면 자연스럽게 그 사람도 우리를 사랑한다고 믿는 경향이 있다. 그때 그 사람의 의도가 우리를 해치거나 우리 욕망을 거부하는 것이라고 상상하기란 어렵다. 그런데 사랑 뒤에 증오가 이어진다면 그 사람이 우리가 선을 갖기를 바란다고 믿을 수 없다. 그의 모든 행동을 나쁘게 해석하고, 설령 그 사람이 우리 생각을 하지 않거나 우리를 위해 봉사할 생각만 하고 있더라도 우리는 경계하고 불신하게 된다. 결국 우리는 어떤 정념을 우리 내부에서 일깨우는 사람에게 우리 마음의 모든 성향을 부당하게 부여하게 된다. 이와 마찬가지로 우리는 우리 감각대상에 우리 정신의 모든 특질들을 무분별하게 부여하게 된다.

더욱이 모든 사람이 동일한 대상을 보면 우리와 동일한 감각작용을 수용하게 되리라고 믿는 것과 마찬가지 이유로, 모든 사람이 동일한 주제에 대해 그들 역시 우리처럼 자극된다면 우리는 동일한 정념의 자극을 받고 있다고 생각한다. 우리가 사랑하는 것은 다른 사람도 사랑하거나, 우리가 욕망하는 것을 다른 사람도 욕망한다고 생각하기 때문에 이로부터 질투와 은밀한 반감이 생겨난다. 우리가 구求하는 선을 여러 사람들이 온전히 소유할 수 없다면 말이다. 몇몇 사람들이 지고한 선, 학문, 미덕 등과 같이 분할할 수 없는 선을 소유할 수 있다면 완전히 반대의 상황이 일어나게 된다. 우리만큼이나 동일한 일들을 증오하고, 회피하고, 두려워한다고 생각하는 것이다. 이로부터 사람들이 증오하는 사물의 본성과 상태에 따라 관계며, 은밀하거나 뚜렷한 음모가 생긴다. 이런 관계 방식을 통해 우리의 비참에서 벗어나리라는 희망을 하게 되는 것이다.

그러므로 우리 정념의 대상들이 우리 내부에서 산출하는 동요émotion가 그 정념의 대상들에 있으며, 모든 다른 사람, 심지어 간혹 짐승들도 우리처럼 자극된다고 생각한다. 그러나 이 점 이외에도 우리 정념의 원인이 종종 상상적인 것에 불과한데도 그 원인이 실제로 어떤 대상 내부에 존재한다고 판단한다.

우리가 누군가를 열정적으로 사랑할 때 우리는 그의 모든 점이 사랑스럽다고 판단한다. 그가 얼굴을 찌푸려도 멋이 된다. 그가 가진 기형도 전혀 놀라울 것이 없다. 이상한 움직임을 하고 적절하지 않은 몸짓을 해도 당연하거나, 적어도 자연스럽게 받아들인다. 그가 말을 하지 않는다면 그가 현명하기 때문이고 그가 항상 말을 끊는 일이 없다면 그에게 기지가 충만하기 때문이고, 모든 주제에 대해 말한다면 그가 다방면으로 능통하기 때문이고, 끊임없이 다른 이들의 말을 끊는다면 그가 열정에 넘치고 강렬한 성정을 가진 명석한 사람이기 때문이고, 그가 항상 뛰어나고자 한다면 그럴 만한 사람이기 때문이다. 정념은 이런 식으로 우리 친구들의 모든 결함들을 감추거나 숨기고, 반대로 사소한 장점들을 화려하게 부각한다.

그런데 이런 우정이 다른 정념들처럼 그저 피와 동물정기의 자극에 근거한 것이라서 그 우정을 유지하는 데 적합한 열熱이나 정기가 부족해서 차가워지고, 이해관계나 어떤 그릇된 관계로 인해 두뇌의 배치가 달라진다면 사랑 뒤에 증오가 오게 되어, 우리 정념의 대상 속에 혐오를 일으킬 수 있는 모든 결함들을 상상하게 될 것이다. 똑같은 사람을 보고 있지만 예전에 감탄스러워했던 자질과는 완전히 반대되는 자질을 보게 될 것이다. 예전에 그를 사랑했다는 것이 수치스러울 것이다. 그리고 우세한 정념은 반드시 근거를 마련하게 되고 예전에 가졌던 정념은 우스꽝스럽게 만들고 말 것이다.

정념의 역량과 부당함은 방금 언급한 것들로 국한되지 않고 무한히 더 멀리 확장된다. 우리 정념은 그저 주 대상을 감출 뿐 아니라 그 대상과 어떤 관계를 갖는 모든 것들을 감추기도 한다. 우리 친구들의 모든 자질뿐 아니라 그들의 친구들의 대부분의 자질을 사랑스럽게 만들어 주기도 한다. 상상력의 너비와 힘을 상당히 갖춘 사람들이라면 더 멀리 나아갈 때도 있다. 정념은 그들의 정신에 대단히 엄청나고 폭넓은 지배력을 행사하므로 그 한계를 지정하는 일이 불가능하다.

방금 언급한 일들은 오류, 편견, 부당함을 낳는 대단히 일반적이고 적용 범위가 넓은 원칙들이니 그로 인한 모든 결과를 지적하기란 불가능하다. 대부분의 진리들은, 더 정확히 말하면 어떤 지역, 어떤 시대, 어떤 공동체, 어떤 가족 집단들의 오류들은 그런 원칙들이 빚어낸 결과이다. 스페인에서 진실인 것이 프랑스에서는 거짓이다. 파리에서 진실인 것이 로마에서는 거짓이다. 성 도미니크회 수사들에게 확실한 것이 성 프란체스코회 수사들에게는 불확실하고, 성 프란체스코회 수사들에게서 확실한 것이 성 도미니크회 수사들에게는 오류로 보인다. 성 도미니크회 수사들은 성 토마스 아퀴나스를 따라야 한다고 믿는데, 왜 그런가? 그것은 이 학자가 그들의 수도회 사람이었기 때문이다. 반대로 성 프란체스코회 수사들은 둔스 스코투스의 생각을 신봉하는데, 그것은 스코투스가 성 프란체스코회 사람이었기 때문이다.

어떤 시대의 진리와 오류도 마찬가지이다. 2천 년 전에는 지구가 회전했지만 오늘날까지 지구는 움직이지 않고 고정되어 있다가, 이제 지금은 지구가 움직이기 시작한다. 예전에는 아리스토텔레스의 책들을 불살랐다. 교황의 승인을 받은 수도회 관구 공의회에서는 대단히 현명하게도 아리스토텔레스 자연학 강의를 금지했는데, 그때부터 아리스토텔레스 자연학에 경탄했고, 이제는 이를 경멸하기 시작한다. 현재 스콜라 학파에서 받아들이는 의견들 중에는 예전에 이단으로 거부되었던 것이 있고, 일부 주교들은 그 의견들을 옹호했던 사람들을 이단으로 몰아 파문해 왔다.

정념은 파당을 낳고, 파당은 정념을 자극하는 원인만큼 쉽게 변하는 이런 진리들이나 오류들을 만들어 낸다. 예를 들어 사람들은 지구의 안정성 및 '유형성有形性, corporéité'의 형태[2]의 문제들에 무관심하다. 그런데 자기들이 증오하는 사람들이 이 의견들을 지지하게 되면 이 문제들은 더는 이래도 저래도 좋은 것이 아니게 된다. 그래서 신앙심에서 나온 모호한 생각이 혐오를 조장하고 경솔한 열의를 낳고, 그 열의가 고조되고 점점 불이 붙어, 그런 사건들이 일어나고 한참이 지나야 모든 사람이 이를 친숙하게 받아들이게 된다.

정념이 그 정도까지 나아간다고 상상하기란 어려운 것이 우리 정념이 그것을 채울 수 있는 모든 것으로 확장된다는 것을 모르는 까닭이다. 하만은 아마 유대 민족 전체에 악의를 품은 것은 아니었던 것으로 보인다. 그러나 모르드개는 유대인이었으니 하만에게 절하지 않았다.[3] 그러므로 국가를 송두리째 잃어야 했고, 이에 대해 더 훌륭히 복

2 Concile d'Angleterre par Spelman, l'an 1287.

3 [옮긴이] "아하수에로 왕이 아각 사람 함므다다의 아들 하만의 지위를 높이 올려 함께 있는 모든 대신 위에 두니, 대궐 문에 있는 왕의 모든 신하들이 다 왕의 명령대로 하만에게 꿇어 절하되 모르드개는 꿇지도 아니하고 절하지도 아니하니, 대궐 문에 있는 왕의 신하들이 모르드개에게 이르되 너는 어찌하여 왕의 명령을 거역하느냐 하고, 날마다 권하되 모르드개가 듣지 아니하고 자기는 유대인임을 알렸더니 그들이 모르드개의 일이 어찌 되나 보고자 하여 하만에게 전하였더라. 하만이 모르드개가 무릎을 꿇지도 아니하고 절하지도 아니함을 보고 매우 노하더니, 그들이 모르드개의 민족을 하만에게 알리므로 하만이 모르드개만 죽이는 것이 부

수했다.

소송광들의 관건이 되는 것은 토지의 권리가 누구에게 있느냐 이다. 그들은 증서만 찾으면 되고 자기 소송과 관련된 것이나 그 소송에 유리할 수 있는 것만을 말한다. 그러나 그들은 서로 음해란 음해를 다하고, 모든 일에 반론에 반론으로 맞서고, 불필요한 언쟁과 비방을 해대고, 주 사안을 모호하게 만드는 무수한 부수적 상황들로 소송을 뒤죽박죽으로 만들고 만다. 결국 모든 정념들은 그것에 자극된 사람들의 정신의 시선만큼 멀리 확장된다. 내 말은 우리가 정념의 대상과 어떤 관계를 갖고 있다고 생각했던 것 중 이들 정념의 움직임이 확장되어 이르지 못하는 것은 없다는 말이다. 다음이 어떻게 이 점이 이루어지는가의 설명이다.

대상들의 흔적은 두뇌 속에 서로 밀접히 결합되어 있으므로 정기의 흐름이 그중 어떤 흔적을 힘차게 깨우게 되고, 그때 여러 다른 흔적들이 동시에 다시 열리지 않기란 불가능하다. 우리가 사유하는 사물의 주 관념은 필연적으로 수많은 부수적 관념들을 동반하며, 동물정기의 자극이 더욱 강렬해지는 만큼 그 부수적 관념들은 더 증가하게 된다. 그런데 정기의 이런 자극은 정념이 두뇌 속에서 끊임없이 대상들을 재현하는 관념들의 흔적을 보존하는 데 적합한 정기들을 대량으로 대단히 힘차게 밀어내기 때문에 틀림없이 강렬해지게 된다. 그래서 사랑 혹은 증오의 움직임은 정념의 주 대상으로 확장될 뿐 아니라 그 대상

족하다고 생각하고 아하수에로의 온 나라에 있는 유대인, 곧 모르드개의 민족을 다 멸하고자 하더라."(〈에스더〉, 3장 1~6절)

과 어떤 관계를 맺고 있음을 알고 있는 모든 것들로도 확장된다. 정념에서 영혼의 움직임은 정신의 지각을 따르기 때문이다. 이와 다찬가지로 두뇌 속 정기의 움직임은 두뇌의 흔적을 따르게 된다. 정념의 대상의 주 관념을 깨우는 흔적만큼이나 이 주 관념과 관련이 있는 다른 모든 흔적들을 말이다.

그러므로 사람들이 증오나 사랑을 대단히 멀리까지 밀어붙이고, 대단히 이상하고 대단히 의외의 행동을 한다고 해도 늘라서는 안 된다. 이 모든 결과들에는 우리가 그 이유를 모를지라도 각자의 이유가 있다. 사람들이 갖는 부수적인 관념들이 항상 우리의 관념들과 똑같지는 않다. 그래서 우리가 보기에는 그들이 대단히 기상천외하게 보이는 방식으로 자극을 받게끔 하는 각자의 이유가 있는 것이다.

7장

개별적 정념에 대하여:
첫 번째로 숭배와 그 그릇된 결과들

내가 지금까지 정념의 문제로 말한 모든 것은 일반적이지만, 이로부터 개별적 결과들을 끌어내는 일이 대단히 어려운 것은 아니다. 자기 자신 내부에서 무슨 일이 일어나고 있는지, 또 다른 사람들의 행동에 대해서 성찰을 해보기만 하면 된다. 그렇게 되면 오랜 시간을 들여 설명해야 하는 것 이상으로 한눈에 이런 유의 진리들을 발견할 것이다. 그러나 자기 내부로 들어가 볼 생각을 하고 이를 위해 정신의 노력을 기울일 수 있는 사람들은 거의 없으므로 그런 이들을 자극하고 주의를 집중시키기 위해서는 다소 개별적 문제로 내려가지 않으면 안 된다.

우리 몸을 만지고 찰싹 쳐볼 때 특별히 감각을 느끼는 것 같지 않다. 그런데 그저 다른 사람들에게 맞을 때면 주의가 집중될 만큼 강렬한 감정을 느끼게 된다. 한마디로 말해서 자기 몸을 간질이지 않고 또 그럴 생각도 하지 않는다. 설령 그럴 생각을 해본들 성공할 리 만무하다. 정신이 심사숙고해 보고 자기 내부를 스스로 측정해 볼 생각을 하지 않고, 이런 종류의 탐색에 즉각 싫증을 내고, 다른 사람들이 자극하고 느낌을 갖게 할 때가 아니라면 보통은 자기 영혼의 모든 부분들을 알아보고 느낄 수 없다는 것과 거의 동일한 이유에서이다. 그래서 몇몇 사람들이 자기 자신에 대해 지식을 쉽게 알 수 있기 위해서는 정념들의 특수한 정념들로 다소 내려갈 필요가 있고, 그렇게 되면 정신을 구성하는 모든 부분들을 자극하면서 이를 배울 수 있다.

그렇기는 하지만 아래 내용을 읽게 될 독자는 내가 그들을 만진대도 항상 이를 느끼는 것은 아닐 것이고, 내가 앞으로 말하려는 정념과 오류에 항상 쉽게 빠진다고 인정하지 않을 것이라는 점을 잘 알고 있어야 한다. 모든 개별적 정념들이 모든 사람에게 항상 동일한 것은 아니라는 이유에서이다.

모든 사람들은 신체와는 무관한 동일한 자연적 성향을 갖는다. 신체가 완벽히 올바로 배치되었을 경우에는 신체와 관련된 모든 성향을 갖기도 한다. 하지만 신체의 다양한 기질이며 그 기질의 빈번한 변화가 개별 정념의 무한한 다양성의 원인이 된다. 신체 구성의 다양성에 직업도 같지 않고 살아가는 방식도 같지 않은 모든 사람에게 대단히 상이한 자극들을 만들어 내는 대상들에서 나온 다양성을 추가한다면, 이런 것이 영혼의 어떤 부분에 어떤 사물들의 강한 자극을 받을 수 있도록 함이 명백하다. 많은 다른 사람들은 이를 전혀 감각하지 못하겠지만 말이다. 그래서 항상 우리가 느끼는 바를 통해 다른 사람들이 틀림없이 느끼게 될 바를 판단하는 족족 우리는 잘못 생각하게 될 것이다.

모든 사람은 행복하고자 한다고 내가 확신할 때 나는 잘못 생각한 것이 아닐까 걱정하지 않는다. 나는 중국 사람들과 타타르 사람들, 천사와 악마들 및 모든 사람들이 지복에 대한 성향을 갖는다는 점을 전적으로 확실하게 안다. 심지어 나는 신이 이 욕망이 없는 어떤 사람도 만들지 않으리라는 것도 안다. 그렇지만 이 사실을 내게 가르쳐 준 것은 경험이 아니다. 나는 단 한 번도 중국 사람도, 타타르 사람도 만나 본 적이 없다. 그렇다고 그것이 내 양심의 내적 증언도 아닌 것이, 그 증언은 단지 내가 행복하고자 한다는 점만을 내게 알려주고 있으니 말이다. 모든 다른 사람들, 천사들, 악마들이 행복하고자 한다는 점을 내게 마음속에서 확신시켜 주는 존재는 오직 신뿐이다. 행복에 무관심할 수 있는 어떤 사람도 만들지 않으리라 내게 확신시켜 주는 존재는 오직 신뿐인 것이다.

신이 아닌 어떤 다른 존재가 신이 행하고 심지어 신이 생각한 바를 확실하게 내게 확인시켜 줄 수 있다는 말인가? 신은 나를 잘못 생각하게 만들 수 없으므로 신이 내게 가르친 바를 나는 의심할 수 없다. 그러므로 나는 이 성향이 자연적이고, 신체에 달린 것이 아니므로 모든 사람들이 행복하고자 한다는 점을 확신한다.

한편 개별적 정념들은 사정이 동일하지 않다. 내가 음악, 무용, 사냥에 심취해 있고, 즐거움과 고상한 취향을 좋아한다면 나는 이 점으로 다른 사람들의 정념에 관계된 확실한 아무것도 결론내릴 수 없다. 분명 즐거움은 달콤하고 모든 사람에게 쾌적하다. 그러나 모든 사람이 동일한 사물들에서 즐거움을 찾는 것은 아니다. 그런 사랑은 신체와 전혀 관계가 없으므로 모든 사람들에게 보편적인 것이다. 그러나 음악, 사냥, 무용에 대한 사랑은 그 사랑을 좌우하는 신체 성향이 모든 사람들에게 다르므로 신체에 좌우되는 모든 정념들이 항상 동일한 것은 아니다.

욕망, 기쁨, 슬픔과 같은 일반적 정념들은 자연적 성향과 개별적 정념 중간에 자리 잡는다. 이 정념들은 성향처럼 보편적이지만, 누구에게나 똑같이 강한 것은 아닌데, 그 정념들을 산출하고 유지하는 원인이 그 자체로 똑같이 활동적이지는 않은 까닭이다. 동물정기의 자극의 정도, 동물정기의 풍부함과 부족함, 견고함과 섬세함, 두뇌 섬유와 동물정기의 관계에 따라 다양성은 무한해진다.

그래서 개별적 정념에 대해 말할 때 다른 사람들에게서 영혼의 어떤 곳에서도 자극이 일어나지 않는 일이 자주 생긴다. 그렇지만 그들을 자극할 때 그들은 강력하게 동요한다. 일반적 정념들과 성향들은 이와는 반대이다. 그것에 대해 말할 때 언제나 자극이 된다. 그렇지만 자극은 대단히 약하고 무기력한 방식으로 이루어지므로 거의 느껴지지 않는다. 내가 이런 말을 하는 것은 내가 앞서 말한 것이나 다음에 언급하게 될 것에서 이미 갖게 된 하나의 생각이 아니라, 내가 다루는 정념의 본성을 고려하여 내가 잘못 생각하고 있는지의 여부를 판단하지 않게끔 할 목적에서이다.

모든 개별적 정념들을 다룰 작정이었거나, 그 정념들을 자극하는 대상들에 따라 구분했다면 한도 끝도 없을 것이고, 항상 동일한 것만 반복하리라는 것이 분명하다. 한도 끝도 없으리라는 것은 우리 정념의 대상이 무한하기 때문이고, 항상 동일한 것만 반복하리라는 것은 우리가 다루는 주제는 언제나 동일할 것이기 때문이다. 시, 역사, 수학, 사냥, 무용에 대한 개별적 정념들은 사실 한 가지 정념일 뿐이다. 예를 들어 즐거움을 주는 모든 것에 대해 일어나는 욕망 혹은 기쁨의 정념들은 즐거움을 주는 개별 대상들이 서로 다를지라도 상이한 것이 아닌 까닭이다.

그러므로 정념의 수를 무한한 수의 대상들에 따라서가 아니라 그저 대상들과 우리가 가질 수 있는 주된 관계들에 따라 늘려야 한다.[1] 그리고 이런 방식으로 사랑과 혐오가 모母정념이며, 욕망, 기쁨, 슬픔과는 다른 일반적 정념을 산출하게 되지 않으리라는 점을 알게 될 텐데, 이는 나중에 설명하겠다. 개별적 정념들은 단지 욕망, 기쁨, 슬픔이라는 세 가지 원초적 정념으로 이루어져 있고, 그것들을 자극하는 선이나 악의 주 관념이 부수적 관념들을 동반하거나, 선과 악은 우리와 관련될 때 더 상세해지므로 그만큼 더 복잡하다.

우리가 관념들의 결합[2]에 대해 한 말을 기억해 보고, 중요한 정념들에서 동물정기가 극단적으로 자극되어 두뇌 속에서 우리를 자극하는 대상과 어떤 관계를 갖는 모든 흔적을 일깨운다면 무한히 상이한 방식으로 구분되고 개별적 이름을 갖지 않는 정념들이 있어서, 설명이 불가하다고 말하는 것 외에는 다른 방식으로 설명할 수 없음을 깨닫게 될 것이다.

원초적 정념들이 있고 이들 정념이 결합함으로써 다른 정념들이 생겨난다. 그 원초적 정념들의 많고 적음이 불가능했다면 모든 정념들의 수를 확정하는 일은 어려운 일이 아니었을 것이다. 그런데 다른 정념들과의 결합으로 이루어지는 정념들의 수는 필연적으로 무한할 수밖

---

1 [옮긴이] "정념을 열거하기 위해서는 우리에게 들어오는 감각이 얼마나 다양한 형태로 그 대상에 의해 움직여질 수 있는지 오직 순수에 의거해 검토해야 한다." (《정념론》, 52절)

2 2권 5장.

에 없는 것이, 똑같은 하나의 정념이라도 무한한 단계들을 가지므로 무한히 많은 방식으로 다른 정념들과 결합할 수 있기 때문이다. 그래서 동일한 정념을 정도가 같은 모든 움직임들과, 어떤 대상과 마주치게 되었을 때 우리 내부에서 깨어나는 유사한 모든 감정들의 결합으로 인정한다면 어떤 동일한 정념으로 동요하게 되는 두 사람은 아마 절대로 없을 것이다.

그런데 많고 적음이 유類를 변화시키는 것은 아니므로 정념의 수는 무한한 것은 아니라고 말할 수도 있다. 선과 악을 동반하는 상황들이 무한한 것은 아니니 말이다. 그래도 우리 정념들을 개별적으로 설명해 보자.

우리가 무언가를 처음으로 보거나, 어떤 상황들에 수반된 그 무엇을 벌써 여러 차례 보았으므로 그것이 어떤 다른 상황들에 부여되었음을 볼 때 우리는 그 점에 놀라고 감탄하게 된다. 그래서 어떤 새로운 관념이나 낡은 관념들의 새로운 관계는 우리 내부에서 불완전한 정념의 원인이 되는데, 그것이 모든 정념들 중 최초의 것으로, 감탄이라고 부르는 것이다. 나는 이 정념을 불완전한 것이라고 했는데, 그것이 선의 관념에도, 선의 감정에도 자극되지 않기 때문이다.

그때 두뇌는 단 한 번도 자극된 적이 없던 어떤 자리에서 완전히 새로운 방식으로 자극되므로 영혼은 항상 뚜렷이 자극되고 그 결과 대상 속의 새로운 어떤 것에 강력하게 집중하게 된다. 같은 이유로 발바닥을 그저 가볍게 간질이는 것으로 영혼에는 자극의 힘보다는 새로움으로 영혼의 대단히 뚜렷하고 집중적인appliquant 감정을 자극한다. 새로운 사물에 영혼이 집중하는 또 다른 이유들이 있다. 그런데 나는 자연적 성향들에 대해 말하면서 이미 이 점을 설명한 바 있다. 여기서 영혼은 신체와의 관계를 통해서, 그리고 그 관계에 따라서만 고려되었고, 새로운 사물들에 집중하게 되는 자연적 원인은 동물정기의 특이한 동요이다. 우리는 동물정기의 통상적 동요로는 거의 집중이 이루어지지 않기 때문이다.

정확히 이런 식으로 감탄을 느낄 때 그 사물들은 그 자체로 존재하는 바에 따라서, 혹은 보이는 바에 따라서 고려된다. 자기와의 관계를 통해, 그러니까 좋은 것이거나 나쁜 것으로 고려하지 않는 것이다. 바로 이런 이유로 정기가 근육 속에 퍼지지 못하고 따라서 신체에 선을 추구하고 악을 회피하는 데 필요한 배치가 이루어지지 못하며, 심장과 다른 장기들로 뻗어 있는 신경들을 자극하지 못하니 피의 발효와 운동이 재촉되거나 지연된다. 이 점은 다른 모든 정념에서도 일어나는 일이다. 정기란 정기가 모두 두뇌를 향해 갑작스럽게 나타난 대상의 강렬하고 뚜렷한 이미지를 새겨야 영혼은 그 대상을 고려하고 인식하게 된다. 신체의 나머지 전체는 부동하거나 같은 자세를 취한다. 영혼에 동요가 없으니 신체에도 움직임이란 것이 없다.

감탄의 대상이 위대해 보일 때 감탄에는 항상 존경이 따르고 간혹 숭배가 따르기도 한다. 반대로 감탄의 대상들이 초라해 보일 때 항상 경멸이 수반되고 간혹 무시가 수반되기도 한다. 위대함의 관념은 두뇌에서 정기의 엄청난 움직임을 산출하고, 그 관념을 재현하는 흔적은 오랫동안 보존된다. 정기의 엄청난 움직임은 영혼에 위대함의 관념을 자극하고 그 관념을 고려하면 정신의 운동은 멈춰지고 만다.

초라함의 관념은 두뇌에서 정기의 적은 움직임을 산출하고, 그 관념을 재현하는 흔적은 오랫동안 보존되지 않는다. 정기의 작은 움직임은 영혼에 초라함의 관념을 자극하고 그 관념을 고려해도 정신의 운동은 멈추지 않는다. 이 문제는 대단히 주목할 가치가 있다.

우리가 우리 자신, 혹은 우리와 결합된 그 무엇을 그려하게 될 때 우리의 감탄에는 우리를 자극하는 어떤 정념이 항상 따른다. 그러나 우리의 동요는 영혼과, 심장으로 흐르는 정기들 속에 있을 뿐이다. 추구해야 하는 선도, 피해야 할 악도 없으니 정기는 근육 속에 퍼지지 않게 되어 신체가 어떤 행동을 하게끔 배치하지 못한다.

자기 존재, 혹은 자기에게 속한 어떤 것이 완전한 것으로 보일 때 자연스럽게 오만이나 자기 자신에 대한 존경의 마음, 다른 사람들에 대한 무시, 기쁨 및 어떤 다른 정념들이 산출된다. 제 자신이 위대하게 보일 때 자긍심이, 제 자신의 힘을 볼 때 관대함이나 과감함이, 어떤 다른 돋보이는 자질을 볼 때 자연스럽게 어떤 다른 정념이 산출되는데 이것은 일종의 오만이다.

이와는 반대로 자기 존재, 혹은 자기에게 속한 어떤 것이 불완전한 것으로 보일 때 자연스럽게 굴욕, 자기 경멸, 다른 사람들에 대한 존경, 슬픔 및 어떤 다른 정념들이 산출된다. 자신의 보잘것없음을 볼 때 천한 마음이 들며, 자신의 약함을 볼 때 소심해지고, 어떤 결점이 되는 자질을 볼 때 어떤 다른 정념이 산출되는데 이것은 항상 굴욕의 일종이다. 그런데 굴욕이든 내가 조금 전에 말한 오만이든 그 자체로는 미덕도, 악덕도 아니다. 그 둘은 불수의不隨意적 정념이나 동요일 뿐으로 시민 사회에 대단히 유용하고, 어떤 경우에는 그를 자극하는 것들로부터 생명이나 재산을 보호하기 위해 반드시 필요하다.

예를 들어 상류층 인사나, 긍지에 넘치는 유력가 앞에 있을 때 겸손하고 조심스러운 태도를 취할 필요가 있으며, 몸가짐을 신중하게 하고 공손하고 겁먹은 표정을 지음으로써 자기 정신의 성향을 외면에 보여주기도 해야 한다. 현저한 위대함을 보고 상상력의 기가 꺾이고 외면적으로 복종과 마음 내부에서 우러나오는 숭배의 흔적을 보일 때 이는 거의 항상 신체의 이득에 유리한 일이다. 그렇지만 이런 일은 의지의 관여 없이 자연스럽고 기계적으로 이루어지며, 심지어는 저항을 누르면서까지 일어나는 경우도 있다. 개들이 그렇듯이 함께 살아가는 사람들의 동정을 얻을 필요가 있는 짐승들은 흔히 자기 주변 사람들과 관련해서 자기들이 취해야 하는 표정을 드러내는 방식으로 기계로서의 자신을 배치하게 된다. 이는 자기 보존을 위해 절대적으로 필요한 일이다. 또한 새들이나 다른 몇몇 동물들이 이런 태도를 취하기에 딱 맞게 신체가 배치되지 않았다면 그런 동물들은 도피가 가능해서 분노에 사로잡혀 있거나 자기들의 생명의 보존에 있으나마나 한 상대방의 동정을 얻을 필요가 없다.

우리 외부에 존재하는 어떤 것을 볼 때 우리 내부에서 자극된 모든 정념들이 그 자극을 받은 이들의 얼굴에 기계적으로 자기들이 지어야 하는 태도, 즉 자극을 통해 그 얼굴을 보는 모든 이들이 기계적으로 그들에게 적합한 태도의 정념과 사회의 선에 유용한 움직임들을 짓게끔 배치하는 표정을 퍼뜨린다는 점을 지나치게 고려할 수는 없다. 감탄의 정념은 우리 외부에 존재하는 것으로서 다른 이들이 고려할 수 있는 무엇인가를 보았을 때만 우리 내부에 일어나는데, 그 감탄의 정념이 우리 얼굴에 기계적으로 다른 사람들에 대한 감탄을 자극하고, 대단히 규칙적 방식으로 두뇌에 작용하여, 두뇌 속 정기들이 얼굴 근육 속으로 밀려들어가 우리의 표정과 아주 똑같은 표정을 짓도록 한다.

이렇듯 영혼의 정념과 동물정기의 운동이 교류하는 목적은 선과 악과 관련해서 사람들을 하나로 묶고, 사람들을 서로 완전히 똑같은 존재로 만들기 위한 것이다. 그러나 그 방식은 정신의 배치를 통해서뿐 아니라 사람들이 놓인 신체의 상황을 통해서이다. 그래서 정념이 더욱 강렬할수록 영혼의 정념과 동물정기의 교류는 그만큼 더 크고 주목할 만한 것이다. 그런데 사정이 이와 같음이 틀림없는 것은 선과 악이 더욱 강하거나 우리와 바투 마주하고 있기 때문에 그것에 더욱 열중하고 서로 강력히 결합함으로써 악을 피하거나 선을 구해야 하는 까닭이다.

그런데 감탄이라는 정념이 보통 그러하듯이 정념들은 지나치게 절제되어 있을 때 뚜렷한 교류가 없고 보통 교류할 때 나타나는 표정도 거의 퍼뜨리는 일이 없다. 급할 것이 없으므로 지금 당장 정념이 다른 사람들의 상상력에 영향을 미치고, 그 정념들을 일으킨 원인을 고려하는 것보다, 자기들이 반드시 전념해야 하는 일들로부터 관심을 돌리는지의 문제는 여기서 말할 계제가 아니다.

우리 정념이 이런 구조로 되어 있고, 우리 주변 대상들과의 관계에서 우리 신체가 이런 배치를 취한다는 것 이상으로 경이로운 것은 아무것도 없다. 우리 내부에서 기계적으로 일어나는 모든 것은 우리를 지으신 분의 지혜에 합당하다. 신께서는 특히 사회 및 감각적인 우리의 존재를 보존할 목적으로 모든 감각적 사물들과 우리를 결합하고자 우리에게 자극을 일으키는 모든 정념들을 갖추게 했으니, 그분의 의도는 창조물의 구성을 통해 그만큼 충실히 실행되고 있는 것이니, 신이 베푼 기술이며 힘에 감탄하지 않을 수 없다.

그러나 우리의 정념과, 우리를 둘러싼 모든 것과 우리를 하나로 묶어 주는 저 지각할 수 없는 모든 관계들은 우리의 과오 때문에 종종 오류와 타락을 일으키는 대단히 중요한 원인이 된다. 우리가 정념을 사용해야 하는 그 용도로 사용하지 않으니 정념이 하고자 하는 대로 모두 허용하면서도 그 정념의 힘에 넘어가서는 안 되는 한계를 어디로 지정해야 하는지 모른다. 그래서 감탄처럼 대단히 약하고, 우리에게 가장 자극이 덜한 정념조차 우리를 충분히 오류에 빠뜨릴 힘을 가졌다. 아래에 몇 가지 사례를 소개한다.

사람들이 다 그렇지만, 특히 강력한 상상력을 가진 사람들은 자기들의 가장 좋은 면으로 자신을 바라보고, 십중팔구 스스로 만족한다. 그들만큼 움직임이 강하지 않은 다른 사람들과 비교해볼 때 틀림없이 그들 내면의 만족은 커지게 된다. 더욱이 자기들에게 감탄하는 사람들이 많고, 그들에게 성공적으로, 또 큰 호응을 받으며 저항할 수 있을 사람은 거의 없다. 강력하고 강렬한 상상력을 가진 사람 앞에서 이성을 앞세우는 사람에게 누가 갈채를 하겠는가? 결국 사람들이 그들의 말을 들을 때 얼굴에 복종과 존경의 대단히 뚜렷한 표정이 지어지고 말이 새로 나올 때마다 강렬한 감탄의 모습을 띠게 되니, 이렇게 상상력이 강한 사람들은 자신 스스로를 찬미하게 된다. 상상력을 통해 장점이 과장되므로 본인에게 극도로 만족하는 것이다. 열정에 사로잡힌 사람을 볼 때마다 그의 정념의 자극을 받게 되고, 말하자면 그의 감정을 함께 느끼게 된다면, 수많은 숭배자들로 둘러싸인 사람들이 그렇게 이기심을 우쭐하게 만들어 주는 정념을 느끼지 않을 수 있겠는가?

그런데 강력하고 강렬한 상상력의 소유자들이 제 자신 및 자신의 자질을 이토록 높이 평가하게 되면 그들은 용기백배하게 되고 의압적이고 단호한 모습을 띤다. 다른 사람들 말을 들을 때는 그저 경멸하며, 답변할 때는 그저 빈정거리고, 자기들에 관한 생각만 한다. 주의 깊게 정신을 기울이는 일은 진리를 발견하기 위해서 없어서는 안 되는 것이지만 이를 일종의 속박으로 보고 순응하지 않는다.

오만, 무지, 맹목은 늘 함께 가는 길동무들이다. 자유사상가들, 더 정확히 말해서 근거도 없이 당당한 사람들은 진리에 복종하고자 하지 않는다. 그들이 자기 내부로 들어갈 때는 그저 자신의 모습을 응시하고 자기도취를 위한 것일 뿐이다. 그래서 이들 당당한 사람들을 반박하는 사람은 그들의 어두운 세계 그대로여도 그곳에서 빛난다.

이와는 반대로 동물정기와 피가 어떻게 배치되면 우리 자신을 지나치게 비천하게 생각하게 된다. 두뇌 섬유가 조잡한 상태에서 이와 결부된 동물정기가 부족하고 느리고 허약하다면 상상력은 약하지고 무기력해진다. 이 관점은 약하거나 무기력한 상상력이 일으키는 모호한 생각이라 하겠는데 여기에 빠질 때 비천한 정신이라고 부를 수 있는 나쁜 겸손 같은 것에 들어서게 된다.

모두가 진리를 발견할 수 있지만 이를 가르칠 수 있는 유일한 사람에게 묻는 법이 없다. 당당한 자들은 제 자신에게 관심을 쏟고 오로지 자신의 말만 듣는다. 또한 저 거짓으로 겸손을 가장하는 자들은 당당한 사람들에게 관심을 쏟고 그런 사람들이 내리는 결정을 고스란히 따른다. 양쪽 모두 일부 사람들의 말만 듣는다. 당당한 사람들의 정신은 피의 발효, 즉 자기들만이 갖는 상상력의 발효를 따른다. 거짓으로 겸손을 가장하는 자들은 당당한 자들의 지배적 표정에 굽신거린다. 그래서 어느 쪽이든 허영과 거짓에 종속된다.

당당한 자는 부유하고 권력을 갖고, 수행원을 동반하고, 자기를 따르는 행렬의 규모에 따라 자신의 위대함을, 자기가 탄 마차를 끄는 말들의 행렬에 따라 자신의 힘을 측정한다. 거짓으로 겸손을 가장하는 자 역시 정신과 원칙은 동일하다. 그는 비참하고, 가난하고, 나약하고, 무기력한 사람으로, 아무것도 가진 것이 없으니 자기를 있으나 마나한 존재로 상상한다. 그렇지만 우리의 수행원은 우리가 아니다. 피와 정기의 풍부함, 상상력의 격렬함과 혈기가 우리를 진리로 이끈다니 어림도 없는 일이며, 사실은 그 반대이다. 그런 자들을 이렇게 부를 수 있다면 그들은 얼간이들이다. 그들은 차갑고 무기력한 정신들로, 그보다 더 견고할 수 없고 그보다 더 감추어질 수 없는 진리를 가장 잘 찾을 수 있는 이들이다.

그들은 정념이 완전히 침묵할 때 그들 이성의 가장 감춰진 곳에서 그들을 가르치는 진리를 귀 기울여 들을 수 있는 이들이다. 그러나 불행히도 이들은 진리의 말에 열중하지 않는다. 진리는 눈에 띄게 화려하게 말하지 않으며, 낮은 목소리로 말한다. 그들을 자극하는 것은 그저 소음일 뿐이다. 그들을 설득할 수 있는 것은 화려함이며, 위대함이며 웅장함이다. 그러나 이런 것들은 겉으로만 그렇게 보이고 그들을 설득하는 감각의 판단에 따르는 것이다. 그들은 넋을 잃고 바라보는 것을 즐긴다. 그들은 진리 자체를 듣는 것보다 환각이며 몽상들 이야기만 늘어놓고, 거짓 예언자들처럼 그들이 진리를 듣지 않았는데도 진리를 들었다고 확언하는 철학자들의 말을 듣는 것을 더 좋아한다.

4천 년보다 훨씬 전에 인간의 오만한 마음이 그들에게 그럴듯한 거짓말을 했지만 그들은 이를 반박하지 않았다. 심지어 그 거짓말들을 철저히 지키고 종교와 신의 전통으로 보존했다. 진리의 신은 더 이상 그들과 함께하지 않는 것 같다. 그들은 더 이상 진리의 신을 생각하지 않고, 더 이상 진리의 신에 묻지 않고, 더 이상 깊이 사유하지 않고, 그들의 나태와 태만을 종교적 겸손의 거짓 외관으로 감추고 있다.

우리 혼자 진리를 발견할 수 없음은 사실이다. 그러나 모든 사람들이 하나 되어 도움을 받는대도 불가능한 일이지만 우리에게 환히 빛을 밝혀 주는 자와 함께라면 가능하다. 진리를 알게 된 이들이 진리를 물었던 존재에게 우리가 직접 묻지 않고, 그 존재가 진리를 물어왔던 자들에게 기울였던 것처럼 우리에게 주의를 기울이지 않는다면 진리를 가장 잘 아는 사람들조차 우리에게 진리를 보여 줄 수 없는 일이다. 그러므로 사람들이 말했다고 그들의 말을 믿어서는 안 된다. 거짓에 빠지지 않는 자 누가 있으랴. 그렇지만 속일 수 없는 존재가 우리에게 말했으니 속일 수 없는 그 존재에게 끊임없이 물어야 한다. 귀에 바짝 대고 말하는 사람들을, 신체만을 훈련시키는 사람들을, 기껏해야 상상력이나 자극하는 사람들을 믿어서는 안 된다.

우리가 주의를 기울여 듣고 한마디도 빠뜨리지 않고 믿어야 하는 이는 정신에 말하는 존재, 이성을 훈련시키는 존재, 인간 내면의 가장 깊은 곳까지 파고들어가 그를 환히 비추고 단련시켜, 인간을 유혹하고 끊임없이 괴롭히는 감각적이고 겉뿐인 사람과 싸울 수 있는 존재이다. 내가 이 문제들을 반복해 말하는 것은 그들이야말로 진지하게 성찰할 수 있을 만한 사람들이라고 믿기 때문이다. 숭배해야 할 존재는 신뿐이다. 우리 내부에서 즐거움을 산출할 수 있는 존재가 신뿐이듯, 우리 내면을 빛으로 가득 채울 수 있는 존재도 신뿐이다.

동물정기와 그 외의 신체 부분에서 사냥, 무용, 경주 및 신체의 힘과 재주가 가장 뛰어나 보이는 모든 신체 운동에 끌리게끔 배치가 된 경우도 간혹 있다. 이런 배치는 젊은이들에게 대단히 흔하고, 특히 신체가 아직 완전히 형성되지 않은 사람들에게 그렇다. 아이들은 가만히 있지를 못하고 기분에 따라 끊임없이 활동한다. 아이들의 근육이 아직 굳건하지 못하고 심지어 완벽히 완성된 것도 아니므로 조물주로서 영혼의 즐거움을 신체의 선과 관련해서 부합시키는 신은 훈련에서 즐거움을 찾게끔 함으로써 아이들의 신체를 튼튼하게 만드는 것이다. 그래서 살과 신경섬유가 여전히 무른 상태로 남아 있을 때 동물정기가 흘러가서 모든 종류의 움직임을 산출할 수 있도록 하는 길들이 그려지고 보존되며, 그럴 때 그 움직임들을 막거나 부패시켜 일부를 손상시키는 체액이 쌓이는 일이 없다.

젊은이들은 자기 신체 배치가 어떻게 되어 있는지에 대한 생각이 모호하므로 자기 힘과 솜씨를 볼 때 즐거움을 느낀다. 신체의 운동을 조절할 수 있을 때나, 평범하지 않은 움직임을 수행할 수 있을 때 자화자찬하게 된다. 자기들을 봐주고 감탄할 사람들 앞에 서기를 바라기까지 한다. 이런 식으로 그들은 신체의 모든 훈련에 대한 정념을 느끼면서 조금씩 튼튼해지는데, 그 정념은 인간을 무지하고 난폭하게 만드는 주된 원인 중 하나이다. 이런 훈련을 하면서 시간을 잃기도 하거니와 정신은 많이 사용하지 않으므로 두뇌의 주요 부위가 완전히 굳어버리게 되는데, 그 부위가 유연해야 정신에 힘이 생기고 정신이 강렬해지며,

그렇게 되지 않으면 동물정기는 우리가 의지하는 것을 생각하는 데 적합한 방식으로 두뇌 속에 쉽게 퍼지지 못한다.

대부분의 병사들과 귀족이 대상이 무엇이 됐든 그것에 몰두할 수 없게 되는 것이 이 때문이다. 그들은 흔히 말하듯 모든 것을 기사답게 추론한다. 그래서 어떤 대답을 해야 할지 생각하는 대신 듣고 싶지 않은 것을 말해보라고 한다면 그들의 동물정기는 부지불식간에 근육으로 흘러들어서 팔을 치켜들게 한다. 그들은 거의 성찰이라는 것을 하지 않고 때리거나 위협적인 몸짓으로 답변한다. 그들이 들은 말이 정기를 자극했기 때문에 정기는 습관이 된 반복된 훈련을 통해 가장 안전하게 보호된 장소를 향하게 된다. 신체에 힘을 가졌다는 생각으로 인해 이런 불손한 방식이 굳어진다. 자기 말을 듣는 사람들이 존경하는 도습을 볼 때 다짜고짜 어리석은 말을 거만하게 하고자 하는 어리석은 신념이 새겨지는 것이다. 다른 이들의 두려워하고 신중한 태도에 기분이 좋아져 그들은 심지어 멋지고 올바른 말을 했다고 믿기까지 한다.

그런 줄도 모르면서 무슨 연구에 전념했다거나 어떤 학문을 현재 직업으로 삼기란 불가능하다. 저자나 박사가 되려면 항상 이 점을 기억해야 한다. 그런데 이 기억 하나를 잊어도 많은 사람들은 자연스럽게 수많은 오류들을 저지르게 되므로 사람들은 그들이 자랑스러워하는 자질을 갖지 않는 편이 이득일 것이다. 그들은 그 자질이 자기들의 가장 좋은 면이라고 상상하므로 그런 자질을 가진 것이 언제나 자랑스럽다. 할 수 있는 온갖 솜씨를 부려 다른 사람들에게 그 자질을 보여 주며, 자기들은 그런 자질을 가졌으므로 무슨 일이든 자세히 검토하지 않아도 판단할 수 있다고 주장한다. 자기들의 생각이 무례하게도 반박

된다면 우선은 교묘하고 다정하고 인자하게 자기들이 어떤 사람들이며 판단의 권리는 자기들에게 있음을 넌지시 알리려고 노력한다. 그렇지만 그래도 과감하게 자기들의 생각이 계속 반박을 받는데 답변이 궁하다면 자기들이 생각하는 바며, 자기들을 반박하는 사람들에 대해 어떻게 생각하는지 노골적으로 말하는 것이다.

마음속으로 자기가 어떤 장점을 가졌다고 생각할 때 자연스럽게 용기가 부풀어 오른다. 자기가 말 타고 총 들었음을 잘 알고 있는 기병은 피도 정기도 충분하다면 무슨 시도라도 할 준비가 되어 있다. 그의 신체 배치로 인해 그는 용맹하고 과감해지는 것이다. 자기가 박식하다는 것을 아는 연구자의 경우도 이와 같아서, 허파에 바람이 들면 정신도 타락하는 것이다. 이렇게 말할 수 있다면 그는 진리에 맞서서 용맹하고 과감해진다. 간혹 진리를 알지도 못하고 무모하게 진리와 싸우고, 진리를 안 뒤에도 진리를 배반한다. 자신의 거짓 박식만 믿고 모순의 정신에 사로잡힘에 따라 긍정이냐 부정이냐를 주장할 준비가 항상 되어 있다.

학문을 안다고 자부하지 않는 사람들은 이와 같지 않다. 그들은 단호하지 않다. 할 말이 없는데 말하는 경우는 극히 드물고, 말해야 할 때 침묵하는 일도 흔하다. 그들은 명성도 없고 겉으로 나타나는 학문의 표지도 없다. 그런 것들은 무슨 말을 하는지도 모르면서 말하지 않을 수 없게 한다. 그렇지만 그들은 침묵할 수 있는 것이다. 그런데 학자라는 사람들은 아무 말도 없이 가만히 있는 것이 두렵다. 자기들이 할 말이 아무것도 없어서 침묵한다면 경멸을 받을 것이며, 학술적으로 말하기만 한다면 바보 같은 말만 하더라도 항상 경멸받지 않으리라는 것을 아는 것이다.

사람들이 사유할 수 있게끔 해 주는 자가 사람들에게 진리를 얻어 줄 수 있다. 명예도, 부도, 신분도, 거짓 박학도 사람들이 사유하도록 할 수 없으니, 이런 것들의 본성이 그러하다. 사람들은 사유하도록 태어났는데 그것은 진리를 알기 위해 태어났기 때문이다. 신체의 건강조차 올바로 사유할 수 없게 만든다. 건강으로 이룰 수 있는 모든 것은 질병에 장애가 안 된다. 말하자면 우리 신체는 감각하고 상상하도록 돕지만 이해하도록 돕지는 못한다. 우리가 신체의 도움 없이는 깊은 성찰로써 끊임없는 감각과 정념의 방해에 맞서 우리 관념을 고정시킬 수 없는 것이 사실이다. 지금으로서는 우리가 오직 신체를 통해서만 신체를 극복할 수 있으므로 감각과 정념은 관념들을 혼란스럽게 하고 지워버리는 것이다. 그러나 신체는 정신을 환히 밝힐 수 없고, 신체 내부에 지성의 빛을 산출할 수도 없다. 진리를 발견할 수 있게 하는 모든 관념은 진리 자체로부터 오기 때문이다. 영혼이 신체를 통해 받아들이는 것은 그저 신체를 위한 것일 뿐이다. 영혼이 환상에 관심을 들 때 영혼은 그저 환영이며 환상만을 볼 뿐이다. 내 말은 영혼은 사물을 그 자체로 있는 그대로 보는 것이 아니라, 그저 사물과 신체가 맺을 수 있는 관계를 본다는 것이다.

우리 자신이 위대하다거나 초라하다거나 하는 생각을 할 때 종종 오류를 범하게 된다면, 우리 외부에 존재하고 우리와 어떤 관계를 갖는 사물에 대해 우리의 관념이 만들어 내는 자극 역시 위험하기란 매한가지이다. 우리는 좀 전에 위대함의 관념은 언제나 엄청난 정기의 움직임을 수반하고, 엄청난 정기의 움직임은 언제나 위대함의 관념을 수반하며, 이와는 반대로 초라함의 관념은 언제나 정기의 적은 움직임을 수반하고, 적은 정기의 움직임은 초라함의 관념을 수반한다고 말했다. 이 원칙으로부터 우리 내부에 엄청난 정기의 움직임을 산출하는 사물은 자연적으로 우리에게 더 위대해 보인다는 점을, 그러니까 다른 사물들보다 더 강하고 더 실재적이고 더 완전해 보인다는 결론을 쉽게 내릴 수 있다. 나는 위대함이라는 말로 이런 모든 것들을 비롯한 여러 다른 것들을 생각하는 것이다. 그래서 우리가 진리의 순수 관념이 아니라 정기의 움직임으로 판단한다면 감각적 선이 감각되지 않는 선보다 우리에게 더 위대하고 더 견고해 보이게 된다는 점이 틀림없다. 그래서 대저택, 화려한 행렬, 근사한 가구, 공직, 명예, 부는 미덕과 정의보다 더 위대하고 더 실재적으로 보인다.

정신의 명석한 시각으로 미덕과 부를 비교한다면 부보다 미덕을 선호하겠지만, 두 눈과 상상력을 사용하고 이들 사물이 우리에게 일으키는 정기의 동요를 통해서만 이들을 판단한다면 분명 미덕보다 부를 선호하게 된다.

바로 이런 원리 때문에 정신적이거나, 아무 감각도 일으키지 않는 사물들을 우리는 거의 아무것도 아닌 것으로 생각한다. 우리 정신의 관념들은 그것이 재현하는 대상들보다 덜 고귀하고, 금속보다는 공기가, 얼음보다는 물이 실재성이 덜하고 실체성도 덜하고, 대지부터 창공 사이의 공간은 비어 있거나 아니면 그 공간을 채우는 물체들은 태양과 별들만큼이나 실재적이지 못하고 견고하지 않다고 보는 것이다. 결국 우리가 각각의 사물의 본성과 완전성에 대해 무수히 많은 오류에 빠지는 것은 우리가 이 거짓 원칙에 따라 추론하기 때문이다.

정기의 거센 움직임으로 강렬한 정념이 생기고 이때 항상 위대함의 뚜렷한 관념이 수반되고, 정기의 무기력한 움직임으로 약한 정념이 생기고 이때 사소함의 뚜렷한 관념이 수반되므로, 위대함의 뚜렷한 관념을 자극하는 모든 것을 전력으로 연구하고 시간을 많이 들이는 반면, 사소함의 뚜렷한 관념이나 마련해 줄 뿐인 모든 것은 무시되곤 한다.

예를 들어 우리 머리 위를 운행하는 저 거대한 별들은 언제나 정신에 자극을 일으킨다. 우리가 그 별들을 숭배한다면 그 별들의 거대함과 그 별을 밝히는 광채 때문이다. 더 과감했던 몇몇 천재들이 별들의 운행을 조사했고 그 별들은 언제나 많은 사람들의 연구의 대상이자 숭배의 대상이었다. 별들이 우리에게 작용을 가한다는 허무맹랑한 생각에 대한 두려움은 지금도 여전히 점성가들과 나약한 정신의 소유자들을 공포에 몰아넣고 있는데 이는 상상력이 그만 기가 꺾인 나머지 천구들을 재현하는 거대함의 관념에 일종의 숭배 같은 감정을 부여한다고 생각할 수 있다.

반대로 목성, 토성 및 다른 모든 행성들에 대해 알 수 있는 지식보다, 무한히 더 열정을 기울여야 마땅한 인간 신체에 대한 지식은 거의 알려져 있지 않다. 해부된 육신의 모든 부분들에 대한 뚜렷한 관념에는 거대함이 전혀 없는 데다 심지어는 혐오와 공포를 일으키기도 한다. 그래서 불과 최근에 와서야 재기를 가진 사람들이 해부학을 연구할 가치가 있는 학문으로 보게 된 것이다. 천문학의 왕과 군주들이 있었고, 그런 존재였음이 자랑이 되었다. 별들의 크기는 그들의 위엄의 크기와 일치하는 것 같다. 그렇지만 나는 해부학을 알고 심장과 두뇌를 훌륭히 해부하는 일을 영예로 삼았던 이들이 있었다고는 생각하지 않는다.

다른 많은 학문들도 이와 같은 상황이다.

매일 보는 흔한 일들보다 드물고 기이한 일들을 보게 되면 정기는 더 크고 더 뚜렷이 움직이게 된다. 그런 일들에 감탄하게 되므로 그것에 어떤 위대함에 대한 관념을 결부시키고, 그런 식으로 그런 일들이 사람들의 정신에 존경과 존중의 정념을 자극하게 된다. 바로 이런 것들이 많은 사람들의 이성을 뒤엎어 버린다. 고대에서 물려받은 모든 것, 멀리서 가져왔거나 드물고 기이한 모든 것에 그렇게 많은 사람들이 대단한 호기심을 갖고 경의를 표하게 되니 그들의 정신은 노예나 다름없어진다. 정신은 존중하는 것을 감히 판단하려거나 그 위에 서려고 하지 않으니 말이다.

고대인들 혹은 중국인이나 야만인의 메달, 무기, 의복을 좋아하는 일이 진리에 크게 위험한 것이 아님은 사실이다. 고대 로마의 지도나, 통킹에서 난징으로 통하는 길을 아는 것이 전혀 쓸모없는 일은 아니다. 물론 우리로서는 파리에서 생제르맹이나 베르사유로 통하는 길을 아는 것이 더 유용하기는 하겠지만 말이다. 또한 사람들이 그리스와 페르시아의 전쟁사나, 타타르인들과 중국인들의 전쟁사를 알고자 하고, 투키디데스와 크세노폰, 혹은 여러분 좋을 대로 다른 어떤 인물을 보통 이상으로 좋아한다고 그들을 비난할 수는 없다. 그런데 고대에 대한 감탄이 이성을 누르고, 자신의 정신을 절대 개입시키는 일 없이 고대인들의 생각을 연구하고, 고대인들의 오류를 발견하고 증명하는 사람들을 주제넘은 자라거나 무모한 자라고 간주하는 것은 받아들일 수 없다.

진리는 영원한 것이다. 아리스토텔레스가 몇 가지 진리를 발견했다면, 오늘날에도 진리는 발견될 수 있다. 받아들일 수 있는 근거를 통해 아리스토텔레스의 의견을 증명해야 한다. 아리스토텔레스의 의견들이 그가 살던 시대에 견고한 것이었다면 오늘날에도 마찬가지일 것이다. 자연의 진리를 인간의 권위를 통해 입증할 수 있다는 주장은 착각이다. 아마 아리스토텔레스가 어떤 주제들을 어떻게 생각했는지 입증할 수는 있겠지만, 아리스토텔레스가 됐든 다른 어떤 저자가 됐든 역사적 관점에서 그들의 의견을 공부하고 다른 사람들에게 가르치기 위해 근면과 수고를 아끼지 않고 읽는 일을 대단히 합리적이라고 볼 수는 없다.

대학을 세운 것은 진리 탐구와 옹호를 위해서인데 어떤 대학들이 몇몇 사람들의 생각을 연구하고 옹호하는 데서 영광을 찾는 개별 분파가 되어버린 것을 보면 마음이 편치 않다. 철학자들과 의사들이 매일같이 내놓는 책들에는 인용문들이 매번 등장하고 있으니 그것을 자연학이나 의학 논고라기보다는 신학자들이나 교회법 학자들의 책으로 생각할 정도인 것을 보면 개탄스럽다. 아리스토텔레스, 플라톤, 에피쿠로스, 또 어떤 다른 철학자의 공상들을 맹목적으로 추종하고자 이성과 경험을 저버리는 것을 받아들여야 하는 까닭이다.

그렇지만 그래도 마음 상하지 않았다면, 그러니까 내 말은 전념해야 한다고 다들 믿고 있는 진리 및 저 신사들이 싸우지 않았다면 아마 그런 기이한 소행을 보고 얼어붙어 말 한 마디 할 수 없는 상태일 것이다. 그런데 고대인들의 몽상에 감탄하게 되면 새롭게 발견된 진리들을 열을 다해 기각하려는 마음이 열렬히 생기게 된다. 그 진리들을 알지도 못하며 기술하고, 이해도 못하며 반박한다. 그들과 친하고 그들을 감탄하는 사람들의 마음과 정신에 상상력의 힘을 동원하여 자기들이 가진 선입견을 퍼뜨리는 것이다.

그들은 자기들 저자에게 갖는 존경심을 통해 이런 새로운 발견을 판단하고, 그들이 본 것과 함께 보존했던 자들은 상상력으로 고대 저자들에 결부시킨 저 위대하고 범상치 않은 표정이 없으므로, 그들은 이들을 높이 평가할 수 없다. 왜냐하면 우리 세기 사람들의 관념은 범상치 않은 움직임을 수반하지 않고 정신을 자극하므로 자연스럽게 경멸만을 자극하게 된다.

화가며 조각가들은 고대 철학자들을 다른 사람들처럼 표현하는 법이 없다. 두상은 크게, 이마는 넓고 높게, 수염은 수북하고 장엄하게 그린다. 보통 사람들이 고대 철학자들에 대해 자연스럽게 비슷한 관념을 갖는 것이 한 가지 좋은 증거이다. 화가들은 사물을 그릴 때 사람들이 상상하는 대로 그리고, 상상력의 자연스러운 움직임을 따르기 때문이다. 바로 그런 이유로 고대인들을 거의 항상 비범한 사람들로 간주하게 된다. 그렇지만 이와는 반대로 상상력은 우리 세기의 사람들을 우리가 매일 보는 사람들과 똑같은 모습으로 그리고 있으니 정기에 특별한 움직임을 만들어 내지 못하여 현대인들에 대한 경멸과 무관심만을 영혼에 자극하고 있다.

고대만을 숭배하는 저 학자들 중 한 명은 이렇게 말했다. 나는 데카르트를 만났고, 그와 알고 지냈고, 여러 차례 그와 대화했소. 신사 분이셨소. 재기가 뛰어났지만 기이한 데라고는 전혀 찾을 수 없었소, 라고 말이다. 그 학자는 데카르트 철학을 낮추어 봤는데 그가 몇 번 데카르트와 대화를 해봤을 때 상상력을 뜨겁게 달굴 수 있을 위대하고 비범한 모습을 그에게서 전혀 찾을 수 없었기 때문이다. 그는 심지어 데카르트가 내세웠던 근거들에 충분히 답변했다고까지 주장했다. 데카르트를 예전부터 알고 지냈다고 우쭐대며 말해 놓고선, 그에게 그런 근거들이 조금 거북했던 것이다. 이런 유의 사람들이 아리스토텔레스를 그림에서 본 것과는 다른 방식으로 보고, 한 시간 정도 대화할 시간을 가질 수 있다고 가정해 보자. 물론 아리스토텔레스는 그리스어가 아니라 프랑스어로 말해야 할 것이고, 사람들이 판단을 내리기 전에는 자기가 누구인지 알리지 말아야 할 것이다.

새롭다는 성격을 띤 일들은 그것이 그 자체로 새롭기 때문이든, 새로운 질서나 새로운 상황에서 그렇게 보이기 때문이든 우리를 대단히 자극한다. 그런 일들은 두뇌에서 정기의 흐름에 덜 노출되었으므로 그만큼 더 민감한 장소들을 타격한다. 위대함의 뚜렷한 표지를 갖춘 일들도 우리를 대단히 자극한다. 그런 일들이 우리 내부에서 정기의 거센 움직임을 자극하기 때문이다. 그러나 위대하면서 동시에 새롭다는 성격을 띤 일은 우리를 자극할 뿐 아니라 우리를 깜짝 놀라게 하고, 열광에 빠뜨리고, 강렬한 동요를 일으켜 우리의 얼을 빼놓는다.

예를 들어 말하는 것마다 역설逆說을 내놓는 사람들은 감탄을 받는다. 그는 새롭다는 성격을 가진 것만을 말하기 때문이다. 금언을 쓰고 숭고에 적합한 선별된 단어들만 사용하는 사람들은 존경받는다. 그들은 무언가 위대한 것을 말하는 것처럼 보이기 때문이다. 그러나 숭고에 새로움을, 위대함에 특별함을 더하는 사람들은 그들이 어리석은 말들만 하더라도 십중팔구 보통 사람들을 열광에 빠뜨리고 얼을 빼놓는다. 화려하고 과장된 저 횡설수설, 번득이는 광기insani fulgores, 웅변가들의 저 가짜 빛은 거의 항상 나약한 정신을 가진 사람들의 눈을 부시게 한다. 상상력이 대단히 강렬하고 돌연한 자극을 받게 되므로 그들은 완전히 얼이 빠진 채로 있고, 그들을 무너뜨리고 눈을 멀게 하는 그런 힘을 고스란히 따르고, 표현될 수 없는 혼란스러운 생각들을 눈부신 진리라도 되는 양 찬탄하는 것이다.

8장

숭배를 잘 사용하는 법과 다른 정념들에 대하여

모든 정념은 정말 중요한 두 효과를 갖는데, 정신을 집중시키도록 하는 것이 하나이고, 마음을 얻는 것이 다른 하나이다. 정념이 정신을 집중시킨다는 점에서 그것은 진리를 아는 데 대단히 유용할 수 있다. 물론 그 정념을 잘 쓸 수 있다는 조건이 붙기는 하지만 말이다. 집중은 빛을 산출하고 빛은 진리를 드러낸다. 그런데 정념이 마음을 얻는다는 점에서 그것은 언제나 나쁜 결과를 가져온다. 정념이 마음을 얻기 위해서는 이성을 타락시켜야 하고, 정념 그 자체인 것을 따르거나 진리에 따라서가 아니라, 우리가 정념과 맺는 관계에 따라서 사물들을 재현하게 되니 말이다.

모든 정념 중에서 가장 마음 깊이 들어가지 못하는 것이 감탄이다. 그것은 우리를 자극하는 좋거나 나쁜 사물들을 보는 시각이며, 우리와 다른 관계를 갖지 않는 새롭거나, 위대하거나, 기이한 사물들을 보는 시각으로는 우리는 자극을 거의 받지 않는다. 그래서 감탄은 우리가 고려한 새로운 사물들이 위대하거나 탁월하다는 지식을 수반하므로 다른 모든 정념보다 이성을 가장 덜 타락시킨다. 또한 감탄은 다른 정념들이 뒤따르지 않도록 많은 신경을 쓴다는 조건이라면 진리를 아는 데 대단히 유용할 수 있다.

감탄을 할 때 동물정기는 두뇌의 모든 곳으로 힘차게 밀려나간다. 두뇌는 자기 내부에 존재하는 것에 따라 새로운 대상을 재현한다. 정기는 그곳에 뚜렷한 흔적을 내는데 그 흔적은 오랫동안 보존될 수 있을 만큼 깊다. 그렇게 되면 정신은 대단히 명확하거나 대단히 뚜렷한 관념을 갖고, 이를 쉽게 기억하게 된다. 그래서 우리는 감탄이 정신을 집중시키고 환히 밝혀 주므로 학문에 대단히 유용하다는 것을 부정할 수 없다. 그렇지만 다른 정념들은 이와 같지 않아서, 정신을 집중시켜 주기는 하지만 환히 밝혀 주지는 않는다. 정념들이 정신을 집중시키는 까닭은 동물정기를 일깨우기 때문이다. 동물정기가 흘러야 흔적이 새겨지고 보존되는 것이다. 그러나 정념들은 정신을 밝히지 않거나, 밝힌다고 해도 그릇된 관점이나 가짜 빛으로 밝힌다. 정념은 그런 식으로 이 정기를 밀어내어 대상을 재현하는데 그것 자체 속에 존재하는 것에 따라서가 아니라 그것과 우리가 맺는 관계에 따라서만 대상을 재현할 뿐이다.

어떤 것에 전혀 감탄하지 않아서 동물정기가 그것을 재현하는 데 필요한 장소들로 쉽게 이동하지 못할 때 오랫동안 그것에 열중하는 것만큼 어려운 일은 없다. 자기가 주의 깊은 사람이라고 말한대도 그렇다. 우리는 주의를 기울일 수 없거나 오랫동안 주의를 기울일 수는 없다. 더욱이 정기를 자극하지 않는 어떤 추상적 확신을 통해 그것이 우리가 충분히 집중할 만한 것이라고 확신한대도 말이다. 우리 정기를 일깨우려면 상상력을 속여야 하고, 우리 내부에서 어떤 감탄의 움직임을 자극하려면 깊이 성찰하고자 하는 주체를 새로운 방식으로 머릿속에 그려보아야 한다.

우리는 연구에 전혀 취향이 없는 정신을 가진 사람들을 항상 만난다. 정신 집중 이상으로 그들에게 어려워 보이는 일이 없다. 그들은 어떤 주제를 연구해야 한다고 확신하고, 이를 위해 모든 노력을 다하지만 그 노력은 정말 헛된 것이, 진척이 더디고 즉시 싫증이 나기 때문이다. 동물정기가 의지의 명령에 복종하고, 원한다면 주의를 기울일 수 있음은 사실이다. 그러나 명령하는 의지가 어떤 정념도 가세하지 않는 순수 이성의 의지일 때 그것이 이루어지는 방식은 대단히 약하고 무기력하여, 그때 우리 관념들은 어렴풋이만 보이다가 결국 한순간에 사라져 버리는 유령을 닮았다.

동물정기는 우리 정념으로부터 은밀한 명령을 숱하게 받고, 본성적으로, 또 습관적으로 그 명령을 너무 쉽게 수행하므로, 의지가 들여보내고자 했던 새롭고 거친 길에서 또 아주 쉽게 벗어나게 된다. 그래서 특히 이런 경우에는 진리를 알기 위한 특별한 은총이 필요하다. 자기만의 힘으로는 정신을 무겁게 짓누르는 신체의 무게를 오랫동안 견딜 수 없으니 말이다. 견디는 일이 가능하다고 해도 할 수 있는 일을 하는 법은 결코 없다.

그런데 어떤 감탄의 움직임이 우리를 깨우게 되면 동물정기는 감탄을 자극했던 대상의 흔적을 향해 자연적으로 퍼져나간다. 동물정기는 그 대상을 정신에 뚜렷이 제시하고, 두뇌 속에는 빛과 명증성을 산출하는 데 반드시 필요한 모든 것이 마련된다. 의지가 자기에게 완강히 저항하는 정기를 밀어내느라 수고를 들이지 않고서도 말이다. 그래서 감탄할 수 있는 사람들은 그럴 수 없는 사람들보다 훨씬 더 연구에 적합하다. 감탄할 수 있는 사람들은 재간이 좋지만 그렇지 않은 사람들은 우둔하다.[1]

그렇지만 감탄이 과도해지는 바람에 경악이나 공포에까지 이르게 될 때나, 감탄이 합리적인 호기심에 이르지 않을 때 대단히 나쁜 결과가 초래된다. 그때 동물정기는 우리가 감탄하는 측면들을 통해서 대상의 재현에 몰두한다. 그 대상을 바라볼 수 있는 다른 면들을 생각하지 않을 뿐인 것만은 아니다. 동물정기는 신체의 부분들로 퍼져나가서 통상적 기능을 수행하도록 하지도 못한다. 그런데 동물정기는 자기가 재현하는 대상의 자취를 깊이 새기고 두뇌 속의 수많은 섬유들을 끊으므로 정기로 자극된 관념은 정신에서 더 이상 지워질 수 없게 된다.

감탄을 하면서 우리가 주의를 집중하는 것으로는 충분하지 않다. 우리가 호기심을 품도록 해야 한다. 어떤 대상을 총체적으로 알려면 그 대상의 한 면만을 고려하는 것으로 충분하지 않은 것이다. 그래서 대상의 모든 면을 검토하고자 하는 호기심이 있어야 한다. 다른 방식으로는 그 대상에 대해 견고한 판단을 내릴 수 없다. 그래서 감탄의 정념이 최대한 정확히 그 사물들을 검토하지 못하거나, 감탄하는 바람에 그 사물들을 검토하지 못할 때 감탄은 진리를 아는 데 대단히 불필요

1 [옮긴이] "다른 정념들은 좋거나 나쁘게 보이는 것을 주목하는 데 사용할 수 있다. 그러나 우리는 단지 흔하지 않은 것으로 보이는 것에 대해서만 감탄을 지닐 뿐이다. 또한 이 정념에 자연적 성향을 전혀 지니지 않은 이들은 일반적으로 아주 무지하다."(《정념론》, 75절)

하게 된다. 그때 감탄은 정신을 오직 사실임 직함과 있을 법한 것으로만 채우게 되고, 모든 사물에 대해 과감한 판단을 내리게 한다.

그저 감탄을 위한 감탄만으로는 충분하지 않고, 다음에는 더 쉽게 검토하기 위해 감탄해야 한다. 감탄의 정념에서 자연스럽게 깨어나는 동물정기가 영혼에 제시되고, 그렇게 되면 이 정념은 동물정기를 이용해서 감탄의 대상을 더 명확하게 마음속에 그려보고 그 대상을 더 잘 알 수 있게 된다. 이것이 자연의 설정이다. 감탄은 호기심을 자극하고 호기심은 진리의 지식으로 인도한다. 그런데 영혼은 자기 힘을 사용할 줄 모른다. 정기를 자극하는 대상에 대한 지식보다는 영혼을 자극하는 풍부한 정기들로부터 얻게 되는 어떤 달콤한 감정을 선호하는 것이다. 영혼은 관행에 따라 부를 낭비하는 것보다는 부가 수중에 있음을 느끼는 편을 더 좋아하므로 이런 점에서 볼 때 영혼은 필요한 데 돈을 쓰는 것보다는 돈을 갖고 있는 편을 더 좋아하는 수전노를 닮았다.

사람들은 보통 그것이 어떤 정념이 됐든 자기를 자극하는 모든 것에서 즐거움을 느낀다. 사람들은 비극 공연을 보고 슬픔에 젖기 위해 돈을 쓸 뿐 아니라 감탄의 자극을 받기 위해 컵으로 사기를 치는 노름꾼들에게도 돈을 쓴다. 그런 자들에게 속아서 돈을 준 것이라고 말해서는 안 된다. 그러므로 감탄을 할 때 느끼는 이런 내면의 달콤함은 자연과 이성이 우리에게 규정한 용례를 이용하지 않고 감탄의 정념에 더물게 되는 주된 원인이다. 이 달콤한 감정은 감탄에 사로잡힌 자들을 감탄의 주제에 매우 단단히 결합시켜 놓으므로 그들에게 오만한 모습을 보여준다면 그들은 분노를 터뜨리게 된다. 애통해하는 사람이 슬픔의 달콤함을 맛보고 있는데 그를 기쁘게 해주려고 하면 오히려 그는 불쾌해진다. 감탄에 사로잡힌 사람들도 사정은 같다. 그들이 아무 이유 없이 감탄한다는 점을 그들에게 알리고자 노력할 때 그들은 상처를 받는다. 그들이 정념을 느끼며 받은 은밀한 즐거움이 정념을 일으킨 관념이 정신에서 지워짐에 비례하여 감소한다는 점을 느끼기 때문이다.

정념은 항상 정당성을 내세우고자 애쓰고, 정념을 따르는 일이 옳다는 점을 부지불식간에 설득한다. 정념을 판단해야 하는 정신에게 달콤함과 즐거움을 느끼게 함으로써 정념에 맞게 정신을 타락시키는 것이다. 다음이 정념이 정신을 어떤 방식으로 추론하게끔 하는지에 대한 개략적 내용이다. 사물을 판단하는 기준은 그것에 대해 우리가 가진 관념들만을 따라야 한다. 또 우리의 모든 관념 중에 가장 뚜렷한 것은 가장 실재적인 것인데, 그것이 우리에게 가장 강하게 작용하는 까닭이다. 그러므로 오히려 그 관념들에 따라 이를 판단해야 하는 것이다. 내가 감탄하는 주제는 위대함이라는 뚜렷한 관념을 포함하고 있으므로, 나는 이런 관념에 따라 그 주제를 판단해야 한다. 나는 위대함을 존중하고 사랑해야 하니 말이다. 그래서 내가 그 대상에 집중하고 그 대상에 전념하는 것은 옳은 일이다.

사실 내가 그 대상을 재현하는 관념을 볼 때 즐거움을 느끼게 된다면 그것을 생각하는 것이 내 선善이 된다는 자연스러운 증거이다. 결국 내가 보기에는 내가 그것을 생각할 때 내가 더 확장되고, 내가 대단히 위대한 관념을 전체적으로 이해할 때 내 정신의 폭은 더 넓어지는 것 같다. 정신은 아무것도 생각하지 않을 때 더 이상 존재하지 않으며, 그 관념이 사라져 버렸다면 내 정신도 그 관념과 더불어 사라져 버렸거나, 더욱 사소한 관념에 집착했다면 더 작아지고 더 협소해질 것 같다.

그러므로 이 위대한 관념을 보존한다는 것은 내 존재의 위대함과 완전성을 보존하는 것과 같다. 그래서 내가 감탄하는 것은 옳은 것이다. 다른 사람들이 나를 정당하게 평가했다면 그들 또한 나에 대해 감탄하게 될 것이다.

사실 나는 위대한 사물들과 맺는 관계에서 어떤 위대한 존재인 것이다. 나는 말하자면 내가 그 위대한 사물들을 감탄하면서 그것을 소유하는 것이고, 일종의 희망 같은 것으로 내가 먼저 누리게 되는 맛을 통해 그것을 올바로 느끼게 된다. 다른 사람들이 내가 위대하다는 것을 알게 되어서 나처럼 그 위대함을 산출하는 원인에 열중했다면 나만큼 행복한 이들일 것이다. 그렇지만 아름답고 위대한 것이 무엇인지 모르고 자신을 드높이지 못하고 대단한 사람이 될 수 없는 이들은 맹인이나 다름없다.

정신은 정념의 가짜 빛에 끌릴 때 성찰하지 않고 그런 방식으로 자연스럽게 추론한다고 말할 수 있다. 이 추론은 다소 사실임 직하지만 전혀 견고하지 않다는 점이 분명하다. 그러나 이 사실임 직함, 더 정확히 말하자면 이런 자연적이고 깊이 성찰하지 않고 이루어지는 추론들을 수반하는 사실임 직함의 모호한 생각은 엄청난 힘을 갖고 있어서 주의를 소홀히 한다면 틀림없이 우리를 속이고 말 것이다.

예를 들어 시, 역사, 화학 및 여러분이 좋아하는 그런 다른 인간의 학문이 한 젊은이의 상상력에 감탄의 움직임을 일으켜 충격을 가했을 때, 이 움직임이 정신에 가하는 힘을 세심히 조절하지 않는다면, 이 학문들의 장점이 무엇인지 철저히 검토하지 않는다면, 그 학문들을 배울 때 들이는 노력과 그것을 통해 얻을 수 있는 이득을 비교해 보지 않는다면, 올바로 판단하기 위해 필요한 만큼 호기심이 강하지 않다면, 그의 감탄은 이 학문들을 좋은 쪽으로만 보게 할 것이므로 그를 속이게 되지 않을까 대단히 염려된다.

감탄 때문에 나중에 인정할 수 있겠지만 착각에서 더 이상 벗어날 수 없도록 마음을 타락시킬 우려까지 있다. 계속 감탄하면서 두뇌에 새겨질 깊은 흔적을 두뇌에서 지우기란 불가능하기 때문이다. 바로 이런 이유로 끊임없이 상상력이 순수하도록 신경을 써야 하는 것이다. 즉 정신과 마음을 타락시키는 이들 위험한 흔적들이 형성되지 못하게 막아야 한다. 그리고 다음이 지나친 감탄뿐 아니라 다른 모든 정념들을 막는 데 유용한 행동 방식이다.

동물정기의 강렬한 움직임이 두뇌에 상상력을 타락시킬 정도로 이런 깊은 흔적을 만들 때 언제나 영혼은 동요를 겪게 된다. 그래서 영혼은 동물정기의 움직임을 느낄 때 동요하게 되므로 스스로 주의해야 할 것이며, 이 흔적이 완성되고 강화되는 것이 자신에게 유리한 일인지 검토해야 함을 깨닫게 된다. 그러나 정신은 동요하고 있을 때 이 흔적이 자신에게 유리한 것인지 올바로 판단할 정도로 자유롭지 못한 상태이다. 그것은 이런 동요로 인해 정신이 잘못 생각하게 되고 그 흔적이 새겨지도록 조장하는 경향을 띠게 되기 때문이다. 그러므로 이 동요를 막거나, 그 동요를 일으킨 정기들의 움직임을 다른 곳으로 돌리기 위해 온 힘을 다 쏟아야 한다. 그렇지만 판단을 중지하는 일이 절대적으로 필요하다.[2]

---

2 [옮긴이] "정념으로 인해 어떤 지체를 겪게 될 것이 확실할 때, 어떤 판단도 당장

그런데 영혼이 언제나 오직 자기만의 의지로 정기의 흐름을 멈춰 세울 수 있으리라고 생각해서는 안 된다. 영혼이 통상적으로 갖는 힘은 영혼이 자극했던 운동을 멈춰 세우기에 충분치 않다. 그래서 영혼은 기습 공격하는 적을 속이기 위해 기지를 발휘해야 한다.

정기가 움직이면서 영혼에 어떤 사유를 불러일으키는 것처럼 우리의 사유 역시 우리 두뇌에서 어떤 움직임을 자극한다. 그래서 우리 내부에서 자극된 정기들의 움직임을 멈추고자 한다면 그 움직임이 중단되기를 바라는 것으로는 충분하지 않은 것이, 항상 그 운동을 멈출 수 있는 것은 아니기 때문이다. 재기를 이용할 수 있어야 하고 정기의 움직임을 유지하고 자극하는 것과 반대되는 사물들을 머릿속에 그려 보아야 한다. 그럴 때 격심한 혐오가 생긴다. 그러나 이미 자극된 정기의 움직임을 그저 다른 방향으로 돌려세우고자 한다면 그때는 반대되는 사물들을 생각할 필요가 없고, 그저 그 운동을 산출한 사물들과는 다른 사물들을 생각해 보면 된다. 그럴 때 분명 기분전환이 된다.

그런데 우리의 새로운 사유들이 정기의 대규모나 소규모의 움직임을 동반함에 따라 기분전환과 격심한 혐오는 크거나 작을 것이다. 그러므로 우리를 가장 크게 자극하는 사유들이 무엇인지 세심하고 정확히 지적해야 한다. 그렇게 되면 우리를 속이는 상상력 앞에 그 사유들을 제시할 수 있게 된다. 또한 이런 식의 저항 방식으로 습관이 들도록 단단히 무장하게 되면 불시에 우리를 사로잡을 수 있는 움직임으로 영

에 내리는 것을 자제해야만 하고, 피 안에 있는 동요를 시간과 휴식이 완전하게 가라앉힐 때까지 생각을 다른 곳으로 분산시켜야만 한다."(《정념론》, 211절)

혼은 더 이상 자극되지 않게 된다.

영원에 대한 사유나 어떤 다른 견고한 사유를 우리 내부에서 자극되는 기이한 움직임과 단단히 결합시키고자 신경을 집중한다면 그 관념을 동시에 일깨우고, 그 결과 그 강력하고 기이한 운동에 저항할 무기를 마련하는 일은 더 이상 일어나지 않을 것이다. 이런 일들은 경험으로 입증되며, 또한 우리가 '관념들의 결합'3을 다룬 장에서 언급한 근거들을 통해서도 입증된다. 그래서 정념을 극복하겠다는 단호한 의지가 있을 때 정념의 힘을 솜씨 좋게 극복하는 일이 절대적으로 불가능하다고 생각해서는 안 된다.

그렇기는 해도 우리가 완전무결해질 수 있다거나 이런 식으로 저항한다면 어떤 오류도 피할 수 있다고 주장해서는 안 된다. 첫째, 우리 내부에서 일어나는 기이한 움직임들이 그것과 싸울 수 있는 어떤 관념들을 일깨우도록 하는 습관을 들이고 보존하는 일이 어렵기 때문이다. 둘째, 그런 습관이 들었다고 가정해도 정기의 움직임은 직접적으로는 싸워야 할 관념들을, 간접적으로는 싸울 수단이 되는 관념들을 자극하게 될 것이다. 그래서 그릇된 관념들이 주된 관념이 된다면 그저 부수적 관념에 불과한 것들보다 항상 더 큰 힘을 갖게 될 것이고, 의지의 저항은 계속해서 필요하게 된다. 셋째, 정기의 움직임이 대단히 강력해서 영혼의 능력을 완전히 채우고, 그리하여 이렇게 말할 수 있다면 정기에서 격심한 혐오를 일으키는 데 적합한 부수적 관념을 받아들일 수 있거나, 주의 깊게 그 관념을 고려할 수 있는 방식으로 그 관념을 수용

3 1권의 275페이지.

할 수 있는 자리가 더 이상 남지 않게 될 것이다.

마지막으로 이런 치료법을 불필요한 것으로 만들 수 있는 특별한 상황들이 존재한다. 그때 그 치료법을 무시해서는 안 되지만 지나치게 신뢰해서도 안 된다. 투쟁의 시기에 신에게서 필요한 도움을 받으려면 끊임없이 기도해야 하지만, 정신이 대단히 견고하고 대단히 굳센 어떤 진리를 항상 마주하도록 노력하기도 해야 한다. 그 방법으로 그보다 더 강력할 수 없는 정념도 극복할 수 있을 것이다. 지나가면서 하는 말이지만 신앙이 돈독한 사람들 중에서도 동일한 잘못에 빠지는 경우가 틀림없이 자주 있다. 그들의 정신은 강력한 이상으로 화려한 수많은 진리로 가득 차 있기 있으니 말이다. 그런 진리는 그들의 정신을 유혹에 맞서 강화하는 이상으로 정신을 산만하게 만들고 집중하지 못하게 하는 데나 적합하다. 반면, 교양 없고 밝은 정신도 갖지 않은 이들은 의무를 충실하게 지키는데, 그들은 어떤 경우에든 자신들의 힘을 강화하고 버티게 하는 어떤 위대하고 견고한 진리에 이미 친숙해져 있기 때문이다.

9장

사랑, 혐오 및 이 두 정념의 주요한 종류들에 대하여

감탄의 정념 뒤에 바로 이어 나오는 첫 번째 정념은 사랑과 혐오이다. 우리가 어떤 대상을 오랫동안 고려하는 경우는 그 대상과 우리, 혹은 우리가 사랑하는 어떤 사물과의 관계를 발견할 때이다. 우리가 사랑하고, 그 결과 우리와 사랑으로 결합된 대상은 우리가 지금 감탄하고 있는 대상처럼 거의 항상 우리 앞에 현전해 있다. 우리 정신은 대상들이 그들 사이에서, 그리고 우리와 맺는 관계를 발견하기 위해서 비교가 필요한 경우 이를 대단한 성찰이 없이도 어렵지 않게 수행하고, 즐거움과 고통에 선행하는prévenants 감정이 들 때 자연스럽게 그 점을 알게 된다. 그때 우리가 우리에 대해, 그리고 우리가 사랑하는 대상에 대해 갖는 사랑의 움직임은 그 사물이 우리, 혹은 우리와 결합해 있는 어떤 사물과 맺는 즉각적 관계가 지식이나 감정을 통해서 우리에게 이득으로 보일 때 감탄의 대상에까지 확장된다. 그런데 이러한 영혼의 움직임, 더 정확히 말하자면 동물정기의 움직임과 결합되어 새롭게 방향이 확정된 영혼의 움직임을 여기서 우리는 '사랑'의 정념이라고 부른다.

이런 움직임에는 새로운 배치를 동반하는 감정이 뒤를 잇게 마련인데 그것은 정기가 이렇게 새롭게 움직일 때 두뇌 속에 산출되는 것이다.

그렇지만 감탄의 대상과의 결합 혹은 관계가 우리나, 우리와 결합한 어떤 사물에 불이익이 된다는 점을 고통스럽게 느끼거나 어떤 명확하고 명백한 지식을 통해 알게 된다면 그때 우리와, 우리와 결합한 사물에 대해 갖게 되는 사랑의 움직임은 우리 내부에 한정되거나 우리와 결합한 사물을 향하게 된다. 사랑의 움직임은 정신의 시선을 따르지 않으며 감탄의 대상을 향해 확산되지 않는다. 그러나 보편선善遍善을 향한 움직임은 조물주가 끊임없이 영혼에 새기는 것으로, 영혼을 오직 우리가 알고 있는 것의 방향으로만 이끌고, 우리의 본성에 적합하거나 선한 것이라고 느끼게 되는데, 영혼이 자신과 전혀 부합하지 않는 어떤 대상을 향하지 않고자 하고 또 그 대상과 결합하지 않고자 하는 거부의 움직임은 그 한계를 갖지 않는 의지적 움직임이라고 하겠다.

그런데 영혼의 이런 움직임이 정기와 피의 움직임과 결합할 때 그것을 우리는 '혐오'의 정념이라고 부른다. 이런 움직임에는 새로운 배치를 동반하는 감정이 뒤를 잇는데 그것은 정기가 이렇게 움직일 때 두뇌 속에 산출하는 것이다. 혐오의 정념은 사랑의 정념과 완전히 대립하지만 사랑 없이는 결코 존재하지 않는다. 혐오와 사랑이 완전히 대립하는 것은 혐오는 분리하고 사랑은 결합하기 때문이다. 혐오는 한계를 갖지 않고 사랑은 언제나 존재를 대상으로 삼는다. 혐오의 정념은 자연적 움직임에 저항하여 그 움직임을 불필요한 것으로 만들고, 사랑의 정념은 마음껏 그 운동을 따르고 그 운동을 승리하도록 만든다.

그런데 혐오는 사랑과 분리되는 법이 없다. 혐오의 대상이 악이기에 선의 결여로 간주된다면, 악을 회피한다는 것은 선의 결여를 회피한다는 것이고, 선의 결여를 회피한다는 것은 선을 지향하는 것이다. 그래서 선의 결여의 혐오는 곧 선의 사랑이라 하겠다. 그런데 악이 고통으로 간주되는 경우, 고통의 혐오가 즐거움의 결여에 대한 혐오는 아닌 것이, 고통은 즐거움만큼이나 실재하는 감정이므로 그 결여로 볼 수 없다. 그런데 고통의 혐오는 어떤 내적 비참에 대한 혐오이므로 우리가 자신을 사랑하지 않았다면 이런 혐오도 없었을 것이다. 결국 악은 우리 내부에서 고통의 원인인 무엇, 혹은 우리로부터 선을 빼앗는 무엇으로 간주될 수 있다. 그때 혐오는 우리 자신의 사랑, 혹은 우리가 결합하고자 바라는 어떤 것의 사랑에 달린 것이 된다. 그러므로 사랑과 혐오라는 두 모母정념이 서로 대립한다. 그렇지만 사랑이 먼저이며, 그것이 중심되고 보편적인 정념이다.

종종 도덕의 분야에서 대상의 차이로 미덕이나 여러 종류의 애덕이 구분되곤 한다. 그러나 이렇게 구분하게 되면 반드시 갖추어야 할 미덕의 진정한 관념이 흐려지고 만다. 그 관념을 결정하는 것은 다른 모든 것보다 얻고자 하는 목적에 달린 일이다. 그래서 우리는 그것으로는 정념들을 동일한 것으로 만들어야 한다고는 생각하지 않는다. 여기서 우리는 정념을 대상에 따라 구분해서는 안 되는 것이다. 단 하나의 대상이 모든 정념을 자극할 수 있고 만 가지 대상들로 정념 하나만이 자극될 수도 있기 때문이다. 대상들이 서로 상이하다고는 하나 그 대상들이 우리와 맺는 관계가 항상 모두 다르지는 않고, 그 대상들이 우리 내부에서 상이한 정념들을 자극하는 것도 아니니 말이다.

똑같은 막대기라고 해도 프랑스 총사령관에게 약속된 단장短杖과 주교에게 약속된 지팡이가 다르다. 그렇기는 해도 정신은 이 두 막대기를 선에 대한 동일한 관념으로 보게 되는 것이다. 프랑스 총사령관의 단장이 약속되고, 수여되고, 소유되고, 취소될 때 그것이 하나의 막대기라고 하더라도 완전히 상이한 정념들을 자극한다면 그것이 선善의 상이한 관념들을 정신에 일깨우는 까닭이다.

그러므로 정념의 원인이 되는 대상들이 다양하다고 정념의 수를 늘려서는 안 된다. 그런데 선과 악이라는 주된 관념을 동반하면서, 우리와 맺는 관계에 따라 그 관념을 상당히 변화시키는 부수적 관념들이 또 그만큼 있다는 점은 받아들여야 한다. 선의 일반 관념이나 그 선을 맛보는 자에게 선인 즐거움의 감각이 영혼과 동물정기를 동요시킬 때 사랑이라는 보편적 정념이 생긴다. 한편 이 선에 대한 부수적 관념들은 영혼의 일반적 동요 및 동물정기의 흐름을 특별한 방식으로 확정하여, 선을 지각했을 때 정신과 신체를 그 둘이 반드시 취해야 하는 배치에 놓이게 하는 것이다. 그런 식으로 이들 부수적 관념들이 모든 개별적 정념들을 산출하게 된다.

그래서 선의 일반 관념은 불확정한 사랑을 산출하게 되는데 이는 그저 이기심의 결과이거나 행복하고자 하는 자연스러운 욕망의 결과일 뿐이다. 우리가 소유한 선의 관념은 기쁨의 사랑을 산출한다.

우리가 소유하고 있지 않지만 소유를 희망하는 선의 관념, 즉 소유할 수 있다고 판단하는 선의 관념은 욕망의 사랑을 산출한다.

마지막으로 우리가 소유하고 있지 않고, 소유할 희망이 없는 이득의 관념, 혹은 결과는 동일하지만 소유를 희망할 때 어떤 다른 것의 상실이 뒤따르거나, 소유한들 보존이 불가능한 선의 관념은 슬픔의 사랑을 산출한다. 선을 목적으로 삼는 단순하거나 본래적인 세 가지 정념이 위와 같다. 희망은 기쁨을 산출하는데 그것은 결코 영혼의 동요가 아니라 단순한 판단이다.

그런데 사람들이 그들의 존재를 자기 내부에 한정하지 않고 그들이 보기에 결합하는 것이 이득이 되는 듯 보이는 모든 사물들이며 모든 사람들에게로 확장한다는 점에 주목해야 한다. 그래서 사람들이 선을 즉각 그 자체로 소유하지 않더라도 친구들이 이를 누린다면 그들은 말하자면 선을 소유하고 있다고 생각해야 한다. 그래서 내가 선의 소유가 기쁨을 산출한다고 말할 때, 나는 이를 단지 소유, 혹은 즉각적인 결합뿐 아니라 완전히 다른 것으로 이해한다. 우리가 사랑하는 사람들에게 어떤 좋은 일이 생길 때 우리는 자연스럽게 기쁨을 느끼니 말이다.

내가 이미 말했듯이 악을 선의 결여, 고통, 선의 결여의 원인이 되거나 고통을 산출하는 것이라는 세 가지 방식으로 간주할 수 있다.

첫 번째 의미에서 악의 관념은 우리가 소유하지 않은 선의 관념과 같은 것이므로, 이 관념이 슬픔이나, 욕망, 심지어 기쁨을 산출한다는 점이 분명하다. 선의 결여가 결여되었음을 느낄 때, 그러니까 선을 소유할 때는 언제나 기쁨이 자극되니 말이다. 그래서 이런 의미에서 본다면 악과 관련된 정념들과 선과 관련된 정념들은 동일하다. 사실상 그 정념의 대상 역시 선이기 때문이다.

악을 고통으로 보고, 그 고통만이 어떤 이가 그 고통을 겪을 때 그런 고통을 겪게 되는 사람에게 실재하는 악이라면 그때 이 악의 감정은 슬픔과, 그 악이 소멸하기를 바라는 욕망의 정념을 산출한다. 이 정념은 혐오와 같은 것이지 사랑은 아니다. 그때 정념의 움직임은 선의 관점을 수반하는 움직임과 완전히 대립하기 때문이다. 이 운동은 자연적 자극에 저항하는 영혼의 반목으로, 그 움직임의 끝이 무無가 되는 운동이다. 지금 느끼는 고통의 감정은 슬픔의 혐오를 산출한다. 우리가 당장은 견디고 있지 않지만 그렇게 되면 어쩌나 두려워하는 고통은 욕망의 혐오를 산출하는데 그 혐오의 끝은 고통의 부재이다.

마지막으로 우리가 당장은 견디고 있지 않고, 그렇게 되던 어쩌나 두려워하지도 않는 고통, 혹은 결과는 동일하지만 어떤 대단한 보상을 기대하여 견디는 것을 두려워하지 않는 고통, 혹은 우리가 벗어났다고 느끼게 된 고통은 기쁨의 혐오를 산출한다. 이상이 악을 대상으로 하는 세 가지 단순하거나 근본적 정념이다. 슬픔을 산출하는 두려움은 영혼의 동요가 아니라 단순한 판단인 까닭이다.

마지막으로 우리에게서 선을 뺏거나 고통을 일으키는 사람이나 사물을 악으로 이해한다면 이때 악의 관념은 사랑의 움직임과 혐오의 움직임을 동시에 산출하거나, 그저 혐오의 움직임을 산출한다. 악이 우리에게 선을 빼앗는 것일 때 악의 관념은 사랑과 혐오의 움직임을 산출하는데 동일한 움직임을 통해 우리가 선을 향하게 되고 그 선의 소유를 막는 것으로부터 멀어지게 되기 때문이다. 그런데 어떤 악의 관념이 우리에게 고통을 겪게 할 때 이 악의 관념은 오직 혐오의 움직임만을 산출하게 되는데 동일한 혐오의 움직임으로써 우리가 고통 및 우리에게 고통을 겪게 하는 존재를 증오하게 되기 대문이다.

그래서 선과 관련된 세 가지 단순하거나 근원적인 정념이 있고, 고통이나 고통의 원인이 되는 것과 관련된 같은 수의 정념이 있다. 즉 기쁨, 욕망, 슬픔이 그것이다. 우리가 선을 마주하고 있거나 악이 지나갔을 때 기쁨을 느끼고,[1] 선이 지나갔거나 악을 마주하고 있을 때 슬픔을 느끼고, 선과 악이 미래의 것일 때 욕망의 자극을 받는다.

선과 관련된 정념들은 신이 보편선을 위해 우리에게 부여한 운동의 개별적 방향들의 확정이라고 하겠으며, 바로 그런 이유로 그 정념의 대상은 실재한다. 그러나 신을 운동의 원인으로 갖지 않은 다른 정념들의 끝은 그저 무無일 뿐이다. 내 말은 이 정념들은 실재하는 운동이라기보다 운동의 정지라는 것이며, 그때 우리는 의지하지 않는다기보다는 의지하기를 멈추는 것이다.

---

1 [옮긴이] "아직 소유하지 않은 좋은 것을 얻거나 우리에게 도래할 수 있다고 판단되는 나쁜 것을 피하기를 열망할 때뿐 아니라, 이 정념이 미칠 수 있는 모든 것인 좋은 것의 보존 또는 나쁜 것의 부재를 원할 때이기도 하다."(《정념론》, 57절)

10장

개별적 정념에 대하여 일반적으로 정념을 설명하는 방식과 정념이 원인이 된 오류들을 깨닫는 방식에 대하여

정념들이 어떤 방식으로 구성되는지 고려한다면 정념들의 수는 확정될 수 없고 그 정념들을 표현하기 위해 마련된 용어들보다 훨씬 더 많다는 점을 분명히 알 수 있을 것이다. 정념들의 차이는 세 가지 근원적 정념들의 상이한 결합에서 나오는 것만은 아니다. 그랬다면 그 차이는 극히 적을 것이다. 그러나 정념들의 차이를 만드는 것에는 상이한 지각과, 그 원인이 되거나 이에 수반되는 다양한 판단도 포함된다. 영혼이 선과 악을 이렇게 상이하게 판단하기에 동물정기가 상이하게 움직이게 되면서 대상에 따라 신체의 배치가 이루어지게 된다. 그 결과 선과 악을 이렇게 상이하게 판단하므로 영혼에 일어나는 감정들이 완전히 동일하지 않은 것이고, 또한 어떤 정념들의 경우 동요에 차이가 없음을 알게 되는 것이 이 때문이다.

그러나 영혼이 동요한다는 것이야말로 우리의 모든 정념에서 발견되는 가장 주된 일이므로 모든 정념을 완전히 상이한 동요가 일어나는 세 가지 근원적 정념들에 결부시켜 보는 것이, 무한히 많은 선과 악을 일으키는 상이한 지각과 관련해서 모호하고 무질서하게 다루는 것보다 훨씬 낫다.

영혼이 사소한 선善을 지각하고 그것을 누릴 수 있을 때 그것을 욕망하지는 않아도 바라기는 한다고 말할 수 있을 것이다. 그러나 그때 그 바람은 정념이 아니라 단순한 판단임이 명백하다. 희망을 진짜 정념으로 만들어 주는 것은 누릴 수 있겠다고 판단된 선의 관념에 뒤따르는 동요이니 말이다. 희망이 안전으로 바뀐대도 그것은 여전히 같은 것이다. 희망이 정념이 되기 위해서는 기쁨의 동요와 욕망의 동요가 섞여야 한다. 어떤 선을 자신이 틀림없이 갖출 수 있으리라고 영혼이 판단할 때 그 판단이 정념이 되는 것은 영혼이 곧 맛보게 되리라는 희망을 미리 느끼면서 우리에게 자극을 주기 때문이다. 희망이 줄어들면서 절망이 그 뒤를 이을 때, 이 절망이 정념이 되기 위해서는 슬픔의 동요와 욕망의 동요가 섞여야 한다. 어떤 선을 자신이 갖출 수 없으리라고 영혼이 판단할 때 그 판단이 자극을 주지 않으면 정념이 되지 못한다.

그런데 선이나 악을 볼 때 항상 영혼에 어떤 동요가 있고 신체에서도 어떤 변화가 생기므로 정념을 일으키는 판단에 종종 정념이라는 이름을 붙이는 것이다. 이는 어떤 선이나 악을 볼 때 영혼과 신체에서 일어나는 모든 것과 혼동한 까닭이다. 희망, 두려움, 대담함, 수치, 후안무치, 분노, 동정, 조롱, 후회라는 말들이며, 다른 모든 정념들의 말은 일반적 용례에서 정념들이 내포하는 모든 것을 세부적으로 설명할 때 사용하는 여러 용어들의 축약된 표현이다.

정념이라는 말은 어떤 사물이 우리와 맺는 관계를 바라보는 시각, 영혼의 동요와 감정, 두뇌의 요동, 정기의 움직임, 영혼에서 일어나는 새로운 동요와 새로운 감정, 정념에 항상 수반되는 다정한 감정으로 이해된다. 이 모든 의미가 개입되는 것이다. 그러나 간혹 정념이라는 말을 그 정념의 원인이 되는 판단, 영혼의 동요, 피와 정기의 움직임, 영혼의 동요를 동반하는 어떤 다른 것으로 이해하기도 한다.

관념들과 관념들의 표현들의 수를 줄이는 일은 진리를 아는 데 대단히 유용하지만, 종종 어떤 오류를 범하게 되는 원인이기도 하다. 특히 이 관념들의 수가 민중의 용례에 따라 줄어들 때 그렇다. 정신을 고도로 집중하여 관념들이 명석판명해졌을 때가 아니라면 그 수를 줄여서는 안 된다. 그렇지만 우리는 보통 감정에 따라, 또 정신을 속이는 그저 상상력의 작용에 따라 정념들과 모든 감각 사물들에 익숙해졌을 때 그렇게 수를 줄이는 것이다.

정신의 순수 관념들과, 영혼의 감각작용 혹은 동요들 사이에는 큰 차이가 있다. 정신의 순수 관념들은 명석하고 판명하지만 그 관념에 익숙해지기란 어려운 일이다. 반대로 영혼의 감각작용과 동요는 대단히 익숙하지만 그것들을 뚜렷하고 명확하게 알기란 불가능하다. 수, 연장, 속성들은 뚜렷이 알려져 있다. 그러나 그것을 표현하는 문자들을 통해 분명히 나타내지는 못했다. 영혼의 감각작용과 동요를 재현하는 일이 어려운 것이 추상적인 것은 바로 지시하지 못하기 때문이다. 반대로 영혼의 감각작용과 동요는 우리가 그것을 대단히 모호하고 불완전하게 알지라도 정신에 쉽게 그려진다. 또한 이런 감각작용과 동요를 자극하는 모든 용어들을 듣게 된다면 영혼은 강하게 자극되고 주의를 집중하게 된다. 이로부터 완전히 이해가 불가능한 담화들을 올바로 이해하고 있다고 상상하는 일이 벌어진다. 또한 감정과 영혼의 정념을 확실히 묘사한 내용을 읽을 때 그 내용을 완벽하게 이해했다고 확신하게 되는 것이, 강렬하게 자극을 받았고 우리 눈을 타격하는 모든 말들이 영혼을 자극하기 때문이다.

우리가 대놓고 면전에서 수치, 절망, 후안무치 등의 말을 듣자마자 우리 정신에는 어떤 모호한 관념이며, 우리가 열렬히 몰두하는 어떤 혼란스러운 감정이 깨어난다. 이 감정이 우리에게는 대단히 친숙한 데다, 그런 감정은 수고를 들이지 않고 정신을 애써 집중시키지 않아도 뚜렷하고 명확한 것이라고 확신하는 것이다. 그러나 이런 말들은 복합정념을 가리키는 이름들이며, 그 결과 대폭 수가 줄어든 표현들인데 그것은 민중의 용례에 따라 모호하고 혼란스러운 여러 관념으로 만들어졌기 때문이다.

그렇지만 용례의 승인을 받지 못한 용어들을 사용할 수는 없는 일이므로 우리가 하는 말에 모호함이나 모순 같은 것이 있음을 알게 되었다고 해도 놀랄 일은 아니다. 영혼의 감정과 동요가 유사한 담화에서 사용하곤 하는 용어에 대응한다고 해도 모든 사람들의 정신의 배치가 제각기 다르므로 모두에게 완벽히 동일하지는 않다는 점을 성찰하게 된다. 그리고 이러한 이유로 설령 어떤 이들이 우리 의견에 동의하지 않는다고 해도 쉽사리 우리를 비판하지는 못할 것이다. 내가 이 많은 이야기를 하는 것은 내가 받을 수 있는 반박을 피할 목적이 아닌 것은 물론, 정념의 본성은 무엇이고, 이 분야와 관련되어 저술된 논고들을 통해 사람들이 생각하고 있는 바를 올바로 이해시키고자 하는 목적에서도 아니다.

이런 모든 주의를 기울인 뒤 나는 모든 정념은 욕망, 기쁨, 슬픔이라는 세 가지 근원적 정념과 결부될 수 있고, 특히 선과 악에 대해 영혼이 상이한 판단을 내림으로써 한 가지 동일한 근원적 정념과 관련된 정념들이 각각 서로 다르다고 말할 수 있다고 생각한다.

나는 희망과 두려움, 그리고 이 둘 사이에 놓인 우유부단은 욕망의 부류에 속하고, 대담함, 용기, 경쟁심 등은 모든 다른 것들 이상으로 욕망과 희망과 관련되고, 두려움, 비굴함, 질투 등은 두려움의 부류에 속한다고 말할 수 있다.

나는 환희와 영광, 호의와 감사는 우리가 우리 내부에서나 우리가 결합해 있는 선들에서 알고 있는 것을 보는 것이 원인이라고 말할 수 있다. 웃음이나 조롱이 우리와 떨어져 있는 사람들이 행하는 악을 볼 때 우리 내부에서 보통 자극되는 일종의 기쁨인 것처럼, 혐오, 권태, 후회, 동정, 격분은 우리에게 불쾌한 어떤 것을 볼 때 일어나는 일종의 슬픔이다.

그런데 이 정념들[1]과, 특히 근원적 정념들 중 어떤 하나와 관련되었지만 내가 거명하지 않은 다른 여러 정념들 외에도, 후안무치, 분노, 복수심과 같이 욕망이나 기쁨이, 수치, 회한, 원통함과 같이 욕망과 슬픔이 거의 균등하게 결합되거나, 기쁨과 슬픔이 결합된 동기들이 있을 때 세 정념이 모두 결합되어 동요를 일으키는 다른 여러 정념들이 또 있다. 그런데 마지막에 말한 정념들은 내가 아는 한 특별한 이름을 갖지는 않지만 가장 흔하다. 그 이유는 우리는 살아가면서 거의 항상 선을 맛볼 때 악이 따라붙게 되고, 악을 겪을 때 그 악을 벗어나 어떤 선

1 정념을 표현하는 용어들보다 더 많은 정념들이 있다.

을 누리리라는 희망을 갖지 않을 때가 없기 때문이다. 기쁨이 슬픔과 완전히 반대되는 것이기는 해도 기쁨은 슬픔을 견디고, 심지어 선과 악을 보면서 영혼의 지각 능력이 분할될 때 영혼이 의욕하는 능력을 기쁨은 슬픔과 나누어 갖는 것이다.

그러므로 모든 정념의 유형은 욕망, 기쁨, 슬픔으로 나뉜다. 동일한 유형의 정념들이 갖는 주된 차이는 그 정념들의 원인이거나 그 정념들을 동반하는 상이한 지각 혹은 판단에서 나온다. 그래서 정념을 잘 알고 가능한 정확히 정념들의 수를 셀 수 있으려면 선과 악에 내려질 수 있는 상이한 판단들을 연구할 필요가 있다. 그렇지만 이 자리에서 우리의 주된 연구 대상은 무엇보다 우리가 범하는 오류들이므로 정념에 선행하고 정념의 원인이 되는 판단들을 정념을 뒤따르고, 어떤 정념이 자극할 때 영혼이 사물들에 내리는 판단만큼이나 오래 검토할 필요가 없다. 후자의 경우가 가장 오류에 빠지기 쉽기 때문이다.

정념에 선행하고 정념의 원인이 되는 판단은 거의 항상 어떤 점에서 그릇되다. 그 판단은 거의 항상 영혼의 지각에 기초해 있기 때문이다. 그것은 영혼이 자신과 관련하여 대상을 고려하는 범위 내에서 그런 것이지 대상들이 그 자체로 무엇인가에 따라서는 아니다. 그런데 정념을 뒤따르는 판단들은 모든 면에서 그릇되다. 오직 정념으로만 이루어지는 판단은 영혼이 자기 자신과 관련해서, 더 정확히 말하자면 지금 동요하는 영혼과 관련해서 대상들의 지각에 기대고 있기 때문이다.

정념에 선행하는 판단에서는 진실과 거짓이 서로 이어져 있다. 그러나 영혼이 자극되고 정념이 고취하는 대로 고스란히 판단할 때 진실은 사라지되 거짓은 보존되어, 정념이 더 큰 만큼 더 그릇된 결론을 내리게 되는 원리로 쓰이게 된다.

근거 없는 정념은 없다. 정념은 영혼을 자극하는 대상을 그 자극을 보존하고 증가시키는 데 가장 적합한 방식으로 끊임없이 제시한다. 판단 혹은 자극의 원인이 되는 지각은 정념의 증가에 비례하여 강화되고, 정념을 산출하는 판단이 강화되는 차례가 되면 그에 따라 정념은 증가한다. 그릇된 판단과 정념은 끊임없이 둘 모두의 보존에 상호 공헌한다. 그래서 심장이 두뇌의 자취와 정기의 분출을 유지하도록 정기를 끊임없이 공급했다면 그것은 정념에 수반되는 영혼의 감정과 동요를 보존하는 데 반드시 필요한 것이다. 그렇게 되면 정념은 끊임없이 증가하고 우리는 오류를 범했어도 알아보지 못할 것이다. 그런데 우리의 모든 정념은 피의 발효와 순환에 좌우되고, 심장이 항상 정념을 보존하는 데 적합한 정기를 공급할 수 없으므로, 정기가 감소하고 피가 식을 때 정념도 틀림없이 멈추게 된다.

정념을 보통 어떻게 판단하는지 대단히 쉽게 알 수 있다고 해도 이는 절대 무시되어서는 안 된다. 진리를 탐구하고 신체의 지배로부터 해방되고자 하고 어떤 것이든 진정한 관념에 따라 판단하고자 전심전력으로 노력하는 사람들에 더욱 값하는 주제들도 없는 것이다.

이 주제를 두 가지 방식으로 익힐 수 있다. 순수한 이성의 방식이 하나이고, 어떤 정념에 자극되었을 때 자기 자신의 내적 감정을 통하는 것이 다른 하나이다. 예를 들어 자기만의 경험으로 좋아하지 않는 사람들을 그들에게 불리하게 판단하고, 정념의 대상을 증오로 뒤덮고자 말하자면 온갖 악의를 퍼붓는 경향이 있다는 점은 잘 알려져 있다. 악한 것만을 증오할 수 있으므로 증오를 계속 보존하기 위해서 정신은 대상의 가장 나쁜 쪽을 떠올릴 필요가 있다는 점은 순수 이성으로 인정된다. 결국 근거 없는 정념이 없고, 정념으로 인해 우선 상상력의 방향이 바뀌고, 그다음에는 정념에 고유한 동요를 보존하는 데 적합한 방식으로 정신의 방향을 바꾼다고 가정하는 것으로 충분하다. 그렇게 되면 모든 정념으로 우리가 어떤 판단을 품게 되는지 바로 결론 내리게 된다.

강력하고 강렬한 상상력의 소유자들, 극단적으로 예민하고 정념의 움직임에 정말 쉽게 좌우되는 사람들이라면 자기 내부에서 일어나는 것을 느끼면서 이 문제들을 완벽하게 배우게 된다. 또한 그들은 상상력보다는 이성을 더 가진 사람들보다 더 쾌적한 방식으로, 또 간혹 더 교훈적 방식으로 이 문제에 대해 말한다. 이기심을 일으키는 동력을 가장 잘 발견하고, 인간 내부 깊숙한 마음의 굴곡을 가장 잘 파고들어, 더 뚜렷한 방식으로 펼쳐 내는 사람들이 항상 가장 양식 있는 사람들이라고 생각해서는 안 된다. 이는 종종 그들이 다른 사람들보다 더 강렬하고, 더 상상력이 풍부하고, 간혹 더 악의적이고 더 타락했다는 증거이다.

그런데 자기들의 내적 감정에 묻지 않고 이성만을 사용하여 정념의 본성이며, 정념이 산출할 수 있는 것을 탐구하고자 하는 사람들의 경우, 그들이 항상 다른 사람들만큼 통찰력을 갖추지는 않더라도 그들은 항상 더 이성적이고 오류에 빠지기 쉽지 않은 이들이다. 그들은 사물들을 판단할 때 사물들이 그 자체로 갖춘 것에 따라 판단하니 말이다. 그들은 정념에 사로잡힌 사람들이 어떤 일까지 할 수 있는지 엄습한 동요의 정도에 따라 거의 그대로 아는 이들이다. 또한 그들은 어떤 경우에 놓였을 때 그들 자신이 하게 될 일에 비추어 마찬가지의 경우에 다른 사람들이 할 일이며, 하지 않을 일을 대담히 판단하지 않는다. 그들은 모든 사람이 똑같은 대상에 똑같은 정도로 민감하지 않고, 똑같은 정도로 불수의적 동요를 받을 수 없다는 점을 잘 알고 있다. 그래서 정념을 수반하는 판단에 대해서 말해야 할 때는 정념이 우리 내부에서 자극하는 감정에 물을 것이 아니라 이성에 물어야 하는 것이다. 감정에 묻는 이유는 정념 일반의 본성을 밝히는 대신 우리 스스로 우리 자신을 알게 될까 두려운 까닭이다.

11장

모든 정념들은 정당화된다는 사실과 그 정념들을 정당화하기 위해 우리가 사용하는 판단들에 대하여

근거 없는 정념이 없음을 증명하는 데 대단한 추론을 들일 필요는 없다. 이 원칙은 우리 스스로 갖는 내적 감정 및 어떤 정념에 자극된 사람들이 어떻게 행동하는지 보는 것으로 명백한 것이다. 이 원칙을 성찰하려면 이를 드러내 보는 것으로 충분하다. 정신은 정말이지 상상력의 노예라서 상상력이 열기를 띠게 되면 정신은 언제나 상상력에 복종한다. 상상력이 격노에 사로잡힐 때 정신은 감히 대응도 못하는데, 정신이 저항하면 상상력은 정신을 가혹하게 다루고 정신이 상상력의 의도를 따를 때는 다소의 즐거움으로 보상을 해주기 때문이다.

터무니없을 정도로 지나친 상상력의 소유자들은 자기가 짐승으로 변할 수 있다고까지 생각하기도 하는데 자기들이 짐승처럼 살아가야 하고, 네 발로 걸어야 하고, 들판에 자라는 풀을 먹고 살아야 하고 오직 짐승들만 하는 모든 행동들을 모방해야 한다는 점을 입증할 근거들을 찾아낸다. 그들은 고스란히 정념이 자극하는 대로 살아가는 데서 즐거움을 얻으며, 그 자극에 저항할 때 마음속에서 처벌이 이루어지는 것을 느낀다. 즐거움을 따르고 흔히 즐거움에 봉사하는 이성이 즐거움을 마련하는 원인을 옹호하는 데 적합한 방식으로 추론하려면 그것으로 충분하다.

그러므로 근거 없는 정념이 없다는 점이 사실이라면 욕망은, 그것이 사랑의 욕망이라면 스스로 우리를 그 욕망의 대상에게 유리하게 판단하도록 이끌며, 그것이 혐오의 욕망이라면 불리하게 판단하도록 이끈다는 점이 분명하다. 사랑의 욕망은 정기가 자극한 영혼의 움직임으로 정기는 영혼이 소유하지 못한 사물들을 누리거나 사용하고자 의욕하게끔 배치한다. 향유를 계속 이어가기를 바란다고 해도 미래는 우리에게 달린 것이 아닌 까닭이다. 그러므로 욕망이 근거를 갖기 위해서는 그 욕망을 야기한 대상이 그 자체로, 혹은 우리가 사랑하는 어떤 다른 선과의 관계에 따라 선한 것으로 판단되어야 한다. 또한 혐오와 같은 정반대의 욕망을 생각해야 한다.

이에 대해 어떤 근거가 없다면 어떤 것이 선한 것인지 그렇지 않은 것인지 판단할 수 없음이 사실이다. 어떤 의미로 우리 정념의 대상 중 선하지 않은 것이 없는 것이다. 선을 전혀 포함하지 않아서 그 결과 정신이 바라볼 때 선한 것으로 지각할 수 없는 몇 가지가 있다고 말할 수 있다고 해도, 그것들이 우리를 자극한다고 생각하기 때문에 선한 것으로 즐길 수 없다고 말할 수는 없다. 선호의 취향이나 감정으로는 영혼이 한 대상을 유리하게 판단하도록 하는 데 충분하지 않다.

불火이 내부에 열을 가지고 있어서 그 열이 느껴지고, 빵이 내부에 맛을 가지고 있어서 그 맛을 보게 된다는 판단은 대단히 쉽게 내릴 수 있다. 불이나 빵이 우리 내부에서 그런 감정을 자극하기 때문이다. 그렇지만 정신은 열과 맛이 한 물체의 존재 방식이라고 생각할 수 없으므로 앞의 내용을 조금도 이해할 수 없다. 그래서 우리 정념의 대상 중에 그것이 전혀 가치 없고 너무도 미천하여 우리가 그 대상을 향유하면서 즐거움을 느낄 때도 선한 것으로 판단할 수 없어 보이는 대상은 없는 것이다. 자기 눈앞에서 불에서 열이 나온다고 생각하듯이 정념의 대상을 향유할 때 그 대상이 즐거움을 일으켜 그 감정을 느낄 수 있으며, 그 대상들이 우리에게 선을 마련할 수 있으므로 선한 것이라고 맹목적으로 믿고들 하는 것이다. 악을 대상으로 하는 정념들에 대해서도 똑같이 말해야 한다.

그런데 방금 언급했듯이 그 자체로나, 관련된 어떤 사물로 인해 사랑이나 혐오를 마땅히 갖게 되는 것은 전혀 존재하지 않는다. 어떤 정념의 자극을 받게 되면 그 정념의 대상에서 그 정념을 촉진하는 선과 악을 바로 찾는다. 그래서 우리를 자극하는 정념들이 우리 내부에서 어떤 판단을 내리는지 이성을 통해 인정하기란 대단히 쉬운 일이다.

사랑의 욕망의 자극을 받는다면 그 대상에 유리하게 내리게 되는 판단을 통해 틀림없이 근거가 마련되리라는 점을 우리는 올바로 이해한다. 욕망이 더욱 강렬할수록 이런 판단의 범위는 그만큼 더 넓어질 것이고, 그 사물이 고작 어떤 대단히 작은 부분만 선하더라도 그 판단은 온전하고 절대적이 되리라는 점을 쉽게 알 수 있다. 이렇게 유리하게 내려지는 판단이 정념의 주 대상과 어떤 관계를 갖거나 갖는 것처럼 보이는 모든 사물로 확장되리라는 점은 어렵지 않게 생각할 수 있다. 정념이 더 강하고 상상력이 더 확장되니 더욱 그러한 것이다. 그러나 욕망이 혐오의 욕망일 경우 똑같이 쉽게 이해할 수 있는 근거들을 통해서 완전히 반대의 일이 벌어질 것이다. 이런 일들은 경험으로 충분히 증명되고, 그런 점에서 경험은 이성과 완벽히 부합한다. 그렇지만 이들 진리를 여러 사례를 통해 더욱 분명히 해보자.

사람이라면 누구나 자연스럽게 알고자 하는 욕망을 갖는데, 이는 정신이 진리를 알기 위해 만들어졌기 때문이다. 그러나 앎의 욕망이 그 자체로 정당하고 이성적이더라도 그 욕망에 동반되는 거짓 판단으로 종종 대단히 위험한 악이 되기도 한다. 호기심을 갖게 되면 정신은 사실은 불필요한데도 명상과 철야로 보낼 대상들을 갖게 되고, 그 대상들에 거짓된 크기의 관념을 결부시키고, 가짜 광채를 밝혀 그 대상의 희귀성을 강조하고, 매혹과 매력을 가득 담아 제시하므로 어렵지 않게 지나칠 정도의 즐거움과 애착으로 대상들을 바라보게 된다.

어떤 정신을 가진 이들은 사소한 대상에 온통 정신을 집중하고, 이렇게 집중하는 일을 그들은 헛된 호기심 때문에 너리는 거짓 판단을 통해 정당화한다. 예를 들어 단어에 대단한 호기심을 가진 사람들은 모든 학문은 몇몇 용어들을 배우는 일이라고 생각한다. 그들이 이를 확신하는 근거들은 수천 가지나 된다. 몰랐던 한 용어를 듣고 어리둥절해진 이들이 학문을 존중할 때 비록 그것보다 덜 이성적인 것이 없지만 그렇다고 그것이 가장 약한 것은 아니다.

인생 전체를 말하는 법을 배우는데, 아마 평생 침묵하며 살아가야 할 사람들이 있다. 좋은 말이 전혀 없을 때 침묵해야 한다는 것이 명백하기는 하지만, 그들은 말하는 법을 배우지 않아서 침묵한다. 그들은 올바로 말하기 위해서는 올바로 사유하고, 분별력 있는 정신을 갖고 진실과 거짓, 명확한 관념과 모호한 관념, 정신에서 온 것과 상상력에서 온 것을 구분해야 한다는 점을 충분히 알지 못한다. 그들은 자신이 훌륭하고 드문 천재라고 생각하는데, 그들이 정신을 빛과 지성 없이 관념을 비워 놓고 있지만 정확한 박자를 맞추어 귀를 만족시키고, 쾌적한 형상과 움직임으로 정념을 기쁘게 할 줄은 알고, 격렬하고 감각적 표현으로 상상력을 쾌적하게 만들 줄을 알기 때문이다.

온 인생을 바쳐 언어 연구에 몰두하게 되는 어떤 표면상의 이유가 있다. 우리는 평생 언어를 사용하니 말이다. 그것이 어떤 정신을 가진 사람들의 정념에 근거를 마련할 수 있다. 그러나 아무런 구분 없이 모든 종류의 언어 연구에 전념하는 사람들의 정념을 어떤 사실임 직한 이유를 통해 근거를 마련하기란 어렵다는 점을 나는 인정한다. 모든 종류의 사전들로 가득 찬 장서를 마련하는 사람들의 정념은 용서할 수 있다. 이는 모든 나라와 모든 시대의 동전을 수집하고자 하는 사람들의 호기심과 같은 것이며, 어떤 경우에는 유용할 수도 있는 일이다. 대단한 이익을 가져오지 않는대도 적어도 악이 되는 일은 아니다. 그들은 호기심의 창고를 가졌으나 그것이 그들을 방해하는 것은 아니다. 그들이 책이며 메달을 제 몸에 지고 달고 다니는 것은 아니니 말이다. 그러나 자기 머리를 사전들로 가득 채우는 사람들의 정념의 근거는 어디에서 찾을 수 있는가. 그때 그들은 하등 쓸모없는 단어들을 머리에 채우느라 자기 일이며 자기 의무를 완전히 잊어버린다. 자기 말을 하면서 주저하기 바쁘다. 그들은 대화를 나눌 때 매순간 생소하거나 어법에 어긋나는barbare 용어들을 섞고 신사들에게는 그 나라에서 통용되는 동전으로 보상하려 들지 않는다. 결국 그들은 이성을 언어보다 더 잘 운영하지 못하는 것이다. 그들의 모든 후미지고 외진 기억은 어원학의 지식으로 가득 채워져, 정신 주위를 끊임없이 맴도는 셀 수 없이 많은 단어들로 짓눌려 있는 것 같다.

그러나 문헌학자들의 저 기이한 욕망에도 근거가 있다는 점에 동의해야 한다. 그러나 어떻게 동의할 것인가? 저 거짓 현학자들이 언어에 대해 갖는 판단에 귀 기울여 보시면 여러분도 알게 되실 것이다. 그렇지 않으면 그들이 반박의 여지 없는 것으로 간주하는 몇몇 공리를 가정해 보고, 그로부터 추론할 수 있는 결론을 끌어내 보자. 예를 들어 사람들은 말을 통해 짐승과 구분되므로 여러 언어를 말하는 사람들은 여러 언어를 알기 때문에 아는 언어의 수만큼 인간이며, 그 언어들은 고대 철학자들과 외국인들이 우리보다 능숙하므로 언어의 무지는 무한히 많은 사물들에 대해 우리가 무지한 원인이라고 가정해 보자. 이런 원칙들을 가정하고 그로부터 결론을 내려 보시라. 여러분들은 언어에 대한 정념들이 생기는 데 적합한 판단을 하실 것이고, 그 결과 그 판단들은 문헌학자들이 동일한 정념을 품고 자신의 연구를 정당화하는 판단들과 동일할 것이다.

가장 낮고 가장 무시해도 좋을 모든 학문들에는 상상력으로 환히 빛나는 어떤 부분이 있고, 정념들이 결부한 그 광채가 퍼져 곧잘 정신의 눈을 부시게 만든다. 정기와 피가 다시 식고 진리의 빛이 모습을 드러내기 시작할 때 그 광채가 감소한다는 점은 사실이다. 그러나 상상력에 다시 불이 붙고 우리가 정념을 단죄해야 한다고 주장했던 저 바람직한 근거들이 그저 막연히 느껴지게 되면 그 진리의 빛 역시 사라져 버린다.

더욱이 우리를 부추기는 정념이 소멸해가는 듯해도 정념은 자기 행동을 후회하는 법이 없다. 반대로 정념은 영예롭게 사라져 버리거나 나중에 바로 되살아나려고 모든 것을 배치하고 있다고 말할 수 있다. 내 말은 정념은 정신을 움직여 항상 그 정념의 근거를 마련해 주는 판단을 세우게끔 배치한다는 것이다. 정념이 이런 상태에 놓이게 되면 그 정념을 약해질 때 구하고, 정기와 피가 부족할 때 공급하고, 꺼진 재灰에 다시 불을 댕겨, 다시 불태우도록 할 수 있는 다른 모든 정념들과 일종의 협력 관계를 맺는다. 정념들은 서로 이래도 저래도 무관한 것이 아닌 것이다. 서로 허용될 수 있는 모든 정념들은 상호 각각의 정념을 보존하는 데 충실히 공헌한다. 그래서 언어나 기타 여러분이 좋아하는 그런 어떤 다른 것에 대한 욕망에 근거를 마련하는 판단들을 끊임없이 찾게 되며 그 욕망을 거스르지 않는 모든 정념들이 이 판단들을 전적으로 굳히는 것이다.

거짓 현학자는 때로는 자기 말을 존중하며 들어주는 사람들에게 둘러싸여 있고, 때로는 자기도 요령부득의 말로 쓰러뜨렸던 사람들 앞에서 금세 의기양양해하고, 거의 항상 보통 사람들 위에 자신이 우뚝 서 있는 모습을 그려 본다. 찬사를 받고, 사람들이 보낸 입증을 누리고, 몸소 수행한 연구에 우쭐해 한다. 그는 모든 시대에 속하고 모든 나라에 알려져 있다. 그는 협소한 정신을 가진 사람들처럼 현재 시대, 자기 도시의 울타리에 머물지 않고 끊임없이 활동 폭을 넓히고 그가 출현하는 것으로 즐거움을 마련한다. 그러므로 얼마나 많은 정념들이 가짜 박식을 늘리려는 그의 정념과 뒤섞이는가. 정념들은 그 가짜 박식에 대한 근거를 마련하기 위해 노력하며 그를 위해 열성적으로 판단을 내려 줄 것을 청원한다.

정념 하나하나가 다른 정념들은 개의치 않고 오직 자기만을 위해 작용했다면 정념들은 생기자마자 당장에 사라지고 말 것이다. 그 정념들은 오랜 존속을 위한 충분한 거짓 판단을 만들어 낼 수 없을 것이며, 이성의 빛을 거부하는 상상력의 시각을 오랫동안 지속시킬 수도 없을 것이다. 그러나 우리의 정념들은 상호 보존을 위해 가능한 가장 정당한 방식으로 조정되었다. 정념들은 서로 강화될 수 있고, 관계가 아주 먼 정념들이 서로 돕는다. 그래서 그 정념들 가운데서 올바로 조정된 한 사회의 모든 규칙들을 따르기 위해서는 정념들이 공공연히 밝혀진 적敵만 아니면 된다.

욕망의 정념만 존재했다면 그 정념이 제시하는 판단들이 선의 소유를 가능한 것으로 재현할 것을 목표로 삼을 수만 있으면 될 것이다. 정확히 그 자체로서의 사랑의 욕망은 어떤 선의 향유가 가능하리라는 판단을 통해서만 생겨나는 까닭이다. 그래서 정념들을 뒤따르고 브존하는 판단들과 정념에 선행하고 정념을 산출하는 판단들이 완전히 유사하므로 이 욕망은 향유가 가능한지에 대한 판단만을 제시한다. 그런데 이 욕망을 부추기는 것은 사랑이고, 그 욕망을 강화하는 것은 희망이고, 그 욕망을 키우는 것은 기쁨이고, 그 욕망을 되살리는 것은 두려움이다. 그 욕망에는 용기, 경쟁, 분노 및 여러 다른 정념들이 동반되는데, 이번에는 그렇게 동반된 정념들이 무한히 다양한 판단을 내리는 것이다. 그리고 그 판단들은 서로 이어지고 그렇게 판단하도록 만들었던 욕망을 유지하게 된다. 그러므로 순전히 사소한 것에 불과한 것이나 명백히 우리에게 해롭거나 불필요한 사물에 대한 욕망이 여러 해 동안, 혹은 그 욕망에 자극된 어떤 이의 평생 동안 끊임없이 이성에 반하여 자기 근거를 마련한다 해도 놀라서는 안 된다. 자기 근거를 마련하고자 노력하는 수많은 정념들이 있으니 말이다. 아래에 정념은 어떻게 자기 근거를 마련하는지 몇 마디로 정리했다. 사물들을 설명해야 할 때는 판명한 관념들을 거치지 않을 수 없다.

모든 정념은 피와 정기를 자극한다. 자극된 정기는 대상을 뚜렷이 바라봄으로써, 혹은 상상력의 힘에 의해 두뇌로 이동되고, 그런 방식으로 그 대상을 재현하는 깊은 흔적들을 형성하는 데 적합하게 된다. 간혹 정기는 격렬히 흘러 두뇌 섬유를 휘게 하거나 심지어는 끊기도 한다. 또한 상상력은 그 흐름으로 오랫동안 더러워진 채로, 부패한 채로 남는다. 두뇌가 입은 상처는 쉽게 낫지 않고, 정기는 그곳을 끊임없이 지나가므로 그 흔적은 아물지 않는다. 두뇌의 흔적은 영혼에 복종하지 않고, 영혼이 원할 때 지워지지 않는다. 반대로 이 흔적들은 영혼에 폭력을 행사하여 영혼을 자극하고 혼란에 빠뜨리는 식으로 끊임없이 대상을 바라보지 않을 수 없게 만든다. 그런 방식으로 정념들이 상상력을 자극하고 타락한 상상력은 이성을 거스르기 위해 노력한다. 그러면서 상상력은 정신이 진리를 판단하기 위해서 사물들이 그 자체로 무엇인지에 따라서가 아니라, 정념에 유리하게 작용하는 판단을 내리기 위해 현재의 정념과 관계했을 때 그것이 무엇인가에 따라 매순간 그 사물들을 재현하는 것이다.

정념들은 상상력과 정신을 타락시켜 스스로 유리하게 작용할 뿐 아니라 신체의 나머지 부분이 자기 보존에 반드시 필요한 배치를 갖추도록 도모하기도 한다. 정념이 자극하는 정기는 두뇌에서 멈추지 않고 신체의 모든 나머지 부분들을 향하게 된다. 이 점에 대해서는 내가 다른 곳에서 이미 말했다.[1] 정기는 특히 심장, 간, 비장 및 대동맥 주위의 신경으로 퍼져나가고, 결국 어떤 부위일지라도 지배적 정념을 보존하는 데 반드시 필요한 정기를 공급할 수 있는 부위들로 뛰어든다. 정기는 그런 식으로 신체의 모든 부분으로 퍼져나가면서 정기의 흐름을 막는 모든 것을 조금씩 무너뜨리고, 결국 대단히 미끄럽고 신속한 길을 내게 되므로 가장 작은 대상도 우리를 무한히 자극하고, 그 결과 우리로 하여금 정념을 촉진하는 판단을 내리게끔 하는 것이다. 바로 이런 식으로 정념은 자리를 잡고 자신의 근거를 마련하게 된다.

지금 두뇌 섬유는 어떻게 구성되고, 남녀노소에 따라 정기와 피의 양과 동요는 어떻게 다른지 살펴본다면 대체로 어떤 사람들이 어떤 정념에 더 쉽게 빠지며, 그 결과 정념은 대상에 어떤 판단을 내리게 되는지 대단히 쉽게 알 수 있을 것이다. 또한 몇 가지 사례를 제시한다면 나는 대체로 정기가 풍부한가, 부족한가에 따라 서로 다른 사람들 사이에서 동일한 사물이 똑같이 제시되고 설명될 때, 어떤 사람들은 희망과 기쁨의 판단을 내리는 반면, 그들과 다른 사람들은 두려움과 슬픔의 판단을 내리리라는 점에 주목한다는 것을 알 수 있다고 말하는 것이다.

젊은이들, 다혈질의 사람들, 담즙질의 사람들이 흔히 그렇듯이 피와 정기가 풍부한 사람들은 쉽게 희망을 품게 되는데 그들은 풍부한 동물정기에서 나오는 힘을 자기가 갖고 있다고 속으로 생각하기 때문이다. 그들은 자기들의 의도에 극복할 수 없을 장애물이 있으리라고는

1 [옮긴이] 5권 3장.

생각하지 않는다. 그래서 그들은 우선 누리고자 하는 선을 미리 맛보는 것으로 양분을 삼고 희망과 기쁨의 근거에 적합한 모든 종류의 판단을 내릴 것이다. 그러나 노인들이며, 흑담즙질의 사람들, 림프질의 사람들처럼 자극된 정기가 부족한 다른 사람들은 두려움과 슬픔에 빠지는 경향이 있는데, 영혼이 내리는 명령을 수행할 수 있을 정기가 부족하므로 스스로 나약하다고 생각하기 때문이다. 그들은 완전히 다른 판단을 내리게 될 것이고, 그들의 두려움에 근거를 마련하기 위해 극복할 수 없는 어려움을 생각할 것이고, 질투, 슬픔, 절망 및 어떤 유의 혐오에 빠지게 되는데 나약한 사람들은 이런 정념들을 가장 쉽게 가질 수 있는 이들이다.

12장

목적이 악인 정념들은 가장 위험하고 부당한 것이며 지식을 가장 덜 동반하는 정념들은 가장 강렬하고 뚜렷한 것이다

모든 정념 가운데 판단이 이성과 가장 동떨어져 있으므로, 가장 두려워해야 하는 정념이 있다면 그것은 모든 종류의 혐오이다. 증오와 두려움 이상으로 정념을 촉진하면서 이성을 타락시키는 정념은 없다. 증오는 특히 담즙질의 사람들에게서나 끊임없이 정기의 동요를 겪는 사람들에게서 그러하고, 두려움은 흑담즙질의 사람들에게서나 정기가 세심하지 못하고 단단하여 쉽게 자극을 받지도 쉽게 진정이 되지도 않는 사람들에게서 그러하다. 그러나 대단히 일상적으로 일어나는 일이지만 증오와 두려움이 하나가 되어 이성을 타락시킬 때 극복할 수 없을 정도로 악착같이 제시하고 옹호할 수 없을 정도로 부당하고 기이한 판단은 존재하지 않는다.

그 이유는 현생의 악이 선보다 영혼을 더욱 강렬하게 자극하는 까닭이다. 고통의 감정은 즐거움의 감정 이상으로 강렬하다. 욕설과 치욕은 칭찬과 찬사보다 훨씬 더 민감하게 받아들여진다. 어떤 즐거움을 맛보고 어떤 명예를 받아들이는 일에 전혀 관심을 드지 않는 사람은 있어도 불안해하지 않고 고통과 경멸을 견디는 사람을 찾기란 어려운 일이다.

그러므로 증오, 두려움 및 악을 대상으로 하는 모든 다른 종류의 혐오는 대단히 강렬한 정념이다. 그 정념들은 정신에 전혀 뜻밖의 충격을 입혀 얼을 쏙 빼놓고 혼란에 빠뜨리게 하고는, 이내 영혼의 가장 은밀한 곳까지 침투해 들어와, 이성을 그 자리에서 쓰러뜨리고는 온갖 종류의 주제에 대해 오류와 부정한 판단을 내려 정념의 광기와 폭정을 촉진한다.

모든 정념 가운데 위에 언급한 정념들이 가장 잔혹하고 가장 도발적이고 애덕과 시민사회와 가장 모순되는 동시에, 가장 우스꽝스럽고 가장 기상천외하다. 이런 정념들은 대단히 엉뚱하고 기이한 판단을 제시하므로 모든 사람들의 빈축과 분노를 산다.

바리새인들이 "이자가 많은 기적을 행하니 우리가 어떻게 하겠느냐. 그를 이대로 두면 모든 이가 그를 믿을 것이요 로마인들이 와서 우리 땅과 민족을 빼앗아 가리라"[1]는 터무니없는 말을 입에 올리는 것이 바로 이런 정념들 때문이다. 그들은 예수 그리스도가 여러 기적을 행했다는 점에 동의한다. 나사로가 부활했음은 의심할 여지가 없는 일이다. 그런데 그들의 정념이 내리는 판단은 어떤 것이었는가? 예수 그리스도는 물론 그가 부활시켰던 나사로조차 죽게 만드는 것이 아니었는가? 그런데 무슨 이유로 예수 그리스도를 죽게 만드는가? "그를 이대로 두면 모든 이가 그를 믿을 것이요 로마인들이 와서 우리 땅과 민족

---

1 Jean, XI, 47.

을 빼앗아 갈" 것이기 때문이다. 그러면 나사로는 왜 죽게 만드는가? "나사로 때문에 많은 유대인이 가서 예수를 믿음이더라."[2] 정말이지 잔혹하고 기상천외한 판단이다. 잔혹하다면 증오 때문이고, 기상천외하다면 두려움 때문이다. "로마인들이 와서 우리 땅과 민족을 빼앗아 가리라."

대제사장 안나스, 가야바, 요한, 알렉산드로스 및 성직자 종족에 속한 모든 사람들이 참여한 회합에서 "이 사람들을 어떻게 할까. 그들로 말미암아 유명한 기적이 나타난 것이 온 도시 사람에게 알려졌으니 우리도 부인할 수 없는지라. 이것이 민간에 더 퍼지지 못하게 그들을 불러 경고하여 도무지 예수의 이름으로 말하지도 말고 가르치지도 말라"[3]라고 말한 것도 똑같은 정념이다.

저 모든 대단한 인물들은 하나같이 부당하고 어리석은 판단을 내렸다. 그들은 정념의 자극을 받았고 거짓 열의가 그들의 눈을 가렸기 때문이다. 그들이 사도들을 감히 처벌했던 것은 인민 때문이었다. 기적적으로 병이 나았던 마흔이 넘은 사람이 회합에 참석했다. 그러나 그들은 예수의 이름으로 가르치지 말라고 경고했다. 그들은 한 가지 교의를 단죄해야 한다고 생각하는데 그들이 그 교의의 창시자를 죽게 했기 때문이었다. 그래서 그들은 사도들에게 "이 사람의 피를 우리에게로 돌리고자 함이로다"[4]라고 말했다.

---

2 Jean, XII, 11.

3 Act., IV.

4 Act., V.

거짓 열의가 증오와 결합될 때 그 열의는 증오를 덮어 이성의 비난이 닿지 않게 하고 그 움직임을 따르지 않도록 주의를 기울이는 방식으로 근거를 마련한다. 무지와 나약함에 두려움이 수반될 때 이 둘은 두려움을 수많은 주제로 확장하고, 그런 방식으로 동요를 강화하여 아주 조금의 의혹이라도 이성을 두렵게 만들고 혼란에 빠뜨린다.

거짓 열의를 가진 자들은 자기들이 정념에 순종하면서 신에게 봉사를 한다고 생각한다. 그들은 내적 진리가 불러일으킨 계시처럼 증오로 인한 숨겨진 계시를 따른다. 그들이 저지르는 과도한 행동을 정당화해 주는 감정적 근거들에 집착하면서 그들의 오류를 극복할 수 없는 고집을 부리며 굳건히 하는 것이다.

무지한 자들과 나약한 정신을 가진 자들은 자기 스스로 우스꽝스럽기까지 한 상상적인 두려움의 주제를 만들어 낸다. 그러니 그들은 길잡이 없이 횃불도 없이 암흑 속을 걸어가는 아이들을 닮았다. 그들은 무시무시한 유령을 상상한다. 모든 것이 끝장이기라도 한 것처럼 당황하여 부르짖는다. 그들이 무지한 자들이라면 빛을 만나고 안심하지만, 허약한 정신을 가진 자들이라면 상상력은 계속 상처 입은 채로 남는다. 그들에게 공포가 되었던 것과 관련된 아주 작은 것만으로 그들이 갖는 두려움의 징후의 원인이 되는 정기의 흔적과 흐름이 되살아난다. 그들을 낫게 하거나 영원히 진정시키기란 절대적으로 불가능하다.

그러나 이런 거짓 열의가 나약한 정신의 소유자의 증오 및 두려움과 만날 때 그가 내리는 판단은 끊임없이 너무도 부당하고 너무도 강렬한 것이어서 그 생각으로도 끔찍하다. 이런 정도의 정념들에 사로잡힌 사람을 고치려면 사도 바울을 개종시킨 기적보다 더 큰 기적이 필요하다. 신의 전능과 긍휼에 한계가 있기라도 했다면 그의 회복은 절대적으로 불가능한 일일 것이다.

사람들은 어둠 속을 걸어가다 빛을 보면 기뻐한다. 그런데 나약한 정신의 소유자는 그 빛을 견디지 못한다. 그가 빛을 보고 상처를 받는 것은 자기 정념이 저항받기 때문이다. 그자의 두려움은 증오가 만든 것이므로 말하자면 의지적이라고 하겠지만 그는 엄습하는 두려움도 즐긴다. 악이 상상에 불과한 것일 때, 더 정확히 말하자면 공연 중에서처럼 악이 우리에게 상처를 줄 수 없으리라는 것을 알 때 악을 대상으로 한 정념의 자극을 받는 일을 다들 즐기니 말이다.

어둠 속을 걸어가는 사람들은 유령들을 상상하지만 그 유령들은 횃불의 빛을 비추면 사라지고 만다. 그러나 나약한 정신의 소유자의 유령들은 진리의 빛이 비추어도 사라지지 않는다. 진리의 빛조차 그자의 정신에 가득 들어 찬 암흑 속을 돌파하기가 쉽지 않다. 그 빛은 계속 상상력을 자극하며 그래서 그자가 오로지 정념의 대상에 몰두할 때 빛은 반사되어 버리고 이 유령들은 자기들을 덮치는 미약한 빛줄기들을 밀어내므로, 그 유령들은 진짜 몸을 가진 것처럼 보인다.

그러나 이들이 오류를 몰아낼 수 있는 근거들에 귀를 기울이고 이를 이해할 만큼 순하고 깊은 성찰을 할 수 있는 자라고 가정하더라도 그들의 상상력이 두려움 때문에 과도해지고 증오와 거짓 열의로 그들의 마음이 타락하고 말았을 때 이 근거들이 그 자체로 아무리 견고하더라도 강력한 정념이 일으키는 맹렬한 움직임을 오랫동안 잡아둘 수도 없고, 뚜렷하고 타당한 증거들을 통해 정당화될 수도 없을 것이다.

지나가면 더 이상 돌아오지 않는 정념들이 있고, 오랫동안 남는 지속적인 다른 정념들이 있다는 점에 주목해야 한다. 정신의 통찰력이며 어떤 사실임 직한 근거로 뒷받침되지 못하고, 그저 어떤 대상을 눈으로 뚜렷이 보고 피가 발효함으로써 산출되고 강화되는 정념들은 지속하지 못하며, 그런 정념들은 태어나기가 무섭게 사라진다. 그러나 정신의 통찰력을 수반하는 정념들은 지속적인데, 그 정념들을 산출하는 원리가 피와 체액처럼 쉽게 변화하지 않기 때문이다. 그래서 어떤 악에 대한 증오, 두려움 및 정신의 지식을 통해 우리 내부에 자극되거나 보존되는 모든 다른 정념들은 오랫동안 남는 것임이 틀림없다. 그러므로 이 나중의 정념들이 가장 오래 지속되고, 가장 격렬하고, 가장 부당하다. 그런데 그렇다고 이 정념들이 가장 강렬하고 가장 감각적인 정념은 아니다. 우리는 이 점을 곧 살펴볼 것이다.

선과 악을 지각하게 되면 감각, 상상력, 정신의 세 가지 방식으로 정념이 자극된다. 감각이 자극하는 선과 악의 지각은 대단히 예민하고 뚜렷한 정념을 산출하고, 상상력만으로 자극된 선과 악의 지각은 더 약한 정념들을 자극하고, 정신으로만 선과 악을 보게 되면 실제 정념들만이 산출된다. 마지막의 경우 정신이 선과 악을 보게 될 때 항상 어떤 식으로든 동물정기의 움직임이 수반되기 때문이다.

우리가 정념을 갖게 된 것은 오직 신체의 선을 위해서이고, 신체를 통해 우리가 모든 감각대상과 결합하기 위해서이다. 정신의 눈으로 보았을 때 감각적 사물들은 선한 것도 아니고 악한 것도 아닐 수 있지만 정신과 신체는 결합되어 있으니 신체의 관점에서 본다면 선하거나 악한 것이다. 그래서 감각과 상상력은 감각대상들과 신체의 관계를 정신보다 훨씬 잘 발견하게 되므로 이 능력은 명확하고 분명한 지식 이상으로 훨씬 더 강렬한 정념들을 자극하게 되는 것임이 틀림없다. 그러나 우리 지식은 항상 정기의 어떤 움직임을 동반하므로, 감각으로는 발견할 수 없는 위대한 선과 위대한 악에 대한 명확하고 분명한 지식은 언제나 어떤 내면 깊은 정념을 자극한다.

그러나 우리가 지각할 수 있는 어떤 감각적 정념을 느낀 뒤에 우리가 선과 악에 대해 갖는 명석하고 판명한 지식 전체가 나오는 것은 아니다. 이는 우리의 모든 정념들 뒤에 정신의 어떤 지식이 동반되는 것이 아닌 것과 마찬가지이다. 동요를 전혀 겪지 않고 간혹 선과 악을 생각하는 경우는 있지만 종종 그것에 대한 지식 없이도, 간혹 심지어는 그 원인을 몰라도 정념에 휩싸여 동요를 겪게 된다.[5] 신선한 공기를 마시는 사람은 왜 기쁜지 그 원인도 모른 채 기쁨에 휩싸인다. 그 기쁨을 산출한 선을 자기가 소유하고 있음을 모르는 것이다. 또한 어떤 대상이 피와 섞였을 때 피의 발효를 막는다면 슬픈 상태에 놓일 것이며, 슬픔의 원인을 정념에 사로잡혔을 때 자기 앞에 나타난 어떤 가시적인 사물에 돌릴 수 있을 것이다.

모든 정념들 가운데 공포와 반감, 쾌적함과 동감 이상으로 더 뚜렷하고 더 예민한 정념은 없어서,[6] 그 정념들은 정신의 지식을 가장 덜 동반하는 것이다. 간혹 어떤 이가 그늘에서 졸고 있다가 모기에게 물

---

5 [옮긴이] "우리가 아주 건강하고 날씨가 평상시보다 맑을 때, 우리는 지성의 어떤 기능에서도 비롯하지 않으나 단지 정기의 운동이 뇌 안에서 만든 인상에서 비롯하는 쾌활함을 우리 자신에서 느낀다. 그리고 몸이 불편할 때, 몸은 불편한지 전혀 알지 못할지라도 같은 방식으로 슬픔을 느끼게 된다."(《정념론》, 94절)

6 [옮긴이] 여기 언급된 정념들은 데카르트의 《정념론》에 등장하지 않는 것이다.

리거나 나뭇잎이 간질이면 마치 뱀에 물리기라도 한 것처럼 소스라치게 잠을 깨는 일이 있다. 죽음 자체만큼 어떤 끔찍한 것에 대한 모호한 감정이 그의 등골을 서늘하게 만들고, 그렇게 되면 그 끔찍한 것을 생각하지 않고도 대단히 격렬하고 대단히 강렬한 정념에 자극된다. 그 정념이 욕망의 혐오이다. 이와는 반대로 어떤 이가 배를 곯다가 어떤 작은 선善을 우연히 발견하고서는 그것이 달콤하다는 것을 느낀다. 그리고 그는 저 사소한 것에 집착하는 데 성찰이라고는 조금도 하지 않아도 그에게는 그것이 선 중의 선이기라도 한 것이다. 동감과 반감의 움직임에서도 마찬가지의 일이 일어난다. 동행하는 사람들 중에 태도와 예의범절이 웬일인지 우리 신체의 현재 배치와 조화를 이루는 사람을 보면 우리는 마음이 움직이고 탄복하게 된다. 깊은 성찰이 없어도 그를 사랑하게 되고 호의를 품게 된다. 무언지 모를 어떤 것이 우리를 자극하는 것이다. 이때 이성은 관여하지 않으니 말이다. 태도와 예의범절을 보자면 혐오와 공포를 퍼뜨리는 사람들에게는 이와는 반대의 일이 일어난다. 그들에게는 무언지 모를 어떤 역겨운 것이 있어서 그것이 불쾌감이며 겁을 주고 있지만 정신은 아무것도 모른다. 이런 종류의 정념의 대상인 미와 추가 뚜렷할 때 이를 제대로 판단하는 것은 감각뿐이기 때문이다.

찾아보기

지은이 · 옮긴이 소개

지은이 | 니콜라 말브랑슈(Nicolas Malebranche, 1638~1715)

17세기 프랑스 철학자이자 신학자로, 데카르트 철학을 아우구스티누스 신학의 사유 안에서 재해석한 독자적 인식론을 전개했다. 파리의 부르주아 가문에서 태어나 가정교육을 받았고, 파리의 콜레주 드 라 마르슈에서 철학을, 소르본대학에서 신학을 공부했다. 이후 베륄이 창시한 오라토리오회에 입회해 1664년 사제로 서품되었다. 《인간론》을 계기로 데카르트 철학에 천착하였고, 그 사유의 결실이 1674~1675년에 걸쳐 출간된 그의 대표작 《진리의 탐구》이다. 말브랑슈는 생애 말년까지 이 책을 지속적으로 수정·보완해 1712년에 결정판을 완성했다. 말브랑슈는 성 아우구스티누스의 신학 전통을 계승하면서도 데카르트의 방법론을 적극적으로 수용해, 신학의 진리를 근대 이성의 언어로 재구성한 사상가로 평가된다. 대표 저서로는 《기독교 대화》, 《자연과 은총의 논고》, 《기독교 성찰과 형이상학》, 《도덕론》, 《기독교 철학자와 중국인 철학자의 대담》 등이 있다.

옮긴이 | 이충훈

서강대학교 불어불문학과를 졸업하고 같은 학교 대학원에서 불문학을 공부했다. 프랑스 파리 제4대학에서 《단순성과 구성: 루소와 디드로의 언어와 음악론 연구》로 문학박사 학위를 받았다. 현재 한양대학교 글로벌문화통상대학 교수이다. 디드로의 《미의 기원과 본성》, 《백과사전》, 《듣고 말하는 사람들을 위한 농아에 대한 편지》, 《자연의 해석에 대한 단상》, 라 메트리의 《인간기계론 / 인간식물론》, 장 스타로뱅스키의 《장 자크 루소. 투명성과 장애물》, 《자유의 발명 1700~1789 / 1789 이성의 상징》, 사드의 《규방철학》, 모페르튀의 《자연의 비너스》, 장 자크 루소의 《정치경제론·사회계약론 초고》, 필립 피넬의 《정신이상 혹은 조광증의 의학철학 논고》 등을 번역했고, 저서로 《자연의 위반에서 자연의 유희로》 등이 있다.